THE CHINESE PRACTICE OF
RENEWABLE ENERGY POWER DEVELOPMENT:
CONSUMPTION ANALYSIS, SUBSIDY EFFICIENCY AND
ECONOMIC BENEFITS

可再生能源电力发展的中国实践

消纳分析、补贴效率与经济效益

王风云◎著

经济管理出版社
ECONOMY & MANAGEMENT PUBLISHING HOUSE

图书在版编目（CIP）数据

可再生能源电力发展的中国实践：消纳分析、补贴效率与经济效益 ／ 王风云著． -- 北京：经济管理出版社，2024． -- ISBN 978-7-5096-9943-0

Ⅰ．F426.61

中国国家版本馆 CIP 数据核字第 2024TL2581 号

组稿编辑：丁慧敏
责任编辑：董杉珊
责任印制：张　艳
责任校对：蔡晓臻

出版发行：经济管理出版社
　　　　　（北京市海淀区北蜂窝 8 号中雅大厦 A 座 11 层　100038）
网　　址：www.E-mp.com.cn
电　　话：(010) 51915602
印　　刷：唐山玺诚印务有限公司
经　　销：新华书店
开　　本：720mm×1000mm/16
印　　张：14.5
字　　数：260 千字
版　　次：2024 年 10 月第 1 版　　2024 年 10 月第 1 次印刷
书　　号：ISBN 978-7-5096-9943-0
定　　价：98.00 元

前　言

随着全球经济的发展，能源生产和消费规模在不断增长和扩大，而煤炭等化石能源消费导致二氧化碳排放量越来越大，对环境的影响日益严峻。因此，各国都把大规模开发和利用可再生能源作为能源发展战略的重点。我国作为全球最大的能源生产国和消费国，一直十分重视可再生能源的开发与利用。基于国际和国内形势，我国政府于2020年提出"碳达峰、碳中和"的发展目标，这将加快我国能源生产和能源消费革命，大力推进可再生能源规模化发展，从根本上降低对化石能源的依赖。未来，我国可再生能源发展前景广阔，可再生能源电力将逐步替代化石能源成为我国能源的主要供应源。同时，开发利用可再生能源电力也是开拓新的经济增长领域、促进经济绿色转型的重要途径。

近年来，在政策的支持下，我国电力能源供给持续增长，尤其是可再生能源发电装机容量和发电量增长迅速。2022年，我国可再生能源发电装机容量超过火电装机容量，可再生能源发电装机容量达到12.13亿千瓦，占全国发电总装机容量的47.30%；可再生能源发电量达到2.72万亿千瓦时，占全国总发电量的30.79%[①]。可再生能源发电已成为我国电力能源供给的重要组成部分。风力发电和光伏发电等可再生能源技术也取得了较快发展，风电机组单机容量从千瓦级向兆瓦级发展，最大单机容量已达18兆瓦；光伏发电中，技术难度较大的光热机组取得突破，100兆瓦光热发电实现了满负荷发电，可再生能源电力发展成绩显著。但是，可再生能源电力发展过程中的问题也非常突出，例如，存在发电成本高、过度依赖政府财政补贴、发电性能不稳定、区域发展不平衡等问题。由于风能、太阳能等可再生能源资源分布与其电力消纳区域不匹配，再加上一些地区存在"重建设、轻利用"的情况，导致可再生能源电力市场供需不平衡，局部地

---

① 资料来源：国家能源局发布的2023年全国电力工业统计数据，《中国电力行业年度发展报告2023》。

区频繁出现弃风弃光情况。同时，随着我国可再生能源发电规模不断增大，所需的电价补贴资金缺口持续扩大，财政补贴资金压力加大，而可再生能源补贴效率却在下降。现有可再生能源补贴机制已无法满足我国可再生能源电力快速发展的需要，在"双碳"目标的发展背景下，亟须研究促进我国可再生能源电力发展的市场化机制和补贴政策等。

目前，我国可再生能源发展正处于转型升级关键时期，要通过能源市场化机制大力发展可再生能源，提高可再生能源开发利用效率，实现规模化高质量发展，满足经济持续增长需要。我国若要实现能源发展的长远战略目标，就要积极推进可再生能源市场化定价机制和绿色能源发展政策的改革，通过市场调节和绿色发展政策引导，推进可再生能源电力消纳，实现可再生能源规模化发展，优化电力能源结构。现有研究大多关注的是可再生能源电力价格机制的设计和定价方法，还缺乏对可再生能源电价动态补贴机制、可再生能源政策实施效果及其评估的相关研究。目前，在设定目标下可再生能源发电规模对电力系统和电价影响的相关研究，以及在预期目标下促进可再生能源电力发展的电价补贴优化的相关研究，还不能满足可再生能源电力发展的现实需求，需要探索适合我国国情的可再生能源发展市场化机制和支持政策。因此，研究我国电力能源结构、可再生能源电力消纳、促进可再生能源发展的市场化机制和政策措施等，对促进能源结构转型和可再生能源电力规模化发展具有重要的现实意义，是需要深入研究的重要课题。针对这些问题，本书展开深入研究和探讨，希望能为我国可再生能源电力发展和政策制定提供理论支持和实证经验。

本书共分为八章，结构安排依次为：我国电力能源结构变动和发展趋势、我国可再生能源电力消纳研究、我国可再生能源电力配储与储能产业发展、我国可再生能源支持政策及经验启示、我国可再生能源电价补贴及补贴效率研究、我国可再生能源电价补贴收支平衡研究、补贴退减下我国可再生能源发电经济效益研究、研究结论和对策建议。

本书各章节的具体研究内容如下。第一章研究我国电力能源结构变动和发展趋势，分析可再生能源发电供给情况，分析并预测我国可再生能源发电市场空间。第二章梳理我国可再生能源电力消纳的研究成果，剖析我国可再生能源电力消纳现状、存在的问题，研究影响可再生能源电力消纳的因素，提出促进可再生能源电力消纳的对策建议。第三章分析我国可再生能源电力配储与储能产业发展现状，研究促进储能行业发展和可再生能源电力配储的相关政策及其实施效果，剖析储能行业发展存在的问题并提出相应的对策建议。第四章整理和总结可再生能源支持政策的相关文献，研究我国可再生能源政策发展历程和可再生能源价格机制，探析可再生能源定价机制存在的问题；分析国外典型国家，如德国、日本促进可再生能源发展的支持政策和价格机制，并总结两国所实施的法规政策和市场调节机制，为我国可再生能源市场化发展提供经验和借鉴。第五章研究我国可再生能源电价补贴问题和电价补贴规模，基于向量自回归模型实证分析电价补贴对我国可再生能源发电的动态影响，剖析可再生能源电价补贴效率，并提出优化可再生能源电价补贴的对策。第六章基于灰色模型预测方法，分析承担可再生能源电价附加收入的社会用电量，核算平价上网后的可再生能源电价理论补贴和可再生能源电价附加收入，预测分析电价补贴拐点和收支平衡点及其变动问题，并提出可再生能源电价补贴的收入和支出的调整策略。第七章深入研究在补贴退坡背景下，我国可再生能源发电经济效益，以京津冀地区为研究对象实证分析分布式光伏发电经济效益；运用净现值、动态投资回收期、内部收益率三种方法，分析定额补贴标准退减直至取消时，居民用户和工商用户在两种运营模式下分布式光伏发电项目的经济效益；选取典型城市分析四类资源区风力发电经济效益，应用平准化度电成本（LCOE）和内部收益率（IRR）方法，比较分析在无电价补贴和有电价补贴两种情形下，城市分散式风电项目的经济效益；把碳减排收益引入平准化度电成本（LCOE）模型中，探讨碳交易机制对风电项目经济效益的影响。第八章总结本书的研究结论，提出促进我国可再生能源电力发展的对策和建议。

本书的研究成果对我国构建安全、低碳、高效的能源体系，加快电力结构绿色转型，建立以可再生能源发电为主要电力能源供给方式的新型电力系统，实现"碳达峰、碳中和"目标，具有重要指导意义。同时，有关可再生能源电力消纳、电价机制和电价补贴，可再生能源发电经济效益等的研究成果，可为政府部门制定促进可再生能源发展的政策、编制可再生能源发展规划和推进电力体制改革提供重要的决策依据。

目　录

第一章　我国电力能源结构变动和发展趋势

　　自中华人民共和国成立以来，我国逐步建立了以燃煤火电为主的庞大电力能源系统。这种电力能源供给结构导致了环境污染、碳排放量大等问题。在环境保护的压力下，自2005年以来，我国制定和实施了一系列促进可再生能源电力发展的激励政策，大力发展可再生能源电力来满足不断增长的电力需求。可再生能源电力在电力能源结构中占比不断提高，但是从整体来看，我国电力供应仍然以燃煤火力发电为主。在"十四五"发展规划中，我国提出创新、协调、绿色、开放、共享的新发展理念，以生态文明建设为指导方向，通过构建可再生能源体系、建立碳排放权交易市场等一系列措施，形成能源与环境可持续发展的新局面。发展可再生能源电力是应对能源供给安全和环境保护问题最可行的办法，也是促进我国能源绿色供应的需要。2020年，我国提出2030年前实现碳达峰、2060年前实现碳中和，这对我国电力行业既是机遇又是挑战，必然会促进可再生能源电力的加速发展。基于我国国情，大力发展可再生能源电力、提高可再生能源电力利用效率是我国重要的能源发展战略。因此，我国要推进可再生能源技术创新及其产业化发展，大力发展和优化各类可再生能源电力，促进电力能源协同发展，提高可再生能源电力在能源结构中的比重，使可再生能源电力逐步成为我国能源供应的主要承担者。

第一节　我国电力能源发展现状

　　我国经济总量大，电力消费需求持续增长，区域电力需求差异和电力供需不对称问题显著，促使我国不断扩大各类电力装机容量，以满足日益增长的电力需求。由于风电、光伏发电等可再生能源电力受天气等外部环境影响大，发电的稳定性较差，因此燃煤火力发电仍然在我国电力能源供给中占主体地位。然而，煤价电价的倒挂导致煤电企业经营困难，同时燃煤发电带来了环境污染问题，以火电为主的传统电力能源结构已难以支撑我国经济可持续发展，我国要大力发展可再生能源电力，减少二氧化碳排放，促进电力能源结构绿色转型，降低能源对外依存度，保障能源供给安全。

一、我国电力能源装机容量结构变化

我国发电类型主要有燃煤火力发电、水力发电、风力发电、光伏发电、核能发电和其他类型发电。受到煤多油少的资源禀赋制约，我国电力能源以燃煤火力发电为主。燃煤火力发电是我国电力供应的主要方式，其次是水力发电、风力发电、光伏发电、核能发电等。我国煤炭资源丰富，燃煤火力发电产业经过70多年的发展，已经拥有较为成熟的火力发电制造和生产技术。由于燃煤机组单机装机容量较大、发电稳定性较强、市场竞争充分、燃煤电厂上网电价普遍较低，其一直是我国电网稳定供应的主要承担者。特别是2015年以来，我国600MW/1000MW大容量燃煤机组不断投入运行，使燃煤火力发电的度电煤耗更低，环保设施更完善，在电力市场中的竞争力更强。

多年来，我国燃煤电厂持续进行环保专项技改和"以大代小"建设，已建成世界上规模最大、综合效率最高的清洁火电机组装机结构，火电单位发电量中度电煤耗、脱硫脱硝、二氧化碳排放量不断下降，对减缓整体电力能源行业温室气体排放做出了积极贡献。但是，燃煤火电的清洁化发展并没有改变燃煤火电的高碳排放特征，电力能源行业低碳发展要依靠电力能源结构转型，大力发展可再生能源电力。

相较而言，我国可再生能源产业起步较晚，尤其是非水可再生能源电力。我国从20世纪90年代开始尝试风力发电、21世纪初开始试验光伏发电，经过20多年的发展，我国可再生能源产业才有今天的规模。在"十四五"发展规划中，我国进一步明确燃煤火电在电力供给中所起的支撑性电源的作用，其主要承担托底保供以及重要的负荷中心的"职责"。具有灵活调节能力的火电将主要作为进一步促进可再生能源电力发展的支持能源，在可再生能源发电集中和可再生能源负荷较大的地区，将进一步优化配置燃煤火电机组，发挥其区域电力能源稳定供给的作用。

　　图 1-1 显示了我国电力能源装机结构的变动情况，可以看出，我国电力能源结构在不断优化。1978—2022 年，我国火电装机容量在电力能源装机结构中的占比从 70%下降至 52%，水电装机容量占比从 30%下降至 16%；2005—2022 年，我国非水可再生能源发电装机容量占比从 1%提升至 31%；1992—2022 年，我国核电装机容量占比从 0.17%提升至 2.2%。到了 2022 年，我国发电的总装机容量达到 256405 万千瓦，电力供给能力得到了快速提高，其中，火力发电装机容量为 133239 万千瓦，水力发电装机容量为 41350 万千瓦，风力发电装机容量为 36544 万千瓦，光伏发电装机容量为 39261 万千瓦，生物质能发电装机容量为 4132 万千瓦，核电装机容量为 5553 万千瓦。我国可再生能源发电在总电力装机容量中的占比在不断提升，可再生能源的发电装机规模在持续扩大。

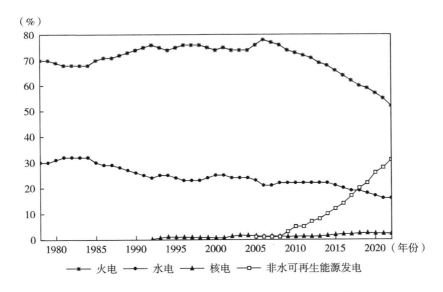

图 1-1　1978—2022 年我国主要电力能源发电装机容量结构占比情况

资料来源：历年《中国能源统计年鉴》和《中国电力行业年度发展报告》。

　　根据电力装机容量规模变化趋势，我国电力能源结构变化发展总体可分为三个阶段，具体如下：

　　第一阶段为 1978—2004 年。在这个阶段，我国电力能源供给以火电和水电为主，火电机组和水电机组的单机容量都普遍较小，火电单机容量以 300 兆瓦机组为主，水电单机容量大多数以 100 兆瓦为主；全国电网管理以省域管理为主，电网结构尚不完整，跨省跨区输电的情况较少。在这个阶段，燃煤火电是绝对的主力发电类型，在电力能源结构中的占比为73%，水电在电力能源结构中的占比为27%。在这一阶段，我国电力能源供应主要是以快速建设电力机组、满足人民用电需求为目标，主要是通过大力发展火电资源以保证经济社会电力用能需求。

第二阶段为2005—2015年。在这个阶段，我国电力装备制造和电力技术水平都在提高，逐步开始扩大核电、风电、光伏发电等装机容量，火电和水电在电力能源结构中的占比均在下降，非水可再生能源和核电在电力能源结构中的占比在不断上升，其中非水可再生能源发电占比上升显著，核电装机容量和发电量增长相对平稳。可再生能源电力装机以成片大范围开发为主，主要集中在西北、华北、内蒙古、东北等风、光、水资源丰富的地区。可再生能源补贴政策的时效性激励集中风力发电电站和光伏发电电站的大规模迅速建成，给电网架结构延伸带来了较大的困难。为了解决电力供应与消纳的区域不平衡问题，电网公司开始依据可再生能源电力供应情况，规划建设特高压输电工程，逐步建成交流550千伏、750千伏，直流±800千伏等高压、特高压输电线路。在这一阶段，我国能源供应已开始注重绿色低碳，提出了促进可再生能源电力发展的政策措施，但是技术水平、弃风弃光等问题在一定程度上阻碍了可再生能源电力的发展。

第三阶段为2015年以后。在这个阶段，我国加快非水可再生能源发电的建设，火电和水电在电力能源结构中的占比在持续下降，非水可再生能源发电装机容量在不断扩大，2022年非水可再生能源在电力能源结构中的占比已达到16%。在这一阶段，我国在燃煤火电机组上主要实现了"以大代小"，逐步替换了效率低下、不符合环保要求的小机组，燃煤机组以热电联产660兆瓦和1000兆瓦机组为主要建设类型，被替换机组容量以300兆瓦、200兆瓦、100兆瓦及以下容量机组为主。在水电领域，我国建设了一批大型电站，水电单机机组达百万千瓦级，水轮发电机组建设处于世界领先水平。非水可再生能源电力发展迅速，建成一批千万千瓦级大型风电、光伏发电的电站，陆上风电单机容量达18兆瓦。目前，我国正在加快建设海上可再生能源电力系统、分布式电力能源系统、综合多能应用电力能源系统等，电力能源结构清洁化比例不断提升。

二、我国电力能源发电量变动情况

自改革开放以来，我国电力能源行业得到了长足发展，发电规模持续快速扩大。在我国电力能源中，火电始终占主体地位，火电发电量在总发电量中的占比从 1978 年的 83%下降至 2022 年的 67%；水电发电量在总发电量中占比相对稳定，在总发电量中的占比从 1978 年的 17%下降至 2022 年的 15%；非水可再生能源发电量在总发电量中的占比从 2008 年的 1%上升至 2022 年的 16%；核电发电量在总发电量中的占比从 1995 年的 1%上升至 2022 年的 5%。从整体来看，在总发电量中，火电发电量占比在下降，可再生能源发电量占比在不断提高，我国电力能源结构在不断优化（见图 1-2）。

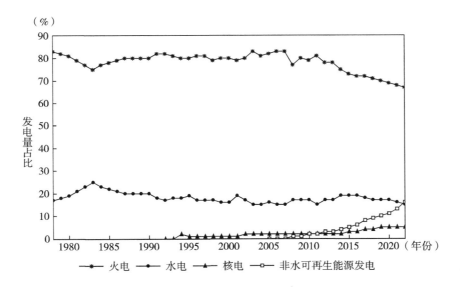

图 1-2　1978—2022 年我国主要电力能源发电量占比情况

资料来源：历年《中国能源统计年鉴》和《中国电力行业年度发展报告》。

1978—2022 年，我国发电量一直呈现不断增长的趋势，总发电量从 2566 亿千瓦时增长到 88487 亿千瓦时，在 45 年间发电量增长了 33.48 倍。从图 1-3 中可以看出，我国主要电力能源发电量均呈现不断增长的趋势，但是增长速度不同。火电是支撑我国经济发展的重要电力能源，火电发电量呈现出持续增长趋势。自 2000 年以来，我国经济进入快速发展阶段，为应对经济增长所引起的电力需求的持续增大，火电发电量也呈现出快速增长趋势；但在环境保护和绿色发展压力下，自 2015 年以来，火电发电量增长速度逐步下降。我国水电在可再生能源中装备制造与生产技术相对成熟，水电建设虽然周期较长，但发展比较平稳，自 1978 年以来，水电发电量始终呈现持续平稳增长的态势。为了实现可再生能源中长期发展目标、促进电力能源结构清洁化转型，从 2005 年开始，我国加快推动可再生能源产业发展，水力发电量增长速度在加快，同时非水可再生能源，即风电、光伏发电、生物质能发电等开始不断发展。在可再生能源价格补贴、光伏扶贫、金太阳示范工程等相关政策的支持下，自 2008 年以来，我国风电、光伏发电、生物质能发电量增速加快，尤其是从 2012 年开始风电和光伏发电装机容量和发电量呈现快速增长的趋势，在电力能源供给结构中的占比也在不断提升。到了 2022 年，我国可再生能源发电量已达 27246 亿千瓦时，在总发电量中占 30.79%，可再生能源电力已经成为我国电力能源的重要组成部分。

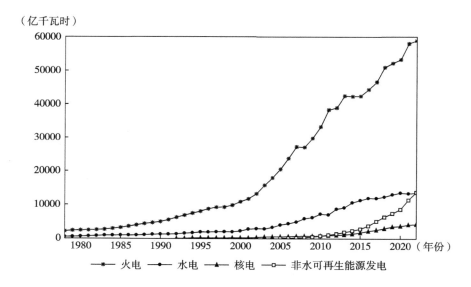

图 1-3　1978—2022 年我国主要电力能源发电量变动情况
资料来源：历年《中国能源统计年鉴》和《中国电力行业年度发展报告》。

　　虽然我国电力能源结构在不断调整和优化，但是发电设备平均利用小时数较低。发电设备平均利用小时数是衡量发电量的重要指标之一，其反映了发电设备利用程度，发电设备平均利用小时数低表明了发电企业的效益低，发电企业的经营风险大。2011—2018 年，我国火电设备平均利用小时数从 5305 小时下降为 4361 小时。根据我国火电装机容量规划，近年来，火电设备利用小时数都在低位运行状态，2022 年全国 6000 千瓦及以上火电厂发电设备累计平均利用小时数为 4379 小时。在此期间，水电、风电等可再生能源发电设备的利用小时数呈现出波动性变化，但是变动幅度较小。水电、风电、光伏发电的发电设备平均利用小时数分别为 3500 小时、1905 小时、1228 小时，可再生能源的发电设备平均利用小时数较低。随着我国可再生能源发电装机容量不断扩大，较低的设备平均利用小时数反映出企业发电效益较低，弃水弃风弃光问题严重。自 2016 年以来，政府加大了保障可再生能源发电上网的调控力度，风电和光伏发电的发电设备平均利用小时数呈现递增态势，从 2015 年的 1724 小时和 1133 小时分别增长为 2022 年的 2221 小时和 1337 小时。弃风率和弃光率从 2015 年的 15%、13%分别下降为 2022 年的 3.2%、1.7%，弃风弃光问题得到缓解。但是与可再生能源发电装机规模扩大相比，可再生能源发电设备平均利用小时数增长缓慢，设备的低利用率不利于可再生能源发电企业的固定资产投资回收和经济效益的提升。

三、我国电力能源发展面临的挑战

中华人民共和国成立初期，我国电力工业发展基础较弱，电力系统建设的主要目的是防止电力供应不足。缺电制约着经济发展，因此发电装机建设重点是以单机容量大、建设时间短的燃煤火力发电机组为主。进入 21 世纪以来，我国经济发展速度较快，对电力能源的需求增长加快，以燃煤火电为主的电力能源结构已不适应环境保护和节能减排的时代发展要求。尤其是自 2005 年以来，我国风电和光伏发电建设加快，可再生能源发电规模越来越大。但是可再生能源电力大量接入电网，对电力系统的安全和稳定带来一定的挑战。对于大比例接入可再生能源电力的电网，突发的天气变化会导致风电和光伏发电出现波动甚至停止发电，突发的供电负荷变动或消失对电网稳定性的破坏很大，也给经济社会发展和人们日常生活带来灾难性风险。因此，我国要加快电力能源结构转型和绿色低碳发展，使能源供应向绿色低碳、安全高效转型。我国电力能源结构的调整，进一步推进大比例可再生能源接入电网，将促使电力能源结构从"源随荷动"调度模式向"源网荷储协同互动""源荷互动"模式转变。我国正在构建以可再生能源供应为主的新型电力系统，而构建新型电力系统则需要对整个电力能源系统的形态和电力生产管理方式进行重新调整。

由于可再生能源电力受到天气等外部环境影响，可再生能源电力大量接入电网对电力系统的安全和稳定提出了更高的要求。我国要在电力技术、负荷预测、灵活调度等方面开展持续研究，以解决电力能源结构转型中的效率和安全等问题。电力系统需要采用数字技术来提升其生产响应水平，并主动对电力系统传统的生产关系进行优化与调整，提高电力系统的负荷调节能力、运行效率和系统安全水平；要想与负荷侧用户互动调节、多元用能供需互动，需要提升电网智能化水平。新型电力系统需要精准预测可再生能源功率及周期，促进可再生能源电力的消纳，增强风电、光伏发电、水电、火电负荷的联合运行能力，提升电力资源优化配置能力和效益。

在新型电力系统供给侧，可再生能源电力将逐步成为电力装机和发电的主体，风电和光伏发电将成为第一大电源，并成为我国发电主体类型；在新型电力系统用户侧，很多用户侧主体呈现发电与用电的双重属性，既可生产电能也可消费电能，电力终端负荷特性从传统的纯刚性消耗向柔性生产与消耗共存转变；在新型电力系统电网侧，大电网成为主导，多种电网形态并存、融合，交直流大电网混联是电力能源优化配置的主体形式，配电网成为有源电网，微电网、储能设施、分布式电源与大电网融合互济、协调运行，整体电网呈现智能化、数字化的特点。

总之，我国电力能源发展的核心是绿色低碳发展，即大力发展可再生能源电力，降低二氧化碳的排放。但是，由于我国资源禀赋的特点，能源结构中煤炭资源总量大，以煤炭生产消费为主体，电力能源结构中燃煤火电占主体地位。未来，我国生产和生活方式都会向低碳清洁化方向转型，势必带来电力能源生产和消费方式的重大变化，电力能源系统的发展形势将面临更大挑战，主要有以下四个方面：

一是传统的电力能源安全风险防范与传统的电力能源发展模式相匹配。传统的电力供应安全体系，是建立在以火电、水电、气电、核电等为基础的、供应较为稳定的"源随荷动"模式之上的，电力能源供应的安全性、稳定性决定了电力系统整体的安全性。但是可再生能源电力会因气候环境变化而影响供电稳定性，电力能源供应会面临较大的不确定性。随着可再生能源电力占比增大，传统的电力安全风险管理方式必须适应高效管理的要求，提高安全防范的快速性、准确性。

二是电力系统发供电主体多元化发展，就近供电、微电网、源荷储互动等电力供应结构模式变化，都对数字化、信息化能力提出较高的要求，电力系统各端对信息交互的时效性要求也随之更高。电力系统迫切需要推进智能化设备在各个领域的广泛应用，通过数字系统的智能调度实现局部自主平衡和智能调节，对电力系统各终端将产生更高要求。

三是电力市场中煤价电价倒挂、火电设备平均利用小时数低、基础供电补助不足、碳市场交易运营等问题，不利于基础保底供电的燃煤火电机组的经济性，经济效益不佳导致火电机组经营困难，甚至倒闭，进而会给电力能源结构的稳定性和电力系统的安全性带来巨大影响。相关部门需要根据煤电市场价格变化趋

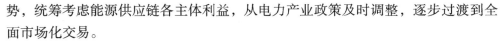

势，统筹考虑能源供应链各主体利益，从电力产业政策及时调整，逐步过渡到全面市场化交易。

四是随着经济社会的发展，用能电气化需求会不断增长，未来对电力的需求会越来越大。电力系统不能为满足用电需求而无限增加电力装机，需要通过技术进步和创新在总体上控制电力能源供需平衡，节能减排。未来，我国电力能源不仅要低碳化发展，而且需要通过技术手段提高能效，控制电力消费总量，促进减量发展。

虽然未来我国电力系统发展会面临很多风险和挑战，但是这改变不了我国用能清洁化的需求，而这一需求将不断推进我国电力能源的绿色转型和清洁化供应。并且，随着我国新一代信息技术的迅猛发展，信息技术对经济社会和电力能源建设的影响会越来越大。经济社会的绿色发展和信息技术进步将推进以可再生能源电力为主的新型电力系统的建设，为建立智能化、数字化、灵活响应的新型电力系统提供条件和保障。

四、我国电力能源发展趋势

我国提出"碳达峰、碳中和"目标后，可再生能源电力迎来了快速发展，电力能源结构的转型发展加快。随着新型电力系统建设的深入推进，我国电力能源发展将呈现以下发展趋势：

一是科技支撑电力系统转型发展。电力系统将呈现可再生能源发电装机容量高占比和电力电子装备的高比例物联网接入；电网夏季负荷高峰、冬季负荷高峰的"双高双峰"特征进一步凸显，同时伴随局部地区用电增长加快，都对电网稳定性提出了更高的要求。电力科技发展和电力技术研究，对保障持续可靠供电和及时应对可再生能源突然断供的双重作用越来越大，科技在电力系统安全生产中起到决定性作用。

二是电力能源供给清洁化、市场化。2022年，我国风电、光伏发电装机容量合计已达75805万千瓦，根据风电、光伏发电的装机速度，预计到2030年风电与光伏发电装机将合计超过12亿千瓦，可再生能源电力将成为第一大电源，电力供给呈现清洁化发电趋势。随着技术进步，可再生能源发电成本不断下降，发电效率提高，上网电价降低，可再生能源电力的市场竞争力越来越强，电力系统各环节的市场化机制进一步完善，交易过程市场化运作加快。

三是电力能源控制技术数字化、智能化。新型电力能源结构的复杂化，对源网荷储用各环节的信息沟通交互提出了更高的要求，电力各环节都需要智能化改造、数字化升级，提升全息感知、灵活控制和智能响应的能力。电力系统正在构建源网荷储用全环节一体化运行体系，电力能源控制技术将更加智能，电力系统的能源互联网也将不断升级。

四是电力能源系统配置源网荷互动。在新型电力系统中，很多电力用户主体将兼具发电和用电双重属性，既是电能消费者也是电能生产者，终端负荷主体特征由传统的刚性、纯消费型向柔性、生产与消费兼具型转变，源荷互动、网荷互动能力和需求应变能力不断提升。此外，电网深度调节的能力不断提高，互动信息将快速调节电力生产。

五是电力能源生态开放共享。未来，电力能源的主体联结将更加紧密，电力系统的稳定性要求电力能源的各个主体更加开放共享，只有电力系统各端的信息共享，才能实现电力的稳定供应与消费。在信息技术的支持下，电力系统各环节的运营是互联互通的，有助于构建开放共享的电力能源发输配用生态，以更好地保障电力能源供应。

第二节　我国可再生能源电力总体情况[①]

随着我国经济持续增长和人民生活水平不断提高，我国对电力能源的需求不断增大。为了满足全社会新增电力需求，我国的电力装机容量尤其是可再生能源电力装机容量快速扩大。2022 年，全球可再生能源发电装机容量为 33.72 亿千瓦，新增装机容量为 2.95 亿千瓦，其中我国新增装机容量占 51.7%[②]。我国是世界可再生能源发电新增装机容量的最大贡献者，也是世界上利用可再生能源发电的第一大国。

一、我国可再生能源电力发展概况

（一）我国可再生能源发电结构变动情况

自 2006 年我国实施《中华人民共和国可再生能源法》以来，可再生能源迅速发展。在可再生能源政策的支持下，我国可再生能源发电装机容量从 2005 年

---

① 本节内容所涉及的数据来源于历年《中国能源统计年鉴》、《中国电力行业年度发展报告》和中国电力企业联合会全国电力工业统计数据一览表。

② 数据来源于国际可再生能源机构（IRENA）。

的 12052 万千瓦增长到 2022 年的 121287 万千瓦，年均增长率为 13.69%。2022
年，我国可再生能源电力装机容量占全国电力总装机容量的 47.30%，可再生能
源电力新增装机容量占全国电力新增装机容量的 76.20%，可再生能源电力成为
我国电力新增装机的主体。2022 年，风力发电和光伏发电的装机容量分别达到
了 36544 万千瓦和 39261 万千瓦，两者装机容量之和已超过可再生能源总装机容
量的一半。我国可再生能源发展取得了显著成效，可再生能源发电设备和配套设
施不断更新，发电技术水平在提高，可再生能源发电量不断增加。

从图 1-4 可以看出，1978—2022 年，我国可再生能源发电量占全国总发电
量的比例由 17.38% 上升至 30.79%，其在电力发电总量中的占比在稳步提高。
1978—2004 年，我国可再生能源发电以水电为主，从 2005 年开始我国加快非水
可再生能源电力建设，风电和光伏发电规模不断增大。可再生能源发电量在 2005
年为 4039 亿千瓦时，到了 2022 年已高达 27245 亿千瓦时；18 年的时间，年均可
再生能源新增发电量超过 1000 亿千瓦时，年均增长率为 11.19%。2015 年之前我
国可再生能源发电量增长率变动较大，2016 年以后增长波动幅度趋于平稳，可
再生能源发电规模持续扩大，电力能源结构不断优化，可再生能源电力的清洁替
代作用日益显著。

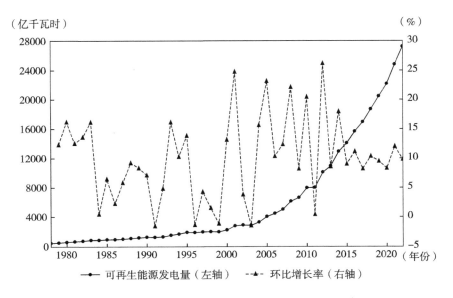

图 1-4 1978—2022 年我国可再生能源发电量及其增长率变动情况

从图 1-5 可以看出，我国水电、风电、光伏发电和生物质能发电量都在持续增长。水电长期在我国可再生能源发电中占主体地位，尽管自 2016 年以来水电在可再生能源发电量中的占比在下降，但水电仍是我国可再生能源发电的主力电源，2022 年水电发电量在可再生能源总发电量中的占比为 49.63%。我国非水可再生能源电力发展较晚，2005 年开始逐步发展风、光、生物质能等可再生能源电力，其装机规模小，在总发电量中的占比非常低。自 2015 年以来，我国加快了风电和光伏发电的发展，风电和光伏发电量在 2015 年合计达到 2255 亿千瓦时，在可再生能源总发电量中的占比为 16%；到了 2022 年，风电和光伏发电量合计达 11899 亿千瓦时，占可再生能源总发电量的 43.67%，成为我国可再生能源电力的重要组成部分。在 2022 年，生物质能发电量为 1824 亿千瓦时，占可再生能源总发电量的 6.94%。

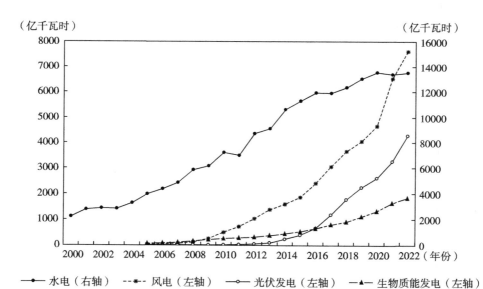

图 1-5　2000—2022 年我国水电、风电、光伏发电和生物质能发电量变动情况

虽然我国可再生能源发电量规模在不断增大，已经成为世界上可再生能源发展最快的国家，但是可再生能源发电量在总发电量中的占比约为 1/3，与发达国家相比还有一定的差距，发电结构仍需进一步调整和优化。随着我国可再生能源发电的装机容量和发电量不断扩大和增长，目前，我国风力发电、光伏发电、生物质能发电的装机容量都在世界排名第一。各类可再生能源电力的加速发展，使我国电力能源结构进一步向清洁化优化。大力发展可再生能源对能源安全、防治

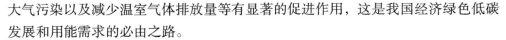

大气污染以及减少温室气体排放量等有显著的促进作用，这是我国经济绿色低碳发展和用能需求的必由之路。

（二）我国可再生能源电力产业发展情况

随着我国可再生能源电力设备制造能力不断增强、发电设备持续更新、电力配套设施逐步完善、电力生产技术不断提高，我国可再生能源发电规模和发电量呈现稳步上升趋势。我国可再生能源发电取得的成效，与实施的可再生能源政策息息相关。2006年，我国实施《中华人民共和国可再生能源法》，为我国可再生能源的发展打牢基础。我国政府长期高度重视风电、光伏发电等可再生能源的发展，相继出台了《可再生能源中长期发展规划》（2007年）、《国家发展改革委关于调整西北电网电价的通知》（2009年）、《关于调整可再生能源电价附加标准与环保标准有关事项通知》（2013年）、《可再生能源发电全额保障性收购管理办法》（2016年）、《国家发展改革委办公厅　国家能源局综合司关于公布2020年风电、光伏发电平价上网项目的通知》（2020年）等政策，形成了我国可再生能源的政策体系。自2020年起，我国风电、光伏发电进入平价上网阶段，可再生能源的市场竞争力和装机规模都在不断提升和扩大。但是我国可再生能源仍有不少问题亟须解决，例如：部分区域的风电和光伏发电消纳不足；水电的运行时间长，维护成本日趋加大，水电受天气影响而波动大；生物质能原料采购价格变动大，纯生物质发电比例较低；可再生能源电力自主发电运营能力有限，还需要依靠国家的财政补贴和政策支持；等等。这些问题在一定程度上都对可再生能源电力大规模发展形成阻碍。

另外，由于电网网架结构限制和配套调节电源建设不足，我国局部地区出现弃风弃光情况，可再生能源电力消纳不足问题突出，可再生能源企业电价补贴到位周期较长，可再生能源企业经营困难等。2016年，我国出台了《可再生能源发电全额保障性收购管理办法》，要求电网企业严格执行可再生能源电力全额收购政策，解决制约可再生能源电力上网的消纳问题。为了保障电网运行的稳定性，可再生能源电力要建立利益共同体，实现电能需求综合平衡、电量供需实时平衡、产业联盟经济平衡和碳平衡，如此才能够持久发展。在国家政策引导和监督下，我国电网企业执行可再生能源电力全额上网收购政策，自2017年以来，我国整体弃风率和弃光率实现双降，政策效果显著。2019年，我国弃风电量总计169亿千瓦时，同比减少108亿千瓦时，平均弃风率降为4%，弃光电量总计46亿千瓦时，弃光率降为2%，可再生能源发电量和消纳水平不断提升，可再生能源企业经营情况得到了较大改善。

可再生能源发电行业的快速发展使围绕可再生能源建立的上下游产业成为地方经济发展的支柱产业，为当地创造了较多就业岗位，完善了区域经济结构，增加了地方财政收入等，并且逐渐成为西北、东北、西南等风能和太阳能资源丰富地区的支撑产业。同时，我国构建了具有国际先进水平的可再生能源生产安装消费完整产业链，可再生能源设备装备制造技术水平显著提升，关键零部件大多数实现了国产化。我国成为世界上最大的可再生能源的消费市场和设备制造国，与世界各国和地区加强在可再生能源领域的合作，推动可再生能源电力产品、装备和服务"走出去"，为世界电力能源转型和绿色发展提供中国样板和先进产品。我国水电建设企业担负了世界 70%的水电站安装建设任务；我国光伏发电设备制造企业为全球能源市场提供了 50%以上的多晶硅、电池片、硅片以及其他组件；我国风电设备制造能力排名世界第一，风电设备制造产量占全球产量的 50%以上。目前，我国不仅是世界上最大的可再生能源设备制造国家，也是可再生能源电力发展最快的国家，在全世界处于领先地位。

二、我国各类可再生能源发电情况分析

我国已成为全球可再生能源电力利用规模最大的国家。随着我国加大对可再生能源电力的推广普及和财政支持，未来，水电、风电、光伏发电和生物质能发电等可再生能源电力的发展空间和潜力巨大。

（一）水力发电情况分析

我国水资源丰富，可开发量约占世界的 43%。我国水电在可再生能源电力中是建设开发最早的，水力发电在可再生能源总体发电量和装机容量中的占比也最高，水电建设规模和建设成效在世界处于领先地位。我国水电机组制造水平较高，水电单机容量从千瓦级、兆瓦级向十兆瓦级、百兆瓦级演进，我国自主设计制造了世界上最大的百万千瓦级水轮机组，水电设备的设计、制造以及施工能力达到世界领先水平，例如，全球单机容量最大功率百万千瓦级水轮发电机组在白鹤滩水电站安装运行成功，实现了我国水力发电高端装备制造的重大突破，白鹤滩水电站年均发电量可达 624.43 亿千瓦时。

我国水电装机规模在持续增长。1978 年水电装机容量为 1728 万千瓦，到了 2022 年水电装机容量已达到 41350 万千瓦，从 1978 年到 2022 年水电装机容量年均增长率为 7.31%。自 2012 年以来，我国水电出现了弃水问题，水电装机容量的增长速度呈现下降趋势，且下降明显。随着我国实施促进可再生能源电力消纳政策，2019 年以后水电装机容量增速加快，2020 年我国水电装机

容量达到 37016 万千瓦，新增装机容量约 1212 万千瓦，环比增长率为 3.27%。而后，水电装机容量持续增长，到了 2022 年我国水电装机容量在可再生能源发电装机容量中占 34.09%，水电在可再生能源电力装机容量中仍占主体地位（见图 1-6）。

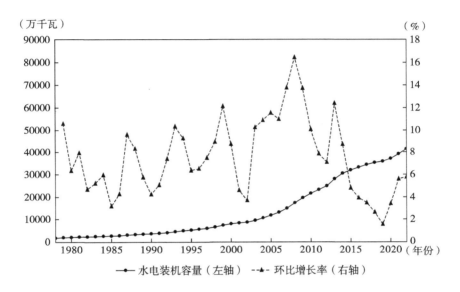

图 1-6　1978—2022 年我国水电装机容量及其环比增长率变动情况

　　我国水力发电主要受到区域供需不平衡、天气状况、弃水等因素的影响，水力发电量总体变化较大。从图 1-7 可以看出，我国 1978—2014 年水力发电量的环比增长率变化幅度较大，水力发电量在 2003 年和 2011 年略有下降，环比增长率为负数，期间水力发电量波动幅度较大；2016 年以后，水力发电量环比增长率变动较为稳定，水力发电量增长速度下降；2022 年，我国水力发电量达到 13522 亿千瓦时，在可再生能源发电总量中的占比为 49.63%。

　　2012 年以来我国弃水问题日益严重，政府积极采取措施来解决弃水问题。到了 2019 年，我国已基本结束大规模弃水现象。四川省水电装机规模和发电量均居全国第一，2019 年四川省水力发电量为 3076 亿千瓦时，弃水电量为 92 亿千瓦时，弃水电量已连续 3 年保持下降趋势，并降至 6 年来最低；云南省水电装机规模和发电量位居全国第二，2019 年云南省水力发电量为 2666 亿千瓦时，弃水量仅 17 亿千瓦时，同比减少 158 亿千瓦时，云南省的弃水问题得到缓解。

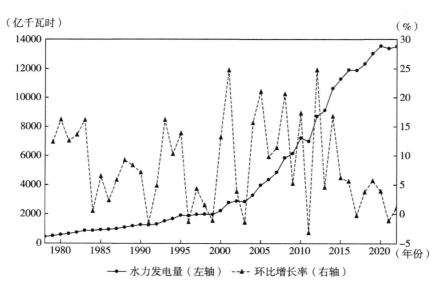

图 1-7　1978—2022 年我国水力发电量及其环比增长率变动情况

虽然我国水电在持续发展，但是水电发展过程中还存在以下问题：

一是可开发的水电资源有限、开发难度较高、经营价值递减、水电运行时间长导致其维护成本上升。虽然我国水电装机容量一直保持上升的趋势，但是目前可建水电站的地区并不充裕，水电建设地区还需考虑环境保护和人文等因素，水电站建设耗时长、建筑安装成本高。

二是水电市场营销模式单一。大型水电集团一般是由国家直接控股和制定上网电价销售政策，因此，水电企业的营销模式不够灵活且限制因素较多，导致水电营销模式单一，缺乏创新。

三是缺乏市场竞争。受国有企业传统经营理念的影响，水电企业自身的危机意识较淡薄，水电企业地处偏远地区，市场竞争意识不强，水电企业的生产效率有待提高。

（二）风力发电情况分析

1. 风力发电总体情况

我国风电的发展最早可以追溯到 20 世纪 80 年代，1986 年，我国首次引进风力发电技术，开始了风电开发。2006 年，国家发展和改革委员会及财政部联合发布《促进风电产业发展实施意见》[①]，明确提出了风电发展目标，自此我国风

　①　资料来源：《国家发展改革委　财政部关于印发促进风电产业发展实施意见的通知》（发改能源〔2006〕2535 号），2006 年 11 月 13 日印发。

电开始加快发展，风力发电装机容量不断增加。我国风力发电主要集中在西北、东北、华北地区，"三北"地区自然资源适合大规模的风力发电。近年来，为了避免长距离输送，我国加强在东部负荷中心的风电建设，风电布局进一步优化，中部、东部和南方地区的新增装机占比约59%，"三北"地区占比约41%。

从图1-8可以看出，2005—2010年我国风电处于发展初期阶段，风电装机容量规模小，但是增长速度快，风电装机容量环比增长率达到100%左右。从2010年开始，风力发电量总体呈现供大于求的局面，局部地区出现严重的弃风情况。我国政府实施一系列促进风电消纳的政策，2017年后，弃风情况得到改善，风电装机容量增长速度进一步加快，风电新增装机容量持续上升。2020年，我国风电装机容量为28153万千瓦，新增装机容量达到7148万千瓦，风电装机容量增长快速；其中，海上风电装机容量增速加快，海上风力发电累计装机容量达899万千瓦。其原因是我国在2021年要取消对风电的定额补贴，造成了2020年风电的"抢装潮"。2021年，在新冠疫情的影响下，风电零部件运输受阻、工程建设受限，但是风电的投资和建设没有受到影响，我国风力发电新增装机容量达到了4683万千瓦，总装机容量突破3万亿千瓦。到了2022年，我国风电装机容量达到36544万千瓦，占全国可再生能源总装机容量的30.13%，风电已经成为可再生能源电力的重要组成部分。

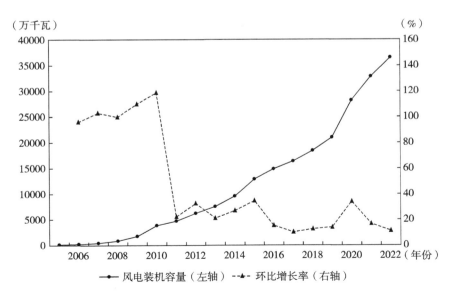

图1-8　2005—2022年我国风电装机容量及其环比增长率变动情况

从图 1-9 可以看出，从 2005 年以来我国风力发电量持续增长。2005—2010年，我国风力发电量规模较小，但增幅大，2009 年环比增长率最高，达到118.42%。由于风力发电量的快速增长，2010 年我国出现严重的弃风现象，2012年弃风率达到 17%，风力发电量增长速度放缓。鉴于此，政府出台促进可再生能源电力消纳政策，电网公司实施风电全额上网政策，支持风电发展。从 2017 年开始，我国弃风电量逐年降低，风力发电量再次呈现快速增长趋势。2020 年，我国弃风率降低为 3%，风力发电量达到 4665 亿千瓦时，占可再生能源总发电量的 21.06%。到了 2022 年，我国风力发电量达 7624 亿千瓦时，占可再生能源总发电量的 27.93%。风力发电已成为我国可再生能源电力的重要组成部分。

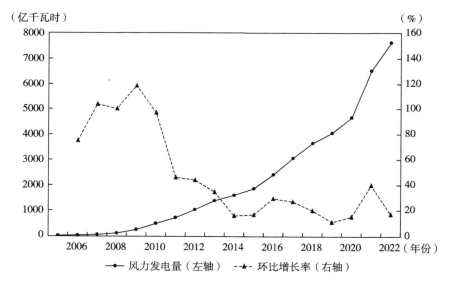

图 1-9　2005—2022 年我国风力发电量及其环比增长率的变动情况

2. 陆上风力发电和海上风力发电

按照安装地区的不同，风力发电可分为陆上风力发电和海上风力发电，我国风力发电主要以陆上风力发电为主。我国陆上风力发电的发展历史悠久，并且技术成熟，陆上风力发电一直占据主要地位；而海上风力发电发展相对较晚。海上风力发电对技术的要求高，建设过程复杂，2016 年，我国海上风电装机容量仅占风电总装机容量的 1.11%，到了 2022 年，海上风电装机容量占风电总装机容量的 8.63%（见图 1-10）。

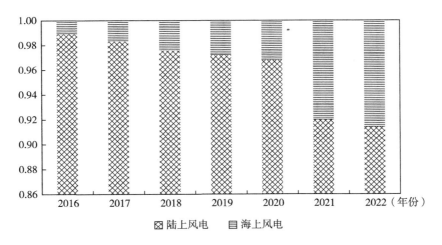

图 1-10 2016—2022 年我国陆上风电和海上风电装机容量占比

我国海上风能资源储存丰富，且海上风电比陆上风电更为稳定，还能避免对土地的占用。近年来，海上风力发电逐渐受到国家和企业的重视，我国大力推广海上风力发电。如图 1-11 所示，我国海上风力发电新增装机容量逐年提高，受到 2020 年风电"抢装潮"的影响，海上风电发展快速。2021 年，海上风电新增装机容量为 1690 万千瓦，累计装机容量已经达到 2639 万千瓦；到了 2022 年，累计装机容量已经达到 3046 万千瓦。我国海上风力发电具备很大的发展潜力。

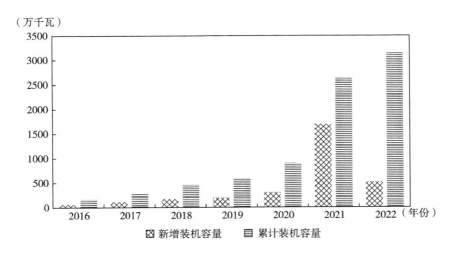

图 1-11 2016—2022 年我国海上风电新增和累计装机容量变化情况

3. 集中式风电和分散式风电

我国风力发电以集中式风电为主，"三北"地区大面积建设集中式风力发电站。随着集中式风力发电规模的扩大，外送容量有限、本地消纳不足、弃风等问题也逐渐显现，2011 年，国家能源局下发《关于分散式接入风电开发的通知》《关于印发分散式接入风电项目开发建设指导意见的通知》，提出在发展集中式风电的同时，要稳妥且因地制宜地发展分散式风电。这些政策的实施为分散式风电带来了更大的装机空间和消纳范围。分散式风电是根据当地风能资源分布情况，将中小规模的风力发电机组布置在分散的地理区域，采用联网或微电网方式在一定范围内进行电力输送和消纳的风电开发利用形式。分散式风电一般位于用电负荷中心周围，不以大规模和远距离输送电力为目的，产生的电就近接入电网，并在用电负荷中心附近消纳。分散式风电的电站相互独立且安全性高，输配电损耗和安装成本低，可以有效缓解负荷中心用电紧张的问题。

与集中式风电相比，分散式风电具有较大的灵活性，分散式风电在我国具有广阔的发展和应用前景，是风电发展的重要方向之一，将有力地推动我国可再生能源电力使用和促进"双碳"目标的实现。分散式风电相对于集中式风电在选址、并网、系统可靠性等方面有着较大的优势。在选址上，集中式风电要选在风资源丰富的地区，选址条件受到较大限制；而分散式风电不受大规模连续风资源的限制，可以选择各地风资源相对较好的地方进行发电，比较灵活。在并网上，大规模的集中式风电场因远离负荷中心，并入电网的难度较大，并网条件要求比较高；而小规模的分散式风电机组并网相对灵活，容易被电网接收。在系统方面，集中式风电机组规模大，一旦发生故障对发电稳定性影响较大；而分散式风电机系统是由小机组组成的，若机组发生故障对整个风电场影响不大。分散式风电的开发和运行比较灵活，通过广泛发展分散式风电，可以产生规模经济效应，带动当地的经济发展，创造更多的就业机会。

我国分散式风电起步较晚，在装机容量上，分散式风电与集中式风电相比增长相对缓慢。2017 年，我国分散式风电装机容量不足当年风电总装机容量的2%，累计装机容量为 49.6 万千瓦。为了促进分散式风电发展，我国政府先后出台《分散式风电项目开发建设暂行管理办法》（国能发新能〔2018〕30 号）和《国家能源局关于 2018 年年度风电建设管理有关要求的通知》（国能发新能〔2018〕47 号），这些政策进一步完善了分散式风电的管理流程和工作机制。在政策的引导下，2019 年，我国分散式风电的累计装机容量为 93.5 万千瓦，其新增装机容量仅占风电总装机容量的 1%；到了 2021 年，我国分散式风电的新增装机容量已经达到了802.7万千瓦，同比增长702%，分散式风电进入快速的发展阶段，成为风电发展的重要动力（见图1-12）。

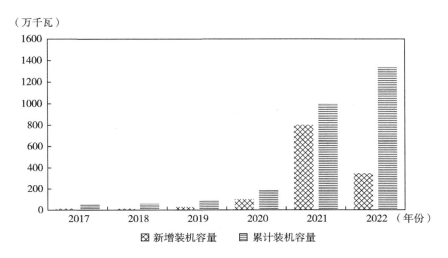

（万千瓦）

☒ 新增装机容量　　☰ 累计装机容量

图1-12　2017—2022年我国分散式风电新增和累计装机容量变化情况
资料来源：2017—2022年的《中国风电产业地图》。

分散式风电在低压侧接入，拥有较高的发电利用小时数，就地消纳较好，能有效地解决弃风限电问题。分散式发电的优势和可开发的潜力逐步显现出来，2021年我国有23个省份的分散式风电装机容量在增长，其中东南部和东部地区的分散式风电新增装机容量最大，河南、内蒙古、陕西、湖北、山西五个省（区）的新增分散式风电装机容量占总量的68.7%；在各省份中，河南省新增分散式风电装机容量最大，达到238万千瓦，占全国分散式风电新增装机容量的29.6%。未来，我国分散式风电将在广大农村地区进行推广，尤其是中部和东南部的农村。在"十四五"时期，我国在5000个村庄附近安装10000台风电机组，总计50吉瓦。

随着风电技术的进步、成本的下降和政策的支持，分散式风电的市场竞争力将不断提高，分散式风电在我国将会持续增长。我国电力体制改革有利于分散式发电治理模式的建立，促使分散式风电项目进入商业化阶段，从而激发投资者参与分散式风电建设的积极性，推动我国风电产业的深入发展，为电力系统提供更多的绿色电能。

4. 我国风力发电存在的问题

虽然我国风力发电建设取得显著成效，但是仍存在一些尚未解决的问题，例如，风电行业的产业链需要进一步优化，技术创新有待加强，成本需要进一步降低，智能化和信息化的应用需要深入推进，以提升风电行业的整体效率。以下是风力发电所面临的问题和发展的重点：

一是风力发电行业的产业链仍需优化。风力发电行业的产业链主要包括三大环节：风力发电机零件的制造、风力发电机制造和风电场运营。我国风力发电的整条产业链，即产品的设计、技术、数据监测管理，以及设备的运输、安装、维修等有待进一步发展和优化。我国风电产业链的上游和下游发展不平衡：处在上游的风机及其零部件的生产力水平还需提高，而处在下游的风电场开发建设近年来发展飞速，风电装机容量的增加也对风机零部件提出更高的要求。如果不能促进风机生产力的提高和整体制造工艺的精进、提升风机质量，风电产业链的上下游就不能很好地衔接，风电产业的发展将受阻。目前，风机制造的市场由几个大型企业所垄断，新兴企业进入困难，因此，还需扩大上游市场，提高风机市场整体的生产力和竞争力。

二是风力发电技术水平有待提升。虽然目前我国在风电大部分的设备方面都具有自主研发能力，但风力发电的核心部件仍然依赖进口。增强自主研发的能力，可避免在关键技术上受制于人，同时通过进行技术创新降低风力发电的成本，提高风电在电力市场中的竞争力。技术创新是我国未来风电发展的重点。近几年，我国"弃风"现象虽然得到了改善，但随着我国风力发电规模的扩大以及"双碳"目标的提出，对风电的消纳提出了更高的要求，需要探索风电配储能技术，将高峰时期的风电电力储存并用于低谷时期风电电力的输送，从而达到促进消纳的目的。如何使风电厂建设过程中成本的投入与发电效能之间保持平衡，是发展风电产业要重点考虑的问题。根据我国各地区风力资源及发展现状的不同，政府需要制订合理的支持计划进行风电技术方面的投资，完善促进风电技术创新的支持性政策。

三是风力发电行业智能化、信息化发展还需推进。由于风力在发电的过程具有随机性和间歇性，大规模风电并网会产生影响供电的安全性和电能转化效率的问题，并且随着风电电网规模的不断扩大，设备容量的增加会造成整个风力发电装置的效能下降。为了应对这个问题，就必须使风电装置的有效输出功率达到平衡。因此，在风力发电的发展过程中，有必要应用智能化和信息化技术，对风电设备运行的数据进行实时获取，提高对大数据处理分析的能力，更加高效地对电网整体发电效能做出改善；对风电场进行智能化的改造和升级，利用数字化预测技术对风功率进行精确预测，从而提高风电并网消纳的效率，实现大型集中式发展与分布式发展模式的有机融合，并针对不同地区的发展状况因地制宜地进行规划。由于我国风力发电场大多处在偏远地区，恶劣的自然条件和人员的稀少导致设备运行维护和项目管理的难度加大，尤其是海上风电，海上复杂的气候条件极易导致设备故障，而在出海进行设备维修时又会受天气影响而产生多种不便。在此情况下，智能化技术的运用，无论是对设备的远程监测还是对天气和自然灾害的提前预测，以及在节省人力成本方面，都会对我国风电持续稳健发展起到重要的推动作用。

四是局部地区风电利用率不高。我国风电装机容量已跃居世界第一，但是受制于电网外送通道建设滞后、配套常规调节电源建设不足、局部地区自行消纳不足，以及风电供给依靠风力的随机性、波动性和间歇性等特点，大规模风电的消纳和稳定供给仍是我国局部地区风电发展的难题。

五是风电设备制造存在"重产能、轻质量"的问题。我国风电市场快速发展，风电设备制造业不断扩张，导致产能过剩。与全球领先的风电设备质量及生产规模相比，我国还缺乏与之相匹配的核心技术和产业竞争实力。国内风电设备的关键技术仍依赖国外，且存在低层次技术的同质化竞争，高端设备制造、控制预测系统等方面的发展还不足。

六是风电建造、运输和安全的成本问题。由于海上环境条件复杂，随着我国海上风电规模逐步扩大，海上风电建造、运输的安全问题日益凸显。海上风电的海缆价格相对较高，海上风电的机组造价也仍较高。目前，风电机组大规模建设对生物和环境存在噪声影响，以及针对风力发电对鸟类和动物长期影响的有效评估不足，在风电发展过程中还没有考虑对生物和环境噪声影响的成本。

（三）光伏发电情况分析

1. 光伏发电总体情况

我国的太阳能总辐射资源丰富，太阳能资源分布具有"高原大于平原、西部干燥区大于东部湿润区"的特点。太阳能的高值中心和低值中心都处在北纬22°~35°，青藏高原太阳能总辐射资源最丰富，年总辐射量超过 1800 千瓦时/平方米，而四川盆地为太阳能总辐射低值中心。我国太阳能年辐射总量，西部地区高于东部地区，南部地区低于北部地区（除西藏和新疆两个自治区外）。我国陆地表面接受的太阳辐射能每年约为 50×10^{18} 千焦耳，全国各地太阳能年辐射总量达 335~837 千焦耳/平方厘米·年。我国发展光伏发电的潜力巨大。

我国光伏发电产业从 2005 年开始起步，光伏发电技术迭代快速，光伏发电设备的产业链联系紧密，光伏集成制造能力不断增强，有力地推动光伏发电单位安装成本不断下降。自 2010 年以来，我国陆地安装的光伏发电项目每千瓦造价平均下降 75% 左右，光伏发电产业的竞争力持续提升，我国光伏产业在全球已经占据主导地位。在建设方式上，我国光伏电站逐步由大规模集中式开发建设向分布式开发建设转变，光伏发电装机容量增长迅速。从图 1-13 可以看出，2005—2011 年，我国光伏发电的装机容量增长率很高，但是装机容量规模仍然较小。随着光伏制造产业技术水平的提高，2012 年开始，光伏发电装机容量增长明显加快，特别是 2016—2022 年，光伏发电装机容量从 2016 年的 7742 万千瓦增长到 2022 年的 39261 万千瓦，年均增长率达到 26.1%。2022 年，我国光伏发电装机容量在可再生能源总装机容量中占比达到 32.37%，光伏发电已经成为可再生能源发电中的重要组成部分。

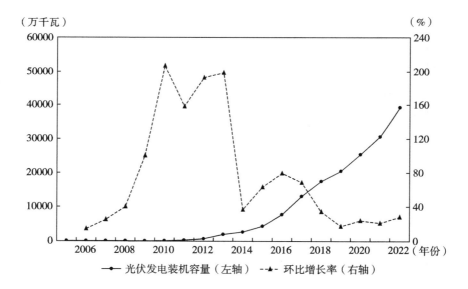

图 1-13 2005—2022 年我国光伏发电装机容量及其环比增长率变动情况

我国政府高度重视光伏发电产业，国家颁布了一系列有关促进光伏发电行业发展的政策，如《能源发展战略行动计划（2014-2020 年）》《关于建立可再生能源开发利用目标引导制度的指导意见》《国家能源局关于 2020 年风电、光伏发电项目建设有关事项的通知》等，这些政策与措施有力地支持了我国光伏发电行业的发展。从图 1-14 可以看出，我国光伏发电的发电量逐年攀升，从 2005 年的 0.36 亿千瓦时增长到 2022 年的 4276 亿千瓦时，光伏发电量年均增长率达到 68.41%。其中 2005—2011 年我国光伏发电处于起步阶段，发电量基数低，增长率较高，2011 年发电量环比增长率高达 239.58%。光伏发电量过快增长导致局部地区出现严重的弃光现象，而后在政策的引导下从 2016 年开始局部地区弃光问题得到缓解。2012 年以来政府加大了对光伏发电产业的政策支持和补贴，光伏发电量快速增长，2012—2022 年年均增长率达到 52.57%。

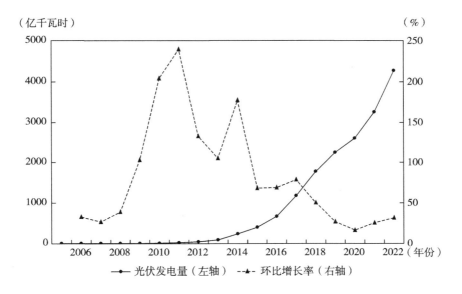

图 1-14　2005—2022 年我国光伏发电量及其环比增长率变动情况

　　自 2005 年以来，欧洲市场对光伏发电相关产品的需求不断增大，带动了我国光伏发电产业的发展。我国光伏发电产业由弱到强，现在已经形成了完整的上下游市场和配套产业链。我国光伏产品的出口规模进一步扩大，2022 年我国光伏组件出口额为 423.6 亿美元，同比增长 72.1%，创下了历史最高出口额。我国光伏发电的应用领域也在不断拓展，在 2022 年北京冬季奥运会上，从奥运设施到奥运赛场周边都有许多光伏发电组建的景观，例如，由光伏组件铺设的冰球训练场馆"冰凌花"，320 千瓦的屋顶光伏电站安装而成的国家速滑馆"冰丝带"，光伏发电在冬奥会上得到高效利用和展示。我国光伏发电产业已跻身世界先进行列并参与国际市场竞争，光伏发电装机容量已连续 8 年位于全球装机容量榜首，新增装机容量连续 10 年处于世界首位。光伏发电产业的快速发展，将有力地支撑我国在 2025 年实现一次能源消费中的 20% 左右为非化石能源的目标，同时为实现"碳达峰、碳中和"目标打下坚实的基础。

2. 分布式光伏发电情况

基于我国丰富的太阳能资源，分布式光伏发电的发展势头迅猛。我国政府对光伏产业的大力支持是其快速发展的关键，政府为光伏发电项目提供了电价补贴、税收优惠等多种补贴，同时也鼓励技术创新以降低光伏发电的成本。2021年我国分布式光伏发电累计装机容量达到107.5吉瓦，约占全部光伏发电装机容量的1/3；其中分布式光伏发电新增装机容量为29吉瓦，约占全部新增光伏发电装机容量的53.4%，在全部光伏发电装机容量中首次突破50%，显示了光伏发电集中式与分布式共同发展的趋势。2022年我国光伏发电新增并网容量达到了87.408吉瓦，其中集中式光伏电站新增装机容量36.294吉瓦、分布式光伏电站新增装机容量达51.11吉瓦，同比增长207.9%，分布式光伏电站已连续两年超过集中式光伏电站，分布式光伏发电呈现高速增长的趋势。

我国光伏发电大基地建设和分布式光伏应用稳步提升，2022年光伏产品出口超过512亿美元，光伏组件出口超过153吉瓦，行业总产值突破1.4万亿元人民币。我国已成为世界上最大的光伏电池、组件生产基地和光伏系统安装国。分布式光伏发电行业的快速发展和占比的提高，与居民和工商业分布式光伏发电用户快速增长有关。2020—2022年，分布式光伏发电用户连续翻倍增长，其中工商业分布式光伏发电用户在2022年增加了近3倍。这取决于光伏发电行业本身的快速发展，随着光伏发电系统成本的下降，分布式光伏的投资价值受到市场投资者的关注。按照"自发自用，余电上网"的商业模式，"自发自用，余电上网"的分布式光伏项目收益率可达到10%及以上，投资商将分布式光伏项目作为优质资产持有。同时，经济发展使电力供需紧张、用电成本上涨以及社会用电需求提高，用电需求不断增大也为分布式光伏发电带来了发展机遇。

集中式光伏电站受限于土地、消纳等因素，其未来的增量空间有限，同时土地租金上升也限制了集中式光伏电站的发展。而"光伏+各种应用场景"的分布式项目具有就近消纳的优势。近年来，"乡村光伏"等政策鼓励农村分布式光伏发展，推出融资租赁等新模式，使分布式光伏在农村得到逐步发展；运用市场精准扶持细分市场，可以充分利用农村地区光伏资源，更好地服务当地市场发展。未来，分布式光伏发电的发展需要光伏用户进一步开拓新兴市场。在产业聚集的长三角、珠三角等地，由于用电成本高和持续的电力供应紧张，是工商业分布式光伏发展的优势区域。

在政策的支持下，分布式光伏发电面临飞速发展的历史性机遇，为我国的经济发展和环境保护做出贡献。未来，分布式光伏行业将重点在以下三个方面发展：一是加大分布式光伏行业的技术和新材料的研究，提升分布式光伏发电效率；二是智能技术、智能物联网等技术将在分布式光伏行业中得到使用，提高分布式光伏行业的效率；三是通过精准调度预测系统，降低分布式光伏行业的运营成本，优化分布式光伏发电效率。随着分布式光伏技术的不断迭代和改进，未来分布式光伏发电市场规模和市场渗透率不断提升，分布式光伏发电市场将进入快速发展时期。

3. 我国光伏发电存在的问题

虽然我国光伏发电规模在增大，发电成本在降低，但是从 2021 年开始我国光伏发电实施平价上网，这给光伏发电持续发展带来了巨大挑战。同时，近 10 年来，我国光伏发电产业的爆发式增长，对我国电力系统的稳定发展也提出了新的挑战。未来，我国光伏发电将面临以下问题：

一是光伏发电投资成本高。目前，我国光伏发电的技术成本持续下降，而土地费用、融资成本、税费等非技术成本却在限制着我国光伏发电行业的发展。例如，光伏发电项目在土地使用税政策和耕地占用税政策上缺乏国家的统一标准，不同地区有不同的征税标准，影响了光伏发电的投资成本，阻碍了光伏项目的建设。降低光伏发电的非技术成本是当前光伏发电亟须解决的问题。此外，2021年，光伏发电整个产业链价格的上涨使光伏发电的投资成本上涨，对光伏发电行业的发展产生了抑制作用，使投资者减少对光伏发电的投资，影响光伏电站的建设。

二是分布式光伏技术水平还需提高。我国分布式光伏发电技术创新还不足。首先，提高光伏发电的光电转换率，将纳米技术应用于光伏组件修复技术以提高发电效率，通过智能运维提高运维效率。其次，未来促进"光伏+"新模式的应用与普及，需要提高光伏相关技术创新与其他领域技术整合和深度融合，实现"光伏+农业""光伏+渔业""光伏+储能"等。最后，在光伏发电平价上网的情况下，通过技术创新来实现光伏发电上游制造企业成本的降低以及对落后产能的淘汰。

三是分布式光伏发电企业融资难。受 2018 年"光伏531新政"的影响，分布式光伏发电的中小企业因补贴减少，中小型光伏企业融资困难。分布式光伏发电项目需要大量的初始投资，仅依靠抵押房地产等资产并不能达到中小型光伏企业的融资需求。此外，分布式光伏发电项目有较长的投资回收期和不确定性，银行谨慎向中小型光伏企业贷款。分布式光伏项目以中小规模的光伏企业为主，中小型光伏企业的资金实力相对较弱，其从传统的银行渠道获得融资的难度较大。

四是光伏发电大规模接入对电网稳定性产生影响。光伏发电易受天气影响，电力供给不稳定。光伏发电受光照强度影响较大，输出功率不稳定，为电网稳定、电力系统调度和可靠平稳运行带来诸多问题。

五是光伏发电效率有待提升。太阳能电池由吸光性强的硅基材料制成，但是硅基面板的制造成本高，需要加大光伏发电的发电材料和相关智能配套设施研发，提高光伏发电吸光效率和控制可靠性，降低成本，提高光伏发电的市场竞争力。

尽管我国光伏发电产业的发展仍存在很多问题和挑战，但是，在"双碳"目标下，光伏发电产业将面临广阔的发展前景，我国光伏发电产业将会逐步发展成为我国重要的电力能源之一。

（四）生物质能发电情况分析

作为农业大国，我国拥有丰富的生物质资源。我国农作物播种面积有 18 亿亩，年产生物质约 7 亿吨，相当于 3.5 亿吨标准煤；我国森林覆盖率为 20.36%，每年可获得生物质资源量约 9 亿吨。如果有效利用这些生物质资源，我国生物质发电产业开发潜力巨大。自 2003 年以来，我国先后核准了河北晋州、山东单县和江苏如东 3 个秸秆发电示范项目。2005 年，我国颁布了《中华人民共和国可再生能源法》，并实施了生物质发电上网电价等有关优惠政策，有力地促进了生物质能电力的发展。从图 1-15 可以看出，2005 年以来我国生物质能发电装机容

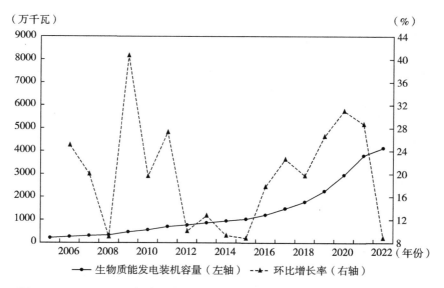

图 1-15　2005—2022 年我国生物质能发电装机容量及其环比增长率变动情况

量持续上升；2005—2015 年，生物质能发电装机容量增速较缓，环比增长率波动较大；2016—2022 年，生物质能发电装机容量增长显著，生物质能发电装机容量从 2016 年的 1214 万千瓦增长到 2022 年的 4132 万千瓦，年均增长率达到 19.12%，其中 2017 年、2019 年和 2020 年生物质能发电装机容量增长最显著，环比增长率分别为 22.57%、26.56% 和 30.97%。2022 年，我国生物质能发电累计装机容量排名前五位的省份是广东省、山东省、江苏省、浙江省、黑龙江省，累计装机容量分别为 422 万千瓦、411 万千瓦、297 万千瓦、284 万千瓦、259 万千瓦。

从图 1-16 可以看出，自 2005 年以来，我国生物质能发电量持续增长。2005—2012 年生物质能发电量增速较缓，主要是因为生物质收购合同执行不到位，大多数年份的环比增长速率都在下降；2013—2022 年生物质能发电量增长显著，尤其是 2013 年、2016 年、2017 年和 2019 年，生物质能发电量环比增长率都达到 20% 以上，2022 年生物质能发电量达 1824 亿千瓦时，2013—2022 年生物质能发电量年均增长率为 17.3%。2022 年，我国生物质能发电量排名前五的省份是广东省、山东省、浙江省、江苏省、安徽省，发电量分别为 217 亿千瓦时、185 亿千瓦时、145 亿千瓦时、136 亿千瓦时、124 亿千瓦时。

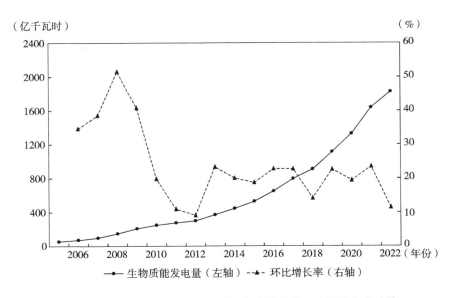

图 1-16　2005—2022 年我国生物质能发电量及其环比增长率变动情况

我国生物质能发电量在可再生能源发电总量中占比较小，由于生物质能发电依赖于生物质材料收储的自身特点，生物质能发电问题在短时间内还难以解决。

我国生物质能发电存在的问题如下：

一是生物质能发电的建设和运营成本较高。相较于传统燃料，生物质能发电的成本不仅包括购买生物质原料的费用，还有其加工、运输、储存等费用，其中燃料成本的损耗较大；与普通燃煤电厂不同，生物质能发电厂的操作系统更复杂，设备运行成本和定期维护费用都较高，而且还需增加发电厂外的辅助人员收割和储存配合，这进一步加重了运营和管理成本。

二是生物质能发电的关键技术和产业体系较弱。我国生物质能发电技术不仅涉及多领域，还需要配合发电系统个性化的设计、安装和运行管理，生物质能发电设备技术研究的产业化和规模化水平较低，长远发展的动力不足。

三是生物质能原料供给的合理性、可靠性和经济性是影响生物质能发电可持续发展的关键因素。生物质能原材料供应市场不规范，每到收割季节，农民采收生物质材料费用较高，且存在就地涨价、价格波动较大等问题，生物质原料采收稳定性得不到保证。生物质原料采收还受到物理距离限制，如果超过一定距离，运输费用会附加在生物质原料成本上，不利于生物质能企业运营。

第三节　我国可再生能源发电市场空间研究

随着电力能源结构转型的加快和电力体制改革的深入，我国可再生能源发电行业快速发展，可再生能源发电装机容量和发电量不断增大，2022年我国可再生能源发电量在全国总发电量中占比达到30.79%。但是，随着可再生能源发电量的增长，局部地区出现可再生能源发电产能过剩，以及弃水弃风弃光等问题，影响了可再生能源企业经济效益。同时，我国可再生能源电价补贴缺口不断扩大，2018年可再生能源累计补贴缺口高达2331亿元，政府补贴资金的发放面临巨大压力，对可再生能源发电企业的电价补贴拖欠日益严重。2019年，我国工商业分布式发电等开始实施竞价补贴，国家发展和改革委员会已明确指出，2021年全部取消可再生能源电价补贴，可再生能源将平价上网。因此，可再生能源发电企业面临着摆脱对电价补贴的依赖、实现自我发展的压力。根据我国能源中长期发展战略，未来可再生能源发电要持续增长，可再生能源发电并网问题是影响其大规模发展的重要因素。如果可再生能源没有适度的发电市场空间，可再生能源产业发展将遭遇瓶颈。因此，促进可再生能源发电消纳、扩大可再生能源发电

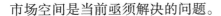

市场空间是当前亟须解决的问题。

一、文献综述

在环境保护和能源结构转型的压力下，各国和地区都在积极发展可再生能源，有关可再生能源发展问题及其发展趋势受到许多学者的关注。刘晓龙等（2019）分析了我国中东部地区可再生能源资源开发潜力和成本，认为中东部地区完全可以实现能源高比例自给，提出节能提效优先，发展集中式智能化电网和分布式微网，建立局域的"虚拟电厂"，通过顶层设计支持新业态和新模式，逐步降低中东部地区煤电比例，提高可再生能源发电比例。张杰等（2018）使用改进的 LDA 主题模型算法分析可再生能源专利，研究认为，微藻生物燃料、风电、光伏发电和潮汐能发电的专利在各国（地区）领先情况不同，它们联合发电效果更好，政府要大力支持提高能源转化效率的可再生能源技术。有学者对可再生能源电价补贴进行了研究：吴昱等（2013）使用价差法和补贴占利润比重两种方法研究电价补贴，认为我国存在电价补贴超发问题；王风云等（2019）构建向量自回归模型，运用脉冲响应函数分析发现，我国风电、光伏发电和生物质能发电的电价补贴累积效应在下降，通过方差分解发现电价补贴对这三类可再生能源发电装机容量增长的贡献有限。

随着弃水弃风弃光问题的日益突出，可再生能源电力的消纳问题受到学者的关注。蔡佳铭等（2018）建立了可再生能源电力消纳优化模型，提出了待消纳占比指标，基于这个指标从电网经济性、安全性和固有特性三方面分析可再生能源电力在系统中的适应性和消纳情况，并评估可再生能源电力消纳能力。崔德民等（2018）基于可再生能源机组生产模拟计算模型，建立了可再生能源电力就地消纳和外送的经济性约束函数，分析可再生能源出力与负荷的相关性，确定可再生能源电力的消纳电量、外送电量和弃电电量；通过算例和仿真得到电网系统在就地消纳和外送相协调下的最优综合效益。

还有学者对可再生能源未来发展趋势进行预测。学者选用了灰色预测模型［王翀（2018）］、系统动力学和情景分析［李健等（2018）］等方法对能源消费进行预测。王翀（2018）利用组合预测方法预测我国能源消费需求趋势，经检验发现灰色预测模型的误差较小，与其他模型组合后的预测误差更小。王贵成等（2013）运用灰色系统理论研究河南省主要能源生产、消耗与 GDP 的关系，发现 GDP 增长对能源消耗影响最大。通过灰色预测模型 GM（1，1）对这些变量进行预测，发现预测的相对误差为 0.721% ~ 3.632%，灰色预测模型适于区域经济发展与能源消耗研究。这些学者的应用和检验证实灰色模型适用于能源行业的数据预测。

本节在现有文献研究的基础上，研究我国可再生能源发电市场空间。相关文献［李健等（2018）、王贵成等（2013）］研究结果表明灰色模型对能源数据预测的可靠性较强，预测检验的精度较高。自2012年以来，我国可再生能源电力快速发展，可再生能源发电的相关数据期限较短、变化大。基于我国可再生能源发电相关数据的特点，本节选择灰色模型研究可再生能源发电变动情况，预测我国总发电量、火力发电量、可再生能源发电量，以及水电、风电、光伏发电、生物质能发电的装机容量，测算2025年可再生能源所能达到的发电量，分析可再生能源的潜在市场空间，这对促进可再生能源持续发展具有重要意义。

二、实证分析

本节预测分析可再生能源发电市场空间及其发展潜力。常用的预测方法有回归模型预测法、情景分析、灰色关联度组合预测法、无偏灰色模型、灰色GM（1，1）模型等。灰色理论最早由邓聚龙教授提出，灰色理论适用于"小样本，贫信息"的不确定性系统。灰色预测对所识别的系统因素进行关联分析，基于原始数据生成具有较强规律性的序列，发现系统变动规律，从而建立相应的微分方程模型，预测变量的发展趋势［邓聚龙等（2002）］。我国可再生能源发电相关数据变动较大，受外部影响大，数据期限短，灰色预测方法适用于可再生能源发电相关数据的预测。因此，本节选择灰色GM（1，1）模型预测我国可再生能源发电市场空间。

（一）GM（1，1）模型

GM（1，1）表示一阶、单变量的线性动态预测模型，灰色预测原理是通过关联分析，离散的随机数经过随机性被显著地削弱成有规律的生成数，在此基础上建立微分方程模型［邓聚龙等（2002）］。GM（1，1）模型的建模步骤如下：

（1）假设原始数据序列为$x^{(0)}$：

$$x^{(0)} = \{x^{(0)}(1), x^{(0)}(2), \cdots, x^{(0)}(n)\}$$

（2）通过一次累加生成新数列$x^{(1)}$：

$$x^{(1)} = \{x^{(1)}(1), x^{(1)}(2), \cdots, x^{(1)}(n)\}$$

（3）数列$x^{(1)}$经过随机性弱化m次后得到序列$x^{(m)}$：

$$x^{(m)} = \{x^{(m)}(1), x^{(m)}(2), \cdots, x^{(m)}(n)\} \quad (m=1, 2, \cdots)$$

令$z^{(m)}$为$x^{(m)}$的均值序列，$z^{(m)}(k)=\frac{1}{2}[x^{(m)}(k)+x^{(m)}(k-1)]$，则：

$$z^{(m)} = \{z^{(m)}(2), \ z^{(m)}(3), \ \cdots, \ z^{(m)}(n)\}$$

（4）假设 $m=1$，建立白化型灰预测模型，白化型 GM（1，1）的微分方程为 $\dfrac{\mathrm{d}x^{(1)}}{\mathrm{d}t} + ax^{(1)} = b$。利用最小二乘法解得 a、b，a 为发展系数，b 为灰色作用量。

$$a = \frac{CD - (n-1)E}{(n-1)F - C^2} \quad b = \frac{DF - CE}{(n-1)F - C^2}$$

其中，$C = \sum\limits_{k=2}^{n} z^{(1)}(k)$，$D = \sum\limits_{k=2}^{n} x^{(0)}(k)$，$E = \sum\limits_{k=2}^{n} z^{(1)}(k)x^{(0)}(k)$，$F = \sum\limits_{k=2}^{n} z^{(1)}(k)^2$。

求解微分方程可以得到以下预测模型：

$$\hat{x}^{(1)}(k+1) = \left[x^{(0)}(1) - \frac{b}{a}\right]e^{-\mathrm{d}k} + \frac{b}{a} \quad (k=1, \ 2, \ 3, \ 4, \ \cdots, \ n)$$

还原模型，可以得到以下预测值：

$$\hat{x}^{(0)}(1) = x^{(1)}(1) = x^{(0)}(0) \quad (k=1, \ 2, \ 3, \ 4, \ \cdots, \ n)$$
$$\hat{x}^{(0)}(k+1) = x^{(1)}(k+1) - x^{(1)}(k)$$

（二）预测精度检验

本节原始数据来源于 2016—2019 年的《中国电力行业年度发展报告》，以及《中国可再生能源发展报告 2019》、中电联 2019 年全国电力工业统计快报，选取了 2016—2019 年我国总发电量、火力发电量、可再生能源发电量、水电装机容量、风电装机容量、光伏发电装机容量和生物质能发电装机容量，根据已有的数据利用灰色模型预测 2020—2025 年我国可再生能源发电量和装机容量等，进而测算我国可再生能源发电的市场空间。

本节用 GM（1，1）模型进行实证分析之前，进行模型的预测精度检验。灰色模型的精度检验一般有相对误差大小检验法、关联度检验法和后验差检验法三种方法。为了检验预测精度的稳定性，本节选择相对误差大小检验法和后验差检验法两种方法进行灰色模型的精度检验。

首先，本节对数据进行相对误差大小检验。对比 2016—2019 年的原始数据和预测值，表 1-1 的检验结果显示，可再生能源发电量预测的相对误差的绝对值均在 0.24% 以内，火力发电量预测的相对误差的绝对值均在 1.74% 以内，总发电量预测的相对误差的绝对值均在 1.01% 以内。表 1-2 的检验结果显示，水电装机容量和风电装机容量预测的相对误差的绝对值均在 0.68% 以内，光伏发电装机容量预测的相对误差的绝对值均在 4.66% 以内，生物质能发电装机容量预测的相对误差的绝对值均在 1.63% 以内。这些检验结果表明，灰色预测模型的预测相对误差较小，达到预测精准度的要求，对可再生能源数据的预测效果较好。

表 1-1　主要能源发电量预测相对误差大小检验结果

单位：亿千瓦时

年份	可再生能源发电量			火力发电量			总发电量		
	原始数据	预测值	相对误差（%）	原始数据	预测值	相对误差（%）	原始数据	预测值	相对误差（%）
2016	15528	15528	0.00	42686.5	44371	0.00	61424.9	61420	0.01
2017	16979	16983	-0.02	42841.9	47069	-0.95	64951.4	64550	0.62
2018	18670	18625	0.24	44370.7	48927	1.74	67914.2	68600	-1.01
2019	20431	20427	0.02	50450	50858	-0.81	73253	72890	0.50

表 1-2　四类可再生能源发电装机容量预测相对误差大小检验结果

单位：万千瓦

年份	水电装机容量			风电装机容量			光伏发电装机容量			生物质能发电装机容量		
	原始数据	预测值	相对误差（%）	原始数据	预测值	相对误差（%）	原始数据	预测值	相对误差（%）	原始数据	预测值	相对误差（%）
2016	33207	33207	0.00	14747	14747	0.00	7631	7630	-0.01	1214	1214	0.00
2017	34119	34238	0.35	16367	16301	-0.40	13025	13430	3.11	1476	1452	1.63
2018	35226	34988	-0.68	18426	18473	0.26	17463	16650	-4.66	1781	1799	-1.01
2019	35640	35754	0.32	21005	20935	-0.33	20468	20650	0.89	2254	2229	1.11

其次，本节对数据进行后验差检验，后验差检验是基于后验差比 C 和小误差概率 P 两个指标来检验精度。后验差比 C 越小越好；C 越小，表明灰色模型的计算值和实际值之差越不离散。C 值分为四级：C≤0.35，表明模型精度等级为 1 级（好）；0.35<C≤0.5，表明模型精度等级为 2 级（合格）；0.5<C≤0.65，表明模型精度等级为 3 级（勉强）；C>0.65，表明模型精度等级为 4 级（不合格）。小误差概率值 P 也分为四级：P≥0.95，表明模型精度等级为 1 级（好）；0.8≤P<0.95，表明模型精度等级为 2 级（合格）；0.7≤P<0.8，表明模型精度等级为 3 级（勉强）；P<0.7，表明模型精度等级为 4 级（不合格）。指标 P 越大越好；

P 越大，表明预测值分布越均匀，预测精度越高。

本节使用 MATLAB 软件计算出后验差检验的两个指标 C 和 P，如表 1-3 所示。总发电量、火力发电量、可再生能源发电量、水电装机容量、风电装机容量、光伏发电装机容量和生物质能发电装机容量的后验差比均小于 0.35，精度等级为 1 级，预测精准度好；总发电量、火力发电量、可再生能源发电量、水电装机容量、风电装机容量、光伏发电装机容量和生物质能发电装机容量的小误差概率值均为 1，精度等级为 1 级，表明预测精准度好。以上检验结果表明，相对误差检验法和后验差检验法的结果一致，所有的变量都通过了精度检验。

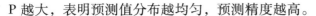

表 1-3　变量的后验差检验精度

检验指标	总发电量	火力发电量	可再生能源发电量	水电装机容量	风电装机容量	光伏发电装机容量	生物质能发电装机容量
后验差比 C	0.10	0.21	0.01	0.15	0.02	0.09	0.05
小误差概率 P	1	1	1	1	1	1	1

（三）预测分析

经过精度检验，GM（1，1）模型适用于可再生能源数据的预测研究。本节选用 2016—2019 年我国总发电量、火力发电量、可再生能源发电量、水电装机容量、风电装机容量、光伏发电装机容量和生物质能发电装机容量数据分别建模，使用 MATLAB 软件预测这些变量在 2020—2025 年的变动情况。图 1-17 显示了对总发电量、火力发电量、可再生能源发电量的预测情况。2020—2025 年，我国总发电量、火力发电量、可再生能源发电量都在增长；与火力发电量相比可再生能源发电量增长相对较快。

根据图 1-17 可知，2025 年火力发电量和可再生能源发电量将达到 64152 亿千瓦时和 35545 亿千瓦时。我国《能源发展"十三五"规划》指出，到 2020 年全国煤电装机规模力争控制在 11 亿千瓦以内，但是 2019 年我国火电装机容量已达到 11.9055 亿千瓦。因此，本书假设从 2020 年开始我国火力发电规模不再增加，发电量保持 52865 亿千瓦时，根据预测，到 2025 年火力发电可以为可再生能源发电释放 11287 亿千瓦时的发电空间，则到 2025 年要保障全社会用电需求，可再生能源发电量需要由 35545 亿千瓦时增加到 46832 亿千瓦时。

本节利用 GM（1，1）模型对水电、风电、光伏发电以及生物质能发电的装机容量进行预测，预测结果见图 1-18。图 1-18 显示，光伏发电装机容量增长速

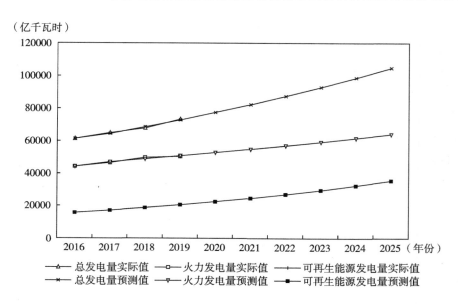

（亿千瓦时）

图 1-17　主要电力能源发电量预测结果

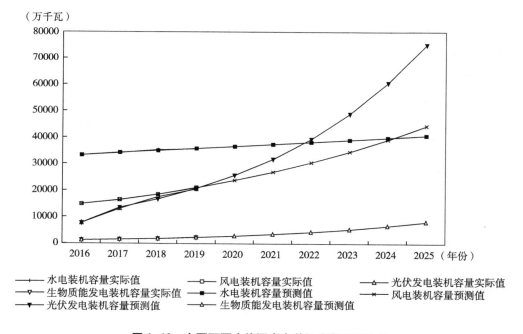

（万千瓦）

图 1-18　主要可再生能源发电装机容量预测结果

度最快，其次是风电和生物质能发电的装机容量，水电装机容量增长相对平缓。根据预测，2025 年，水电、风电、光伏发电以及生物质能发电的装机容量分别达到 40176 万千瓦、44347 万千瓦、75120 万千瓦、8059 万千瓦。

假设水电、风电、光伏发电和生物质能发电的利用小时数以 2019 年的各类可再生能源平均利用小时数为参考，它们分别为 3726 小时、2082 小时、1285 小时和 4929 小时。这四类可再生能源发电装机容量乘以其相应的平均利用小时数，可以计算出它们的发电量（见图 1-19）；把水电、风电、光伏发电以及生物质能发电的发电量加总，可以计算出我国可再生能源理论发电量。通过计算，2025 年可再生能源理论发电量为 38329 亿千瓦时。由图 1-19 可预测，到 2025 年，我国总发电量将达到 104950 亿千瓦时，可再生能源发电量占总发电量比重将达到 36.52%，能够实现我国能源发展中长期发展规划。

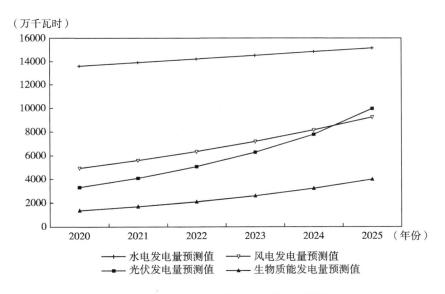

图 1-19 四类可再生能源发电量预测结果

假设从 2020 年开始火力发电规模保持不变，到 2025 年，我国可再生能源发电量要达到 46832 亿千瓦时才能满足全社会用电需求。通过预测和计算，如果按照当前水电、风电、光伏发电和生物质能发电装机容量的发展规模扩大速度，到 2025 年，可再生能源理论发电量可达到 38329 亿千瓦时，对可再生能源电力还要有 8503 亿千瓦时的电量需求。因此，政府要加大对可再生能源规模化发展的支持力度。另外，自 2014 年以来，我国火电产能过剩日益严重，火电的平均利用小时数在不断下降。2015—2019 年，我国火电平均利用小时数为 4283 小时，假设 2020 年以后不再增加火电发电装机规模，而只是提高火电平均利用小时至 5000~5500 小时的正常水平，火力发电量还能提高 25% 左右。因此，我国可以通过提高火电的平均利用小时弥补新增电力需求，同时还可以把火电作为可再生能源发电的应急调峰储备电源，为可再生能源电力的持续增长提供稳定供给保障。

三、对策及建议

自 2019 年以来，我国可再生能源发展处于摆脱电价补贴、实现自主发展的转型时期，未来我国促进可再生能源规模化发展任务艰巨，只有推进可再生能源电力高质量发展，才能达到可再生能源发电在总发电中占主体地位的目标，实现我国能源结构的真正转型。因此，政府一方面要控制火力发电规模适度增长；另一方面仍需积极推进可再生能源电力发展，调整目前的可再生能源补贴机制，促进可再生能源技术创新，加大可再生能源并网力度，从而实现电力结构绿色转型。

基于以上对我国可再生能源发电变量的预测分析，为了促进可再生能源发电量持续增长，本书提出以下对策建议：

1. 保障可再生能源发电并网，推进可再生能源电力持续稳定增长

根据以上可再生能源发电预测分析，我国持续增加的可再生能源电力可以满足未来全社会用电需求增长，现有的火力发电可以作为可再生能源发电的应急调峰储备电源。因此，政府要适度控制火力发电的新增规模，为可再生能源发电提供发展空间。在电网侧，打破电力输送的行政区域间壁垒，建设跨区输电通道和智能配电网，实施多能互补和热电联合智能调度，充分结合各省份能源需求，跨省份调节电力资源。在用户侧，加强企业和园区用能需求侧管理，优化用户的用电负荷，通过节能减少电费支出，从而满足用户用电需求。通过建立智能化电网和分布式储能等提高用户能效。与泛在电力物联网、"互联网+"智慧能源结合，创新可再生能源发电运营和管理模式，提高整个电力系统调节能力和消纳可再生能源电力能力。

2. 调整可再生能源补贴制度，大力支持可再生能源技术创新

在可再生能源激励政策上，把对可再生能源电价补贴转向对可再生能源的科技创新的补贴，加大对可再生能源企业信息化和科技创新的支持力度，鼓励可再生能源企业采用信息技术进行泛在电力物联网和能源互联网建设，开辟可再生能源就近智能化消纳的新电力业态，鼓励可再生能源企业进行技术创新竞争，用技

术创新降低可再生能源发电成本。另外，对可再生能源消费端进行适当补贴，激励民众消费可再生能源电力，并基于互联网模式，鼓励在人口聚集城市通过能源互联网直接使用其他区域的可再生能源电力。同时，在人口聚集地区建立分布式光伏发电和储能系统，缩短能源供应与能源消费的距离，降低能源消耗，实现可再生能源供需双方的互利共赢，推进可再生能源产业发展，提高可再生能源电力的竞争力。

3. 提高储能技术和电网稳定技术，建立稳定的电网网架结构

为了促进可再生能源电力消纳，需要规划可再生能源发电的灵活调节电源。我国抽水蓄能、燃气发电等灵活调节电源装机不足，要大力发展煤电灵活性改造和各类储能等，提升系统调节能力。基于大数据和互联网信息，充分利用能源传递路径的资源，把当地的煤电、气电、水电等作为灵活调节电源，建立分布式储能系统，参与电网的"削峰填谷"。一方面，对参与"削峰填谷"的用户进行直接财政补贴，鼓励用户参与电网负荷的优化；另一方面，在投资主体上，建议可再生能源企业与灵活调节电源企业在股权结构上进行交叉持股，共同经营，实现利益共享。只有构建稳定的电网网架结构，实现多能互补，才能保证长期稳定的电力供应，进而推进可再生能源电力持续发展。

第二章 我国可再生能源电力消纳研究

随着我国可再生能源电力建设的快速发展，可再生能源发电消纳问题日益凸显。解决可再生能源弃水弃风弃光问题，对促进可再生能源电力高质量发展和优化我国电力能源结构至关重要。本章研究我国可再生能源电力消纳的现状，剖析可再生能源电力消纳的内在机制与动因，分析可再生能源电力发展中存在的问题，即可再生能源电力消纳机制不完善、上网电价高、可再生能源布局与配套建设失衡、电网稳定运行调度调节电源不足等问题；构建 STIRPAT 模型，实证分析可再生能源电力消纳量及其影响因素之间的关系，提出促进可再生能源发电消纳的市场机制、优化措施及对策建议。本章内容对促进电力能源结构优化、保障电力供给安全具有重要的现实意义。

第一节 我国可再生能源电力消纳现状

我国可再生能源发电主要有水力发电、风力发电、太阳能发电、生物质能发电等方式。经过几十年的发展，我国可再生能源发电规模不断扩大，发电整体装机容量持续增长。但是，我国发电装机容量的结构仍然以火力发电为主，火力发电仍将在一定时期内是我国电力供应保障的主体。在能源低碳发展的政策支持下，我国的可再生能源电力快速发展，尤其是自 2015 年以来光伏发电和风力发电装机容量快速增长，可再生能源发电装机规模和投资持续扩大，使我国电力能源结构不断优化。

一、我国弃风弃光情况

为了实现能源低碳发展的战略任务，我国积极发展可再生能源电力，提升可再生能源发电运营效率和企业竞争力，不断提高可再生能源发电装机容量和上网电量及其在总电力能源的占比。但是随着可再生能源发电规模的扩大，财政补贴资金不断增多，导致财政补贴压力大、可再生能源补贴拖欠等问题。同时，由于我国电网网架结构与基础设施水平发展相对滞后，以及相关支持政策落实不到位，自2010年以来，我国可再生能源发电出现局部地区的弃水弃风弃光情况，且弃水弃风弃光问题日益严重。可再生能源电力不仅没有发挥应有价值和环保效益，而且还造成资源浪费，不利于可再生能源的持续稳定发展。可再生能源电力消纳问题比较严重的是风电，除了2014年由于受到经济下行的影响弃风率为8%，2010—2017年弃风率都超过10%，尤其是2012年和2016年弃风率高达17%。我国光伏发电起步较晚，2013年以前我国光伏发电量规模尚小，光伏电站弃光问题不明显，但随着光伏电站规模不断增大，2013—2017年弃光率平均达到10%，尤其是2014年弃光率高达14%（见图2-1）。

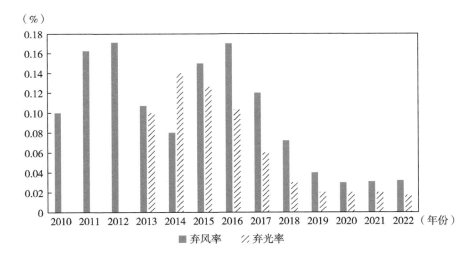

图2-1　2010—2022年我国弃风弃光变动情况

资料来源：历年《中国可再生能源产业发展报告》和中电联全国电力工业统计数据。

2017年，我国政府制定和实施了可再生能源电力消纳的调控措施，核定电网企业对可再生能源最低保障收购、最低年利用小时数、强制执行绿色证书交易及增加跨区域的输电现货交易，使我国弃水弃风弃光问题有所缓解。2017年，我国弃水电量为515亿千瓦时，水能的利用率达到96%；弃风电量为419亿千瓦时，弃风率为12%；弃光电量为73亿千瓦时，弃光率为6%。2018年，我国弃水电量约 691 亿千瓦时，水能平均利用率为 95%；弃风电量降为 277 亿千瓦时，弃风率降为 7%，大部分弃风限电严重地区形势有所好转，弃风地区主要集中在新疆、甘肃、内蒙古；弃光电量为 55 亿千瓦时，弃光率降为 3.2%，弃光地区主要集中在新疆和甘肃。自 2018 年以来，我国实现弃风弃光电量和弃风弃光率的"双降"；2021 年，全国风电、光伏发电的弃风率和弃光率分别下降为 3.1% 和 2%；2022 年，弃风率和弃光率分别为 3.2% 和 1.7%。但是局部地区弃风弃光问题还比较显著，2022 年弃风最严重的地区为内蒙古东部地区，风电利用率仅有 90%；其次为青海、内蒙古西部地区、甘肃，风电利用率均低于 95%。弃光最严重的省份为西藏，光伏发电利用率仅有 80%；其次为青海，光伏发电利用率为 91.1%。[①]

总体来看，在相关政策的大力支持下，自 2017 年以来，我国弃风弃光率下降，弃风弃光问题得到缓解，可再生能源发电增长速度高于燃煤发电增长速度。国家能源局先后颁布了《解决弃水弃风弃光问题实施方案》《清洁能源消纳行动计划（2018-2020 年）》《国家能源局关于 2021 年风电、光伏发电开发建设有关事项的通知》等文件，引导可再生能源行业理性投资和有序建设，积极推动可再生能源高质量发展，促进可再生能源电力的消纳。国家电网公司和南方电网公司等不断提高电网系统调节能力，优化调度运行，使我国可再生能源发电的利用率持续提高。

二、我国可再生能源电力利用情况

我国可再生能源资源丰富，尤其是水能、风能、太阳能等资源，开发潜力大。在可再生能源电价补贴等政策的支持下，我国可再生能源电力投资持续扩大，可再生能源发电规模不断增大。自 2014 年以来，我国在世界新增可再生能源发电装机容量中占主导地位，我国已经连续 9 年成为全球最大的可再生能源投资国。国际可再生能源署发布，2020 年全球可再生能源发电装机容量达到 2802 吉瓦，其中，水电装机容量为 1333 吉瓦，占可再生能源发电装机容量的 47.6%；风电装机容量为 732 吉瓦，占可再生能源发电装机容量的 26.1%；光伏发电装机容量为 709 吉瓦，占可再生能源发电装机容量的 25.3%。在全球可再生能源发电装机容量中，我国的装机容量远超过其他国家和地区，占比达 31.9%；其中，我国风电和光伏发电装机容量在全球风电、光伏发电的装机容量中的占比分别达到了 38.5% 和 35.8%[②]。

---

① 资料来源：2017—2022 年《中国可再生能源产业发展报告》。
② 数据来源于国际可再生能源署（IRENA）发布 *Renewable Capacity Statistics* 2020。

　　我国可再生能源电力在大规模发展过程中，也伴随着可再生能源电力消纳难，以及利用率有待提高等问题。图 2-2 显示，总体来看，2000—2022 年，我国可再生能源发电量与消纳量不断增加。2009 年之前，我国可再生能源发电规模不大，可再生能源电力利用率高，不存在可再生能源电力消纳难问题；2010年以后，随着风力发电和光伏发电装机容量和发电量快速增长，弃风弃光弃水问题开始显现，我国可再生能源电力利用率下降，可再生能源发电量与消纳量之间的差距变大，尤其是自 2015 年以来我国弃风弃光问题日益严重，2016 年我国弃风弃光量达到 566 亿千瓦时，可再生能源电力利用率达到 90%。在此期间，我国采取了一系列促进可再生能源电力消纳的政策，到了 2019 年我国弃风弃光弃水问题得到缓解，弃风弃光弃水量为 514.6 亿千瓦时，可再生能源电力的利用率达到 95% 左右；到了 2022 年，可再生能源电力的利用率达到 96%。但是，随着可再生能源电力的大规模发展，未来，可再生能源电力将成为我国的主体电源，提高可再生能源电力利用率和消纳量是我国长期面临的问题。

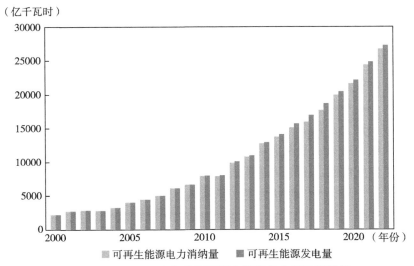

图 2-2　2000—2022 年我国可再生能源发电量和消纳量

资料来源：历年《中国能源统计年鉴》和《中国可再生能源产业发展报告》。

　　风电和光伏发电等可再生能源发电依赖自然环境，具有间歇性和不稳定性，导致可再生能源电力上网影响了电网稳定运行和经济指标，这是影响可再生能源电力消纳的主要原因。为了提升可再生能源电力供电的稳定性，近几年我国积极发展储能，但是储能技术创新不足，还不能满足发电侧、电网侧、用户侧对储能的需求。随着我国经济持续增长，可再生能源电力产业也在蓬勃发展，我国的风力发电和光伏发电的标杆电价经过了几次较大的调整，总体标杆电价呈现逐年降低的态势。但是与同区域火力发电上网电价相比，可再生能源的上网电价还是普遍比火力发电的电价高，这也影响了可再生能源电力消纳和竞争力。另外，风电、光伏发电等可再生能源电力在我国起步比较晚，可再生能源生产制造成本较高，单体容量小，导致风电、光伏发电等可再生能源电力的成本较高，可再生能源关键核心技术有待突破。大规模建设难以降低可再生能源的发电成本，只有通过技术创新降低发电成本，并提高可再生能源电力的竞争力和利用率。

第二节　我国可再生能源电力消纳问题的内在机制与动因

我国提出"双碳"目标后将加快电力能源结构转型，可再生能源将逐步成为电力供应增量主体，如果不从根本上解决可再生能源电力消纳问题，进行电力行业的深层次体制和机制改革，那么可再生能源电力将难以达到我国能源发展的战略要求。因此，研究可再生能源电力消纳的内在机制、建立促进可再生能源发展的市场机制，是我国能源战略层面迫切需要研究和解决的问题。在可再生能源支持政策的激励下，我国可再生能源发电规模快速增长，在局部地区可再生能源电力供过于求，造成了可再生能源电力消纳难和弃风弃光弃水问题。这就需要我国一方面落实配额制，由电网企业强制消纳部分可再生能源电力；另一方面鼓励可再生能源企业加大技术创新力度，降低成本，通过市场机制调节可再生能源电力发展。本节深入剖析可再生能源电力消纳的内在机制与动因，探究影响可再生能源电力消纳的主要因素。

一、可再生能源电力消纳机制不畅

虽然我国电力体制改革在逐步深化，但是以计划电量、固定价格、分级市场、电网垄断等为特征的电力市场体系仍占据一定地位，输送限制、安全校核、电力交易、配网垄断等现实市场环境影响了可再生能源电力的发展。整体电力系统运营中的电力中长期交易、现货市场、辅助服务市场等市场机制需要增加市场主体，增强对电力市场主体的责任认定和监督。2016年我国实施可再生能源目标引导制度，按照年度公布各省份可再生能源电力消纳情况；该制度为非约束性制度。虽然我国已经建立了可再生能源优先上网制度和市场化交易优惠机制，同时政府明确了可再生能源优先发电和市场化交易机制，但是考虑到经济性有些制度难以真正落实，制度的实施和监督还需要加强。

目前，电网企业既拥有独家购售电的经营权，又拥有输配电所有权、经营权等。电网企业具有上网校核、输电配电、用电管理、电费结算等权利，不利于电力市场公平交易。2017 年 11 月，国家发展和改革委员会启动了基于市场的分布式发电交易机制试点，按照我国输电和配电价格改革的相关规则来拟定"过网费"，并且规定要考虑分布式发电市场化交易双方占有的电网资产、电压级别和物理距离。然而，在实际电力市场运行中，很多地区"过网费"为 0.015～0.05元/千瓦时，过网费较低，不能体现实际成本，"过网费"与实际成本的差异造成价格对比关系不合理。

可再生能源的特性决定了其消纳需要更大的电网容量，其中水电的特性是"丰余枯缺"，风光的波动性依靠自然环境变化。在现有电网框架下，如果仅依靠本地电力运行调度优化，大部分地区都不能解决可再生能源电力消纳问题，需要依赖更大范围电网消纳。目前，我国电力运行管理总体上还是以省域调度管理，如果没有鼓励机制，各地对跨区跨省接纳可再生能源电力的积极性不高。另外，部分区域在建设可再生能源电力方面责任不清，在建设可再生能源电力方面仍存在"重发、轻网、不管用"的问题，可再生能源电力市场消纳规划不足。

我国电力体制总体仍然是省域管理为主，电网集团管理机构以二级省级公司管理为主，主要的五大发电集团也以省级二级单位管理为主要形式，所以在跨省消纳可再生能源电力方面存在着管理经营效益的省级壁垒。虽然国家电网公司和南方电网公司都建设了一些特高压输送线路，但是总体都是点对点的消纳，只能解决局部区域的消纳问题。如果要彻底解决省际消纳壁垒，国家电力监管部门需要建立跨省调度、效益计算的政策办法，电网集团和发电集团需要建立跨省消纳可再生能源的机制。

二、可再生能源电价机制和激励措施需要完善

我国可再生能源电价是参照火电标杆电价并给予一定电价补贴，以此来制定可再生能源标杆电价。自 2015 年以来，虽然风电和光伏发电的标杆电价进入电价补贴退坡阶段，但是实际退坡的幅度滞后于可再生能源产业发展形势和成本下降趋势，与国际招标电价和国内光伏"领跑者"招标电价等相比，还是存在较

大差距。虽然风电电价水平在下调，但是由于存在建设宽限期，新并网风力发电项目的实际电价下降幅度有限。在较高的账面投资回报率的激励下，为了抢到高电价，企业迅速集中投资，出现争项目、抢并网等情况。如果不能根据电力市场需求，规划可再生能源建设次序，未来可再生能源电力消纳难问题难以缓解。

在政策的引导下，自 2017 年以来我国可再生能源电力本地和跨区消纳取得了一定的效果，但是从可再生能源电力企业角度来看，可再生能源发电实际收益反而下降。一些地区本应纳入电网购电费用的电力辅助服务作为电网系统平衡成本应纳入输配电价中，但是实际上由可再生能源电力企业承担，降低了可再生能源电力企业的收益。由于我国整体电力市场呈现供过于求的局面，一些省份实施了多种市场化交易，但是市场化交易电量被计算在可再生能源电力最低保障性小时数以内，交易电价低，整体拉低了可再生能源企业的年收益。随着风电和光伏发电的技术进步，我国可再生能源电力已具备与火电平价竞争的能力，政府在一定时期内需要做的重点工作是督促电网企业全额收购可再生能源上网，并能及时兑现电价补贴和结算电费，电力市场交易过程应交由市场去协调或主导，这些措施能够提高可再生能源电力企业的经济效益，促进可再生能源电力的消纳。

我国煤炭资源丰富，燃煤发电产业发展成熟，火力发电在总体装机容量结构上占比较大，上网电价相对较低，在发电市场具有明显的竞争力。而我国可再生能源设备制造产业起步较晚，我国可再生能源设备制造与安装生产最近 20 年才得到快速发展。可再生能源发电装机容量较小，导致风力发电、光伏发电等的建设成本较高，在电力市场上的竞争力较低。同时，风力发电和光伏发电具有间歇性和不稳定性，电力系统稳定运行风险较大，而可再生能源储能技术发展相对滞后，可再生能源发电对电网稳定运行和经济指标都有不利影响，因此如果没有政策约束，电网收购可再生能源的意愿不强。可再生能源电力易受到外部环境因素的影响，负荷波动性大，限制了其规模化发展。

随着我国经济的持续增长和可再生能源产业技术进步，可再生能源的标杆电价进行了几次较大的调整：风力发电与光伏发电平均标杆电价分别从 2011 年的 0.56 元/千瓦时、1.15 元/千瓦时下降到 2019 年的 0.42 元/千瓦时、0.47 元/千瓦时，风力发电与光伏发电标杆电价呈现出了逐年降低的态势，光伏发电平均标杆电价下降速度快于风力发电。但与同区域火力发电上网电价相比，可再生能源的上网电价依然比火力发电的电价高。主要原因是我国目前的标杆电价没有考虑传统化石能源造成的环境污染所带来的外部成本，而仅考虑了发电成本，使燃煤发电成本比实际成本低。要从根本上降低可再生能源的装机成本，一方面要加快推进可再生能源技术进步，另一方面要大规模地开发应用可再生能源电力，形成规模效益，从而提高可再生能源发电的上网电价市场竞争力，促进可再生能源的大规模发展。另外，在可再生能源发电定价方面，虽然近几年风电、光伏发电的标杆电价逐步降低，但是实际标杆电价的降低幅度仍然滞后于可再生能源产业技术发展速度和成本下降速度，尤其表现在国际招标电价和国内光伏"领跑者"招标电价等都相对较低，标杆电价指导性作用减弱。

三、可再生能源电力布局与配套建设失衡

为促进可再生能源的发展，我国出台了各类可再生能源发电补贴政策，包括《中华人民共和国可再生能源法》《可再生能源电价附加补助资金管理暂行办法》《关于分布式光伏发电实行按照电量补贴政策等有关问题的通知》《可再生能源电价附加资金管理办法》《三部门关于试行可再生能源绿色电力证书核发及自愿认购交易制度的通知》等，补贴政策的实施极大地促进了可再生能源电力的建设，但也有局部地区为了符合政策要求，偏离地区实际，出现了可再生能源产业过度发展与资源大量浪费的情况，影响了可再生能源发电布局，也加剧了风力发电和光伏发电的消纳矛盾。

由于资金和技术制约，我国可再生能源项目建设主要由大型企业承担，大型企业更多的是在资源优势地区集中式开发，造成我国可再生能源发电基地与电力负荷中心相距较远，使可再生能源发电与电力消纳区域不匹配，带来可再生能源发电消纳难问题。自2018年以来，我国开始重视可再生能源区域配置问题，将风力发电和光伏发电等的开发重点转向负荷需求较大的东中部地区，把就近消纳利用作为重点评价因素之一，但是前期集中建设的可再生能源发电消纳问题还需要采取一定的措施解决。

随着我国经济增长速度的放缓，电力需求增速也有所减缓，我国积极采取停建、缓建、停用火电等措施，降低燃煤火电发电比重。但是由于火电装机容量很大，自2015年以来，我国火电年利用小时数平均为4300小时，火电利用小时普遍偏低，产能过剩情况严峻，不同地区火电经营困难，对可再生能源电力布局也产生了不利影响。因此，我国要通过市场化手段提高可再生能源发电规模和占比，就要在电力能源结构调整中明确燃煤火力发电的定位和补偿机制，否则电力清洁低碳转型发展将难以开展。在政策的扶持下，可再生能源发电装机容量增长快速，增长速度超过了全社会用电量的增长速度，发电供给与用电需求不匹配将在一定时期内持续。

我国资源分布总体上不均衡，"三北"地区风能与太阳能资源丰富，西南地区水能资源富集，而用电负荷却集中在东中部与南方地区，这形成了电力能源供给与需求的逆向分布，电力能源供需不匹配。我国在可再生能源电力布局和装机规模上，要随着经济的发展需要适时地进行调整和优化。在"十三五"规划之前，可再生能源项目建设主要是基于资源优势地区集中式开发，规划不足，我国可再生能源如风能、太阳能等资源开发与电力负荷中心相距较远，电网配套设施建设困难，可再生能源发电并网消纳能力弱。我国可再生能源资源富集地区大量建设了可再生能源基地，但由于当地经济欠发达，难以就地消纳可再生能源发电量，需要进行远距离输电网传输到经济发达地区。中西部地区可再生能源发电消纳承受较大压力，长期存在弃水弃风弃光问题。为应对可再生能源电力消纳问题，我国对跨省域输电进行了规划，缓解了弃水弃风弃光等情况。2020年，全国已建成31条特高压线路，可再生能源发电量占全部输送电量的45.9%，输送电量促进了可再生能源电力消纳，其中，风火混合输送为主线路有3条，专门传输水电电量线路有6条，专门传输火电电量线路有3条。在外送通道中，线路输送电量仍以火电为主，可再生能源发电外送尤其是风电、光伏发电外送消纳的数量有限。我国风力发电与光伏发电外送消纳的比例较小的原因，主要是电网相关配套设施建设资金需求量大，经济效益不佳，导致电网公司建设配套设施意愿不强，建设滞后，这个问题需要在体制机制上进行突破和解决。

我国"厂网分家"以后，各发电集团可再生能源建设与电网配套规划不同步，整体电力规划对可再生能源输电通道、配套支撑电源、储能设施布局等全局设计欠缺，导致可再生能源发电并网难和外送消纳难，尤其是风电和光伏发电远距离外送消纳的比例较小。因此，我国要从经济可持续发展和支持西部、北部经济发展的角度，推动西部、北部地区特高压电网建设。同时，未来可再生能源发电开发的原则是以就地消纳为主，要大力发展分布式发电，使可再生能源建设成为国家能源发展战略的重要支撑。

四、维持电网稳定运行的灵活调节电源不足

为了保持电力系统的稳定性，防止风力发电和光伏发电等突然减少供电带来的电网失稳问题，可再生能源的发电并网都需要配套灵活调节电源以稳定电网。输电通道在输送可再生能源电力的同时需要配套规划一定调节电源，用常规能源来稳定电网运行。在特高压输送通道规划初期，我国在规划可再生能源输电方式上，没有规划配套调节电源，这在一定程度上导致可再生能源发电并网难和外送

消纳难。我国可再生能源资源富集地区普遍存在电力系统灵活性不足，缺乏具有调节性能的水电、抽水蓄能、储能和燃气电站等灵活电源。东北、华北、西北地区抽水蓄能、燃气电站等灵活调节电源比重低于 2%，特别是冬季，由于火力发电供热机组比重大，电力系统整体调峰能力十分有限。我国早期电力建设主要是满足电力需求，因此燃煤机组最大调峰幅度普遍设定为 50%，对可再生能源发电进行调峰的能力有限。另外，国内铝业、钢铁、纺织等大型企业都建设了较多的自备电厂，自备装机容量上亿千瓦，却很少参与电网调峰，也不承担可再生能源附加征收。这些因素都影响了可再生能源电力消纳空间。

风电与光伏发电的大规模上网，需要常规机组，如火力发电和水力发电等提供大量的调峰、调压和备用等辅助服务。目前，这些辅助服务还没有建设合理的利益分配和调节机制，参与电力系统辅助服务的权责、机制、贡献认定和补偿机制不明确，导致常规能源参与辅助服务意愿不强。未来，风电与光伏发电的大范围接入，需要源荷互动，势必会极大地提高和增加电网日内调度计划调整的频率与任务量，电网调度部门需要利用信息技术、人工智能等手段，加强调度运行灵敏度，提高风电和光伏发电消纳与负荷变化的信息传输技术手段，完善电力管理措施。

与国外相比，我国的电网稳定配套设施在存储能力和调峰能力方面还有一定差距，虽然有很多学者提出了抽水蓄能、储能设施、微电网等措施，但是这些措施在实践推广和普遍应用方面还存在很多问题，还没有发挥稳定电网的应有作用。我国的电力用户还没有主动参与到电网负荷侧的需求响应，需求侧参与改善电网负荷变动尚处于初级阶段，参与电网调峰进行合理补偿的机制还不完善，支撑可再生能源电力消纳、并网利用的可调节区间也较小。

从新型电力系统发展需要来看，我国的电网稳定配套设施尤其是在储能设施建设和灵活调峰机组配置上，还有很大差距。随着新一代信息技术的发展，微电网、边缘计算、物联感知等已在应用中，但是在实践推广和普遍应用方面还存在很多问题，还没有取得显著的成效。我国的电力用户端参与电网需求响应还处于初步阶段，负荷侧调峰能力有待提升，还不能有力支撑可再生能源并网利用。

第三节　我国可再生能源电力消纳影响因素分析

当前，我国正处在电力能源结构转型升级的关键时期，水电、光伏发电、风电等可再生能源电力消纳，对于实现可再生能源规模化发展和优化能源结构具有重要影响。可再生能源电力消纳影响因素较多，长期来看涉及经济增长、电量需求、网架结构、电价竞争等。在短期，我国可再生能源电力消纳难主要是可再生能源发电供过于求，上网电价较高，缺乏市场竞争力。首先，本节分析了可再生能源电力消纳现状和存在的问题，梳理了可再生能源电力消纳的相关研究。其次，通过建立 STIRPAT 模型，本节分析了可再生能源电力消纳量与国内生产总值、可再生能源投资、可再生能源技术进步的影响关系，对这些变量进行了单位根检验、协整检验和格兰杰非因果关系检验。通过回归分析发现，可再生能源投资和国内生产总值对可再生能源电力消纳量均具有正向影响，可再生能源技术进步对可再生能源电力消纳量影响不显著。最后，本节从促进可再生能源技术进步、经济增长，加强可再生能源基础设施建设角度，为推进可再生能源电力消纳提出对策建议。

一、引言

由于全球环境日益恶化和温室气体的大量排放，世界各地极端天气频发，给人们的生产和生活带来严重影响。为了积极履行低碳减排承诺，2015 年，我国向《联合国气候变化框架公约》提交了《强化应对气候变化行动——中国国家自主贡献》，提出：二氧化碳排放 2030 年达到峰值，到 2030 年单位国内生产总值二氧化碳排放比 2005 年下降 60%~65%，非化石能源占一次能源消费比重达到 20%，最终实现到 2050 年清洁能源成为主体能源体系。我国政府又于 2020 年提出了"碳达峰、碳中和"发展目标。为了达到这些目标，我国大力发展可再生能源电力。经过 20 多年的努力，我国可再生能源电力取得了世界瞩目的发展成果，目前我国水电、风电和光伏发电在装机容量和发电量均居世界第一。2022 年，我国电力总发电量达到 88487 亿千瓦时，其中，可再生能源发电量为 27246 亿千瓦时，占电力总发电量的 30.79%，可再生能源发电量在全国总发电量占比得到了显著提升。

虽然我国可再生能源发电装机容量和发电量持续稳定地增长，其在全国总装机容量和总发电量中所占比重不断提高。但是，自 2010 年以来，我国弃风弃光弃水问题日益严重，可再生能源电力消纳问题受到各界重视。我国"三北"地区风能和太阳能资源丰富，是开发风电和光伏发电的优势地带，也是我国弃风弃光最严重的地区。2016 年，我国弃风电量达到 497 亿千瓦时，弃风率达到 17%；弃光电量为 69 亿千瓦时，弃光率达到 10%。我国政府颁布和实施了促进可再生能源电力消纳的政策措施，弃风弃光弃水问题得到一定的缓解。2021 年，我国弃风电量为 206 亿千瓦时，弃光电量为 68 亿千瓦时，弃水电量为 175 亿千瓦时，其在可再生能源发电量中的占比为 1.81%。2022 年，我国风电、光伏发电的利用率分别为 96.8%、98.3%。但是局部地区的弃风弃光问题仍然突出。其中，内蒙古东部地区风电利用率仅有 90%，弃风率最高达到 10%；青海、内蒙古西部地区、甘肃风电利用率均低于 95%。2022 年，西藏光伏发电利用率仅有 80%，弃光率高达 20%，弃光最为严重；其次是青海，光伏利用率为 91.1%。

目前，我国局部地区可再生能源的电力消纳问题仍然严重，可再生能源电力发展存在着创新能力不足、消纳能力不匹配等问题。如果可再生能源的电力消纳问题不能得到有效解决，就难以完善和落实可再生能源电力的保障机制，也难以形成以可再生能源电力为主体的稳定电力能源结构。为了解决可再生能源的电力消纳问题，我们要探究可再生能源电力消纳的影响因素及其影响关系。本节运用 STIRPAT 模型对影响可再生能源电力消纳的相关因素进行分析。研究可再生能源的电力消纳影响因素和影响关系，对我国可再生能源电力资源规模化发展和实现"碳达峰"目标具有重要意义。

二、文献综述

随着可再生能源电力的快速发展，国内外学者对此展开了深入的研究，可再生能源电力的相关文献和理论成果不断涌现。根据现有文献，国内外学者关于可再生能源电力的相关研究主要包括以下几个方面：

1. 可再生能源电力消纳问题及影响研究

可再生能源电力消纳是未来长期面临的问题，部分地区弃风弃光弃水造成了大量浪费。学者们对缓解可再生能源电力消纳问题和应对方法展开了研究。王乾坤（2012）和莫志宏等（2018）研究国外风电消纳的经验和措施，认为我国未来可再生能源上网电价有负电价的发展趋势，而实施负电价制度在电力市场成熟的国家有缓解弃风的作用。李伟等（2013）提出利用价格机制和税收优惠等政策，激励各省份风电就地消纳，调动利益相关主体消纳弃风的积极性。舒印彪等（2017）和李国栋等（2020）分别总结分析了国外发达国家的企业需求侧管理案例和我国新能源消纳情况，认为我国可以尝试推行基于可再生能源的需求侧管理机制，以此缓解可再生能源电力消纳不足的问题。樊宇琦等（2021）认为我国应努力挖掘源网荷灵活调度调峰的特性，来解决弃风弃光问题，例如：加快火电灵活性改造，使火电具备深度调峰能力，以此来应对突发负荷变化；需求侧参与负荷调整响应；特高压直流输电参与负荷调峰；等等。夏阳等（2021）基于建筑能源系统，提出耦合各类储能设备，实现多能源协调互补的混合储能技术，以此改善我国可再生能源的消纳能力。张鸾等（2022）运用多主体仿真方法，对可再生能源电力消纳情况和消纳数量进行仿真实验，发现认购绿证可以促进可再生能源电力消纳，综合考虑超额消纳量的价格可以加快可再生能源电力消纳。

还有学者对可再生能源电力消纳问题和产生的影响展开研究，徐江等（2020）认为，引入可再生能源电力消纳的责任加权制度可以加大对于绿色电力的消纳量，但是也造成了不同发电商之间的利益冲突，影响市场均衡。戴尚文等（2021）研究认为，由售电公司负责可再生能源电力消纳责任，可避免因为利益而与消纳政策产生冲突。姜曼等（2021）发现，省级电力交易中心在可再生能源电力消纳方面存在不足，需要承担更多的可再生能源电力消纳责任，以降低空气污染指数。王仁顺等（2022）研究发现，随着高比例可再生能源的持续并网，电网安全稳定性受到负面影响，这不利于可再生能源电力的合理消纳。由弃风弃光弃水造成的可再生能源电力的消纳问题，影响了可再生能源电力的进一步发展（王凤云等，2020）。以上文献研究认为，可再生能源电力消纳存在供需不匹配、电力交易不稳定等问题。可再生能源电力合理消纳需我国各省份共同协调，提升电力能源的使用率。

可再生能源持续发展的关键是保障可再生能源发电上网、促进可再生能源电力消纳。Zang等（2013）和Valentine（2013）从促进风电消纳的角度进行研究，认为风电消纳要与储能配合，大力发展储能，扩大多能互补模式，促进跨区域消纳，加强需求侧响应。Zeng等（2013）认为，抽水蓄能可有效提高风电消纳，许多欧洲国家使用抽水蓄能消纳风电。Liu等（2016）从多能互补的角度研究了风电消纳问题，使用风电给热泵、电锅炉供电，来增加热电联产机组调峰能力，提高电网的稳定性。Wagner等（2015）研究了跨区域消纳的方式，发现欧洲国家设置了严格的风电并网标准，规范了风电上网质量，由此使欧盟电力联网系统稳定运转，提高了风电消纳能力。Miriam等（2013）通过研究备用有偿服务价格机制，认为西班牙可应用该机制促进风电消纳，从而合理分配风电消纳的利益。

学者们从电网网架的规划、负荷侧参与用能响应和储能等角度展开研究，认为可再生能源价格机制、政策激励和技术进步等能够有效地解决可再生能源发电消纳问题。以往研究已经积累了丰富的可再生能源发展研究成果，但是，对我国可再生能源有序增长的市场空间和可再生能源电力消纳等困扰电力改革的难点问题还需深入研究。当前寻求促进可再生能源发展的市场空间和可再生能源电力消

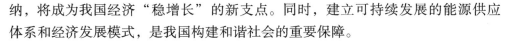
纳,将成为我国经济"稳增长"的新支点。同时,建立可持续发展的能源供应体系和经济发展模式,是我国构建和谐社会的重要保障。

2. 影响可再生能源电力发展的因素研究

许多学者对影响可再生能源电力消纳的因素进行了分析和研究。He 等(2017)与 Gao 等(2017)研究认为,电力市场是限制和影响可再生能源电力消纳的主要因素。电力市场实施"削峰填谷"可有效增强系统运行的经济效益;通过适宜的价格激励制度吸引用户,促进负荷侧参与用能响应,储能参与调峰,为可再生能源发电开拓更多的消纳空间。Wang 等(2016)认为,负荷侧响应是提升新能源消纳能力的关键因素,通过智能电力配置激励负荷侧参与用能响应,能够缩减系统峰谷差,从而提高新能源消纳水平。刘秋华等(2015)建立长周期大范围的可再生能源电力消纳优化模型,研究认为,风电消纳主要受限于当地网络约束和系统的调峰能力,通过建设输电通道,利用大电网的调节能力和长周期内各类电源的互补能力,可显著提高可再生能源电力的消纳水平。

还有学者认为人口、经济发展、贸易、城市规模等与可再生能源电力消纳之间存在影响关系。Hu 等(2020)通过实证研究,发现当前我国各省份的人口扩张对可再生能源电力的消纳具有积极影响。Han 等(2022)研究发现 1990—2018 年贸易的显著增长增加了对可再生能源电力的消纳,而城市化的推进对可再生能源电力消纳没有影响。Zhao 等(2022)研究发现由于 OECD 成员经济发展水平的差异,OECD 成员可再生能源电力消费水平显示出巨大的差距,可再生能源电力消费与经济发展水平存在明显的正相关性。Li 等(2021)研究了经济增量和劳动力等对可再生能源电力的影响,发现经济增长会增加可再生能源电力消纳,而可再生能源电力消纳与实际国内生产总值之间无因果关系。Tiwari 等(2022)研究了外国直接投资(FDI)、贸易开放度和经济增长对可再生能源电力消费的影响,研究表明,扩大贸易活动和促进经济增长可增加可再生能源电力消纳。吕振邦等(2020)研究高比例可再生能源并网后的优化调度方法,认为可以通过在电气系统中灵活的资源响应,降低电力系统的失负荷风险,提高可再生能源的消纳电量。许彦斌等(2020)从绿色电力证书角度研究其市场的反身性特征,认为可再生能源的发电量与绿色证书市场交易关系密切,作为承担消纳责任的市场主体将大力推进可再生能源电力的消纳。

Lv 等(2022)研究了通信技术对可再生能源的影响,发现通信技术的发展增加了可再生能源电力的消纳,并且存在空间溢出效应。Hashemizadeh 等(2021)应用了公共相关效应均值组(CCEMG)检验,认为地方财政权力和绿色生态创新会促进可再生能源使用量，降低非再生能源的使用量。Khan 等（2020）研究了 192 个国家可再生能源电力消纳、二氧化碳排放和金融发展的异质性，结果表明，碳排放量与可再生能源电力消纳呈负相关关系。Wen 等（2020）研究了电源调峰能力、地区功耗特性等影响我国南方地区弃电的关键因素，提出科学评估电网用电能力、加强需求侧管理、提高灵活性调峰能力、加强省际电力贸易，可有效提升可再生能源电力的消纳效率。

3. 有关可再生能源电力消纳问题的研究方法

随着可再生能源电力消纳问题成为研究热点，许多学者建立了电力交易模型、成本收益模型、自回归分布滞后模型、结构方程模型等方法对可再生能源电力消纳展开研究。

钟声等（2020）构建了超额消纳量交易影子价格测算模型，对可再生能源电力超额消纳量交易价格进行预测，发现可再生能源影子交易价格与可再生能源电力平均生产成本之间呈强正相关。曲明等（2020）建立了非水可再生能源交易模型，认为配额制是消纳非水可再生能源的重要手段；同时要实施跨省绿色证书交易。但是，随着消纳责任的加重，仅靠使用绿色证书交易无法完全消纳可再生能源电力。李明等（2021）采用多个主体的成本收益分析法构建了最优化的交易决策模型，发现可再生能源发电企业的盈利能力主要由成交电量和绿证数量决定。方程等（2021）构建了古诺模型模拟绿证市场，研究结果表明，社会发电成本与风电消纳量间存在同向变动关系。朱明睿（2021）基于 STIRPAT 模型研究了2015—2019 年我国 30 个省份的可再生能源电力消纳率与碳排放的关系，发现二者之间存在负相关关系。贺元康等（2021）通过建立电力库交易模型，发现电力库机制可显著提升部分可再生能源电力的消纳水平。

Abid 等（2022）使用自回归分布滞后模型研究可再生能源电力消纳与环境质量的关系，发现环境质量与可再生能源电力消纳呈正向变动关系。Islam 等（2022）构建了动态自回归分布滞后模型（DARDL），分析了 1990—2019 年孟加拉国的收入增长、FDI、国内投资、城市化、基础设施、制度质量等因素对可再生能源电力消纳的影响：除了城市化和基础设施对可再生能源电力消纳产生负面影响外，其他因素都对可再生能源电力消纳具有正向影响。Zhao 等（2021）采用改进的跨对数生产模型、多目标线性规划模型等方法，研究了拍卖对能源生产结构和可再生能源电力消纳的影响，结果表明，拍卖率对能源生产结构影响不大，但对可再生能源电力消纳份额产生了正向影响。Somoye 等（2022）运用自回归分布滞后误差校正方法研究尼日利亚可再生能源消费的决定因素，研究发现，在长期，国内生产总值和金融发展促进了可再生能源电力消纳，而化石燃料能源消费抑制了可再生能源电力消纳。Borozan（2022）通过建立非线性自回归模型，研究了收入和研发投资对可再生能源电力消纳的影响，认为收入和研发投资的增加均推动了可再生能源电力发展，促进了可再生能源电力消纳。

4. 文献评述

我国经济正在向高质量发展转型，能源行业正处于可再生能源大规模建设、电力能源结构优化的关键时期，电力行业面临着提高供给质量和解决结构失衡的问题。发电行业过去依靠资产规模优势和借助市场地位和市场份额来创造业绩、利用银行贷款扩张经营的方式正在受到市场和行业监管的制约。发电行业面临着产能过剩、需求不足、效益低下、经营困难等问题。我国的产业结构深度调整，电力需求量还在增长，对可再生能源电力消纳及可再生能源可持续发展提出了挑战。

从上面的文献梳理可以看出，国内外相关文献的研究主要集中在可再生能源电力消纳问题与产生的影响，以及收入增长、城市化、负荷侧参与用能响应、投资、调峰能力等对可再生能源电力消纳的影响。而随着我国经济总量的持续增长，可再生能源电力发电规模不断扩大，可再生能源电力消纳的内外部环境发生了很大变化，需要深入研究在碳排放约束下我国可再生能源电力消纳机制，以及有关影响我国可再生能源电力消纳的关键因素及其影响关系。基于已有的文献资料，本节把国内生产总值、可再生能源技术进步和可再生能源投资的影响因素放在同一框架下，研究其对可再生能源电力消纳量的影响。本节运用STIRPAT模型，分析可再生能源电力消纳量与国内生产总值、可再生能源投资、可再生能源技术进步的影响关系，通过回归分析研究这些因素对可再生能源电力消纳的影响效应，并基于实证研究结果提出促进我国可再生能源电力消纳量的对策建议。

三、研究方法和变量选择

本节选用STIRPAT模型研究可再生能源电力消纳影响因素及影响关系。STIRPAT（Stochastic Impacts by Regression on Population，Affluence and Technology）模型结构简洁，易于操作，在环境管理和产业发展影响因素研究方面得到了学术界的认可与广泛运用。STIRPAT模型，即可拓展的随机性的环境影响评估模型，该模型可用于研究人口、富裕程度、技术与环境影响的关系。STIRPAT模型标准形式为：

$$I = aP^b A^c T^d e \tag{2-1}$$

在式（2-1）中，I、P、A、T、a 分别代表环境影响、人口、富裕程度、技术水准、模型系数，b、c、d 表示估计参数，e 表示随机误差项。

影响可再生能源电力消纳的因素主要包括两方面：一是可再生能源电力内部因素，如技术进步、可再生能源电力建设规模和布局等；二是可再生能源电力外部因素，如经济增长、投资、电力输送通道等相关配套建设、相关政策措施等。因此，在以上文献研究的基础上，本节选取可再生能源电力消纳的关键影响因素，即经济增长、技术进步、投资。本书用可再生能源消电力消纳量代表环境因素 I，国内生产总值 GDP 代表富裕程度 A，可再生能源技术进步代表技术水平 T，把可再生能源投资作为控制变量引入到模型中。由于可再生能源发电量在我国总发电量中占比不到 1/3，可再生能源电力人均消纳量很低，因此本书把人口的影响因素 P 放到随机误差项 e 里。

因此，本节对 STIRPAT 标准模型进行修订，分别用变量名 Con、GDP、$Tech$、Inv 代表可再生能源电力消纳量、经济增长、技术进步、投资。考虑到量纲，本书对以上变量分别取对数，构建模型如下：

$$\ln Con = C + b\ln GDP + c\ln Tech + d\ln Inv + \ln e \tag{2-2}$$

本节根据我国可再生能源电力实际情况构建修订后的 STIRPAT 模型［式（2-2）］，研究影响可再生能源电力消纳与影响因素的关系。本书选择我国可再生能源电力消纳量作为被解释变量，把国内生产总值、可再生能源技术进步、可再生能源电力投资作为解释变量，其他影响因素，如人口、可再生能源政策等作为误差项。变量具体处理如下：

可再生能源电力消纳量（Con）。可再生能源电力消纳量作为被解释变量。本书将可再生能源电力消纳量确定为：当年可再生能源发电量与弃风电量、弃水电量、弃光电量之差。本书以可再生能源电力消纳量代表环境影响因素，用 Con 表示。随着经济增长和人民生活水平的提高，对绿色的可再生能源电力的需求增加，促进了可再生能源电力的发展，从而影响了对可再生能源的消纳量（Gyimah，2022）。

国内生产总值（GDP）。本节用我国实际国内生产总值反映富裕程度，以 2000 年为基期计算得出我国实际 GDP。一般来说，GDP 对可再生能源电力消费具有积极的促进作用。对于经济发达的国家，随着收入水平的提高，可再生能源电力建设规模不断扩大，电力能源的消耗越来越多，其可再生能源电力消纳量也随之增长。同时，经济增长也改变了人们使用能源的途径，会增加清洁的可再生能源电力消纳量。

可再生能源技术进步（*Tech*）。本书选择可再生能源专利数作为可再生能源技术进步代表性变量，用 *Tech* 表示。有文献研究认为，技术创新增加了可再生能源电力的生产和消纳（Awijen，2022）。我国目前正处在工业化的中后期，随着高科技企业大量涌现，对绿色电力能源的需求日益增加，因此，推进可再生能源电力市场发展以满足人们对先进的可再生能源技术的需求。可再生能源技术进步将会降低可再生能源发电成本，提高其在电力市场的竞争力，促进对可再生能源电力的消纳。在可再生能源技术进步投入越多，所获得的可再生能源专利数也越多。我国可再生能源相关专利数量逐年上升，可再生能源技术不断进步，2022年有关可再生能源的专利数已达到582个。因此，本书采用可再生能源专利数来度量可再生能源技术进步。

可再生能源投资（*Inv*）。本书采用可再生能源发电装机容量作为可再生能源投资代表性变量，用 *Inv* 表示。我国可再生能源电力发展迅猛，随着可再生能源电力建设的投资增加，可再生能源发电装机规模不断扩大。因此，本书以我国可再生能源电力装机容量代表可再生能源投资。

本节所有的数据来源于历年《中国电力行业年度发展报告》、《中国电力统计年鉴》、《中国统计年鉴》、国家能源局网站、全国新能源消纳监测预警中心，其中可再生能源专利数来源于中国知网。本节实证分析采用数据期限为2000—2022年。考虑到各个变量的量纲和变量数据的稳定性，本节对所有的变量，即可再生能源电力消纳量、国内生产总值、可再生能源技术进步和可再生能源投资进行取对数处理。

四、实证分析

（一）变量相关性分析

为了检验解释变量与被解释变量之间是否存在相关性，本书运用 Eviews11.0 软件对变量 ln*Con* 与 ln*Inv*、ln*GDP*、ln*Tech* 进行相关性分析，结果见表2-1。

表2-1　被解释变量和解释变量之间的相关性分析

变量	ln*Con*	ln*Inv*	ln*GDP*	ln*Tech*
ln*Con*	1			
ln*Inv*	0.9964	1		
ln*GDP*	0.9953	0.9896	1	
ln*Tech*	0.9893	0.9824	0.9957	1

由表 2-1 可知，相关性分析的结果显示被解释变量 lnCon 与解释变量 lnInv、lnGDP、ln$Tech$ 的相关系数分别为 0.9964、0.9953、0.9893。解释变量与被解释变量之间的相关系数均在 0.95 以上，说明可再生能源电力消纳量与可再生能源投资、国内生产总值、可再生能源技术进步之间存在显著的正相关关系。

（二）检验和回归分析

1. 单位根检验

为了防止出现"伪回归"，本节对变量 lnCon 与 lnInv、lnGDP、ln$Tech$ 进行平稳性检验，确保时间序列的稳定性。时间序列平稳性检验（Augmented Dickey-Fuller test，ADF）是一种广泛使用的检验方法，适用于多种时间序列数据，不仅可以处理包含趋势的时间序列数据，而且可以处理不包含趋势的时间序列数据。考虑到该方法的可靠性，本节选用 ADF 检验方法对可再生能源电力消纳量等四个变量的稳定性进行检验，结果见表 2-2。

表 2-2 变量的单位根检验

	变量	ADF 检验值	5%显著性水平上的检验值	P 值	检验结果
原序列	lnCon	−1.7088	−3.6450	0.7111	不平稳
	lnInv	−4.1938	−3.6329	0.0166	平稳**
	lnGDP	1.1492	−3.6329	0.9998	不平稳
	ln$Tech$	−0.6396	−3.6584	0.9642	不平稳
一阶差分	lnCon	−6.4543	−3.6450	0.0002	平稳***
	lnInv	−3.3692	−3.6450	0.0827	平稳*
	lnGDP	−3.7518	−3.6450	0.0409	平稳**
	ln$Tech$	−5.0276	−3.6584	0.0035	平稳***

注：***代表在显著程度为 1%时否决原假设，**代表在显著程度为 5%时否决原假设，*代表在显著程度为 10%时否决原假设。

由表 2-2 可知，通过 ADF 检验方法对可再生能源电力消纳量、可再生能源技术进步、GDP、可再生能源投资进行的单位根检验，结果显示，除变量 lnInv 以外，变量 lnCon、lnGDP、ln$Tech$ 的原序列均没有通过 ADF 检验，所以原序列 lnCon、lnGDP、ln$Tech$ 均为非平稳的。故本节对原序列 lnCon、lnInv、lnGDP、ln$Tech$ 进行一阶差分并再次进行 ADF 检验，结果显示，变量 lnCon 和 ln$Tech$ 在 1%的显著性水平是平稳的，变量 lnGDP 在 5%的显著性水平是平稳的，变量 lnInv 在 10%的显著性水平是稳定的。因此，在 10%的显著性水平上，所有变量

均为稳定的时间序列。

2. 协整检验分析

为了探讨变量 lnCon、lnInv、lnGDP、lnTech 之间是否存在长期稳定的关系，本节利用协整检验来检测各变量之间的长期稳定性。本节使用 E-G 检验法进行检验，检验分为两步：第一步，对同阶的变量 lnCon、lnInv、lnGDP、lnTech 进行线性回归，得到残差序列；第二步，对上一步所得的各残差序列进行单位根检验，结果见表 2-3。

表 2-3　协整检验结果

	显著性水平	T 统计量	概率值
富勒检验统计值		-6.0152	0.0000
临界值	1% level	-2.6743	
	5% level	-1.9572	
	10% level	-1.6082	

由表 2-3 可知，协整检验的 P 值为 0.0000，这表明在 1% 的显著水平上拒绝残差序列有单位根的原假设，即残差序列没有单位根，残差项是稳定的。因此，可再生能源电力消纳量与可再生能源投资、国内生产总值、可再生能源技术进步之间具有稳定的均衡关系。

3. 格兰杰（Granger）因果关系检验

本书用格兰杰（Granger）因果关系检验对各变量的影响进行了研究，结果见表 2-4。

表 2-4　格兰杰（Granger）因果检验结果

原假设	P 值	结论
lnInv does not Granger Cause lnCon	0.0525	拒绝
lnCon does not Granger Cause lnInv	0.0034	拒绝
lnGDP does not Granger Cause lnCon	0.0071	拒绝
lnCon does not Granger Cause lnGDP	0.0436	拒绝
lnTech does not Granger Cause lnCon	0.0662	拒绝
lnCon does not Granger Cause lnTech	0.3233	接受

由表 2-4 可以看出，可再生能源投资不是影响可再生能源电力消纳量原因的可能性为 5.25%，可再生能源电力消纳量不是影响可再生能源投资原因的可能性为 0.34%，即在 10% 的显著性水平上同时拒绝了可再生能源投资不是影响可再生能源电力消纳量原因和可再生能源电力消纳量不是影响可再生能源投资原因的原假设。这说明在样本区间内，可再生能源投资与可再生能源电力消纳量存在双向格兰杰因果关系。

国内生产总值不是影响可再生能源电力消纳量原因的可能性为 0.71%，可再生能源电力消纳量不是影响可再生能源投资原因的可能性为 4.36%，即在 5% 的显著性水平上同时拒绝了国内生产总值不是影响可再生能源电力消纳量原因和可再生能源电力消纳量不是影响国内生产总值原因的原假设。这说明在样本区间内，国内生产总值也与可再生能源电力消纳量存在双向格兰杰因果关系。

可再生能源技术进步不是影响可再生能源电力消纳量原因的可能性为 6.62%，可再生能源电力消纳量不是影响可再生能源技术进步原因的可能性为 32.33%，即在 10% 的显著性水平上拒绝了可再生能源技术进步不是影响可再生能源电力消纳量原因的原假设，接受了可再生能源电力消纳量不是影响国内生产总值原因的原假设。这说明在样本区间内，可再生能源技术进步对可再生能源电力消纳量存在格兰杰因果关系。

4. 多元回归分析

基于以上检验结果，本节通过构建可再生能源电力消纳量与影响因素之间的时间序列双对数模型，研究可再生能源电力消纳量与其因素之间的影响关系；通过对时间序列取对数降低变量尺度，从而缓解误差对多元回归结果分析的影响，结果见式（2-3）和表 2-5。

$$\ln Con = -3.6036 + 0.4848\ln Inv + 0.6103\ln GDP - 0.0013\ln Tech \qquad (2-3)$$

表 2-5　多元回归分析

变量	常数 C	$\ln Inv$	$\ln GDP$	$\ln Tech$
参数估计值	-3.6036	0.4848	0.6103	-0.0013
t 值	-1.4616	6.1176	2.4303	-0.0221
P 值	0.1602	0.0000	0.0252	0.9826
	$R^2 = 0.997$	D.W. = 2.286	F = 2057.904	

由检验结果可知，在 5% 的显著性水平上，$\ln Inv$、$\ln GDP$ 和 $\ln Tech$ 三个解释

变量中，lnInv 和 lnGDP 的 P 值均小于 0.05，这说明可再生能源投资和国内生产总值与被解释变量可再生能源电力消纳量存在显著的关系。变量 lnInv 和 lnGDP 的系数均为正值，表明可再生能源投资和国内生产总值与可再生能源电力消纳量呈正相关关系：可再生能源投资每增加 1 个单位，可再生能源电力消纳量就增加 0.4848 个单位；国内生产总值每增加 1 个单位，可再生能源电力消纳量就增加 0.6103 个单位。lnTech 变量的 P 值为 0.9826，没有通过变量的显著性检验，因此可再生能源技术进步与可再生能源电力消纳无显著关系。但总体来看，该回归方程的 R^2 为 0.997，说明本书所构建的多元回归模型在整体上拟合优度较好，可再生能源投资、国内生产总值和可再生能源技术进步可以解释可再生能源电力消纳量 99.7% 的变化。此外，通过多元回归分析得到的 F 值为 2057.904，这表明该多元回归模型是显著的。

五、结论和建议

基于以上对可再生能源电力消纳影响因素的实证分析，本节构建 STIRPAT 模型以探究我国可再生能源发电装机容量、国内生产总值、可再生能源专利数对可再生能源电力消纳的影响关系。通过协整检验，本节发现可再生能源发电装机容量、GDP、可再生能源专利数与可再生能源电力消纳量之间存在长期的均衡关系；ADF 检验表明，三个解释变量的一阶差分序列在 10% 的显著性水平上均为稳定序列，进行多元回归后，得出以下结论和建议：

（一）研究结论

（1）可再生能源投资和国内生产总值都对可再生能源电力消纳量具有正向影响关系，可再生能源电力消纳量随着 GDP 和投资的增加而增加。其中，影响可再生能源电力消纳量最重要的因素是 GDP，然后是可再生能源投资，可再生能源技术进步对可再生能源电力消纳量无显著相关关系。我国可再生能源电力的发展处于规模化发展阶段，可再生能源技术发展水平仍需提升，要通过技术进步来降低可再生能源发电企业成本。在可再生能源"去补贴"的时代，可再生能源电力企业的发展将面临更大的挑战，需要推动可再生能源技术进步来降低成本，从而发挥技术进步对可再生能源电力消纳量的影响。长期来看，可再生能源技术进步会促进可再生能源电力成本下降，推进可再生能源电力消纳量。

（2）国内生产总值（GDP）对可再生能源电力消纳量的影响最大。国内生产总值每增加 1 个单位，可再生能源电力消纳量就增加 0.61 个单位；可再生能源投资每增加 1 个单位，可再生能源电力消纳量就增加 0.48 个单位。为顺利实现"碳达峰"的目标，我国应重视对可再生能源电力消纳量影响最大的因素，即国内生产总值。国内生产总值增长是反映一个国家或地区的经济总体实力和经济发展快慢的重要指标。随着我国国内生产总值的增长，人民生活水平也在不断提高。为了提高生活质量，人们对环境保护、绿色低碳化发展的需求也在不断增加。生活水平的提高使人们对绿色电力，即可再生能源电力的消纳增加。

（3）增加对可再生能源技术创新投资，通过提高生产效率降低其成本，提升可再生能源电力市场竞争力，从而增加可再生能源电力消纳。短期来看，对可再生能源电力补贴可促进其发展。但是，随着电力能源结构转型的加快，增加对海上风能、生物质能、太阳能发电等可再生能源技术和能源储存技术的投资，可促进可再生能源技术进步，实现可再生能源全额上网和规模化发展。长期来看，可再生能源电力技术进步会提高可再生能源电力消纳量。

（二）对策建议

为促进可再生能源电力消纳、实现"碳达峰、碳中和"的目标，本节基于实证分析对我国可再生能源电力消纳的相关影响因素进行了探讨，并提出以下对策建议：

1. 促进可再生能源技术进步

在我国风电、光伏发电等蓬勃发展的背景下，技术进步的重要性日益凸显。核心组件和关键技术要加快开发，可再生能源产业链要深入合作，灵活实施对可再生能源相关补贴政策，为可再生能源领域技术创新设立专项基金，帮助可再生能源企业克服技术瓶颈。加快可再生能源前沿性、颠覆性开发和利用技术攻关，推进大容量风电机组创新突破；加快大容量、高密度、高安全性新型储能装置研制，降低储能成本，促进可再生能源电力配储。推动可再生能源电力与人工智能、物联网、区块链等新兴技术融合，发展智能化、联网化、共享化的可再生能源电力生产和消费模式；整合信息技术和能源开发，加快可再生能源电力数字化、智能化发展。另外，加强可再生能源专利及应用管理，加强知识产权的保护意识，合理使用可再生能源技术，有效降低专利剽窃风险，进一步促进可再生能源技术创新。

2. 经济增长助力可再生能源电力消纳

我国要大力发展经济，促进经济高质量发展，支持可再生能源电力的规模化投资；同时，随着人民生活水平的提高，应从需求侧角度激励民众对可再生能源电力的消纳。我国要通过经济增长引导可再生能源电力需求侧响应，促进可再生能源电力消纳。地方政府制定可再生能源激励政策，可有效降低可再生能源的发

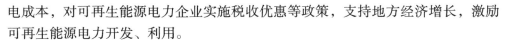

电成本，对可再生能源电力企业实施税收优惠等政策，支持地方经济增长，激励可再生能源电力开发、利用。

3. 加强可再生能源基础设施投资建设

可再生能源的开发与基础设施建设密不可分，我国可再生能源电力仍有很大的扩容空间。许多基础设施因地理位置、发电设备等，导致可再生能源发电效率低，基础设施建设不足，发电无法上网，电力输送效率不高。我国要合理规划和布局可再生能源电力建设，避免低水平重复建设可再生能源电力。在"三北"地区推进风电和光伏发电基地规模化开发，在西南地区统筹水电、风电、光伏发电综合开发，在东部沿海地区积极推进海上风电集群化开发，在中部、东南部地区引导风电和光伏发电就近开发，大型风电光伏基地配套电化学储能调峰设施建设，鼓励可再生能源电力新业态、新场景创新，不断推动可再生能源电力高质量发展，最大限度地减少客观因素导致的送电浪费。此外，政府应引入有效的可再生能源资金循环系统，通过合理利用各方的投资，促进可再生能源需求和供应之间的平衡。

第四节　促进可再生能源电力消纳对策

2022年，我国可再生能源发电装机容量和发电量在全国电力总装机容量和发电量中的占比分别达到47.3%和30.79%，可再生能源电力发展取得巨大成效。虽然我国可再生能源电力一直在快速发展，但是可再生能源替代化石能源成为主力电源还有较长的建设时间。我国产业结构正处于深度的调整时期，电力需求增速变动较大，对于运行波动大的可再生能源电力挑战巨大。在既要满足电力需求增加又要切实减少化石能源消费的形势下，我国必须通过技术进步提高可再生能源电力的发电效率，降低成本，采用信息技术来提升电力系统的智能化水平，持续提高可再生能源发电装机容量和上网电量的比重。

未来，要实现可再生能源电力成为我国电力能源的主要提供者，就要进行电力行业的深层次市场化体制和竞争机制改革，解决可再生能源电力消纳困难的问题，实现我国绿色转型的可持续发展目标。为此本书建议应从以下几个方面着手：

一、深入开展电力市场化改革，破除竞争壁垒

政府要从优化可再生能源开发利用机制、充分发挥电网公司关键平台作用、加快优化电源结构与布局、多渠道拓展可再生能源电力本地消纳、加快完善市场机制与政策体系、强化组织实施保障六个方面来确保实现可再生能源无歧视、无障碍上网，为可再生能源持续健康发展创造良好的市场环境。政府部门在制定和监督电力市场化运作时，要着重监督区域电力集团企业的价格垄断，通过制定合理电力价格竞争策略和同等条件下局部区域装机容量弱势集团企业优先上网制度，起到区域市场竞争平衡替代作用，促进各类电力企业通过提高生产和管理效率平等竞争，防止局部装机容量优势电力集团企业获得超垄断利润。政府应该支持电网企业根据各地区经济发展和收入水平，探索上网电价动态调整试点，促进上网电价合理变动，带动当地电力企业发展，对电力区域缺电的地区，要放开售电端价格，促使用电端参与到电力系统负荷平衡，为电力系统安全运行提供更多的经济控制手段。要支持东部发达地区采用各种方式投资中西部欠发达地区的电网建设、电源建设和网架发展，合理获取电力系统建设运营收益，利用经济能力强的先进经验，带动中西部电力建设，促进全国电力普遍服务到位。

二、规模化发展可再生能源，优化发电资源配置

可再生能源主要在中西部地区，这些地区的环境相对较严酷，可再生能源建设会带来环境和生态的改变。为了解决电网网架的投资收益问题，在环境恶劣的地区光伏发电和风电等要规模化建设。从现有的情况看，规模化电站能够实现局部地区完全的清洁能源供电，例如 2018 年，青海省已实现 15 天完全由可再生能源供电，起到了很好的示范作用。另外，电价对发电资源的配置起到关键作用，建议通过政府设定各类最高电价，逐步放开销售电价定价权，让电价真实反映发电企业、电网企业、售电企业的生产成本和供求关系，引导资源优化配置，扩大可再生能源企业规模。例如，政府的定价需要考虑发电企业设计的环保、自然资源、政策导向等问题，对于污染环境、消耗资源多的低成本火力发电企业的火电合同价格可以适当考虑增加环境税和可再生能源附加费等，对于符合国家政策导向的高成本可再生能源发电企业可以降低税费，对于小型家庭分布式光伏发电可以考虑投资抵扣或加价补贴，从而优化发电资源配置，引导社会资本广泛投入可再生能源发展。

三、鼓励技术创新，大力发展能源互联网

可再生能源的发展应该逐步"向科技要效益"，要鼓励在负荷中心区域推广建筑物光伏材料和低风速城市风电的应用。在可再生能源发电政策的制定上，要加强对可再生能源的基础科技创新支持，只有用科技手段才能提高可再生能源的有效利用，也能降低可再生能源的建设成本，增强可再生能源发电的竞争力。信息技术发展也对智能电力系统有很大的促进作用，要加大对可再生能源智能化、信息化的建设力度，可再生能源企业需要采用"云大物移智链"信息技术手段，融入电力系统能源互联网建设，用电力发供、用信息化交互，促进可再生能源电力消纳与发展。通过发供用端互联网信息交互，鼓励高收入阶层通过电力能源互联网直接使用可再生能源电量，主动承担社会责任。对可就近消纳的可再生能源，通过能源互联网进行就地微电网调度交互利用，整体缩短可再生能源供应与电力能源消费的物理距离，推进可再生能源产业互联网化。

四、增加常规灵活调节电源，保障电网安全

为解决弃水弃风弃光问题，需要为大型可再生能源基地规划建设一批可灵活调节的常规电源，在西部地区要通过能源信息化的发展，充分接入电力输送路径附近常规稳定发电资源；依据当地资源特征，建设一批承担稳定电网输电的常规火电、水电或气电等具有调节能力的电源。增加常规调节电源的目的是稳定电网网架结构，保证长期稳定的可再生能源电力供应。在投资主体上，建议可再生能源企业与灵活调节常规电源企业在股权结构上进行交叉持股、联合经营，既保证可靠地输出电力，又保证整体联营企业的利益。

我国是人口大国，也是电力能源消费大国，应鼓励社会资本和科技企业投入可再生能源技术创新，降低可再生能源发电成本。同时，支持储能技术创新，促进可再生能源电力配储，实现可再生能源电力的全额上网，增加可再生能源电力的收益，促进可再生能源电力的规模化发展。

第三章　我国可再生能源电力配储与储能产业发展

随着我国可再生能源发电规模的持续扩大，电力系统对于储能的功率支撑和调节能力需求日益增长。储能行业发展和储能商业化应用对可再生能源电力大规模发展具有重要的推动作用。本章首先梳理了储能的相关研究成果，分析我国储能行业的发展现状；其次，研究了我国储能在电源侧、电网侧和用户侧的应用场景，以及其"可再生能源+储能"、共享储能、独立储能、工商业储能等运行模式；再次，研究了促进储能行业发展和可再生能源电力配储的相关政策及其实施效果，分析了储能行业发展存在的问题，如储能市场价格机制不完善、强制配储下资源利用率低、商业模式和盈利机制发展滞后等问题；最后，根据存在的问题提出了促进可再生能源电力消纳的储能发展对策。

第一节　引言

随着能源互联网的发展，可再生能源电力应用规模不断扩大，其在电力总量中所占比例也越来越高。但是，可再生能源发电具有随机性和间歇性，由其引起的电压波动和频率波动影响了电网供电安全性和电力系统的稳定性。电力能源结构的绿色转型，对储能产业的发展提出了迫切要求。发展新型储能对于可再生能源电力消纳，"削峰填谷"，增强电网稳定性，提升电力系统调节能力、电力综合效率和安全保障能力具有重要支撑作用。因此，对可再生能源发电进行配储，既能提高常规发电与输电效率安全性与经济性，又能应对调峰与调频难题，促进可再生能源电力消纳。随着我国可再生能源电力大规模发展，储能作为支持可再

生能源电力发展的辅助服务，其产业发展的重要性日益彰显。

　　储能是把电能以多种形式存储起来，在需要的时候进行释放，实现能量传递。储能可以克服可再生能源发电不稳定、波动的问题，对风电、光伏发电等可再生能源电力进行储存，在提高可再生能源发电的使用效率方面发挥重要作用。未来，储能是我国电力能源体系转型升级的重要支撑，是分布式电源、微电网等发展的关键环节。在国务院发布的《2030 年前碳达峰行动方案》中提出，到2025 年全国新型储能装机容量将超过 3000 万千瓦。我国加快储能行业发展，在储能技术及其应用、储能相关产业链均有较大突破。2022 年，我国已经投产电力储能工程累计装机容量 59.4 吉瓦，新型储能工程累计装机容量 12.7 吉瓦，储能时长平均 2.1 小时左右，较 2021 年末增长 110% 以上。2022 年，储能和储能电池相关项目总投资额超过 3000 亿元，生产能力超过 850 吉瓦时。①

　　近年来，国家出台储能行业标准，各地政府相继制定储能相关政策，储能行业在技术和使用效率上不断突破，储能行业得到快速发展。海辰储能、海基新能源、智泰新能等超过百家储能电池企业进行 IPO 募资，资本在不断向储能行业聚集。然而，储能行业在发展中还面临着许多挑战，例如，储能商业模式单一，尚未形成稳定、合理的盈利模式以适应复杂的商业模式（木薇等，2021）。虽然在促进储能发展的政策支持下，新型储能技术成本在逐渐降低，但是从经济性、安全性角度来看，与其他能源相比，储能的市场竞争力还不足；而且政府对储能的相关政策措施需要进一步细化和落实，如补贴项目、优惠政策的详细实施办法，提高政策的可操作性。因此，为了促进储能行业高质量发展，需要深入探究研究储能行业发展相关问题和政策措施的实施效果，这对促进储能行业发展、可再生能源电力配储，以及可再生能源电力消纳具有重要现实意义。

第二节　文献综述

　　储能行业的快速发展受到国内外学者的广泛关注，相关研究主要集中在储能行业发展、储能行业商业模式、储能行业经济效益等方面。

　　1. 关于储能行业及其商业模式研究

　　随着可再生能源电力的发展，储能行业的发展受到学者们的关注，学者们对

────────────────

　　①　资料来源：中国能源研究会储能专委会、中关村储能产业技术联盟（CNESA）。

储能行业存在的问题和发展的趋势等展开研究，取得了丰富的研究成果。Xu 等（2020）认为，"可再生能源+储能"是未来储能行业的重要发展形式。王雅婷等（2020）通过分析储能在高比例可再生能源系统中的应用前景，认为亟须制定合理的政策机制来反映储能在高比例可再生能源系统中的稀缺价值，解决储能的价值补偿问题，才能促进储能的大规模应用。林主豪等（2022）认为，目前我国储能行业发展还不够完善，随着电力能源结构低碳转型，储能行业商业模式将由单一模式向多元化参与模式转变。张玮灵等（2023）认为，压缩空气储能产业将向大规模、高效率、系统化方向发展，压缩空气储能成本将低于大中型抽水蓄能成本。

新型储能商业模式对储能行业和可再生能源电力规模化发展至关重要，为了鼓励储能新型商业模式的发展，河南、山东、青海、内蒙古和河北等省份相继发布了关于推动新型储能发展的指导意见和政策。学者们针对储能行业商业模式发展也进行探索和研究。李东辉等（2020）分析储能在新能源、微电网、辅助服务等多个应用场景的商业模式，提出未来我国储能行业商业运行模式的主要发展方向。薛金花等（2020）基于共享储能理念提出客户侧分布式储能多元化商业模式，以实现客户侧分布式储能中不同利益相关者之间的合作共赢。为了解决高比例可再生能源并网所带来的调峰问题，南国良等（2020）建议引入电网侧储能参与调峰辅助服务市场的交易模式。李晨飞等（2022）分析了山东省新型储能商业模式发展现状及其相关政策的实施效果，认为储能补贴政策的出台促进了储能收益增长，但是现货市场交易的不确定性造成其经济效益依然不稳定。李迁等（2023）提出适应规模化储能参与现货市场的独立式、联盟式、共享式三种储能商业模式，量化了电能价值、辅助服务价值以及其他附加价值，通过算例分析三种模式的优势和劣势。基于以上学者的研究可知，目前，我国储能行业商业模式仍在探索中，储能行业和可再生能源电力配储还存在巨大的发展空间。

2. 关于储能行业经济效益研究

储能经济效益对储能行业可持续发展至关重要，目前国内外有关储能经济效益的研究主要集中在储能某一领域的经济评价与可靠性的评估。Miller 等（2018）回顾了光伏储能系统的经济效益分析方法，探讨储能行业可以采取的途径，提出储能项目开发的融资选择。Avendano-mora 等（2015）采用现金流折现方法对大规模储能项目的盈利能力进行评价，评估了系统特征和市场结构对储能项目盈利能力的潜在影响。Topalović 等（2021）研究了抽水蓄能和大规模电池存储系统的成本效益，基于资本成本的资本回收系数、生命周期成本、满负荷小时

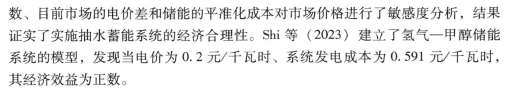

数、目前市场的电价差和储能的平准化成本对市场价格进行了敏感度分析，结果证实了实施抽水蓄能系统的经济合理性。Shi 等（2023）建立了氢气—甲醇储能系统的模型，发现当电价为 0.2 元/千瓦时、系统发电成本为 0.591 元/千瓦时时，其经济效益为正数。

针对不同储能系统，学者们构建了不同评估模型。王亚莉等（2022）以 ESG 理念为基础，利用双指数学习曲线函数对储能成本的动态变化进行了模拟，发现在储能成本下降到 2900 元/千瓦时，新型电池储能达到投资边界值，随着储能成本进一步下降，其经济效益上升，可实现大规模应用。潘华等（2022）基于云重心法修正的 Shapely 值利益分配模型，研究各主体对综合能源系统的综合贡献水平和利益分配进行精准匹配，认为如果保障了储能收益，可激发储能参与辅助服务，提高投资者投资储能的积极性。李建林等（2022）建立共享储能电站—用户—运营商运营模型，运用成本收益法验证了该共享储能运营模式的可行性。尚博阳等（2023）针对用户侧储能服务市场，建立了一种参与辅助服务的用户侧储能优化配置模型，并运用成本收益法验证了其有效性。Matos 等（2023）分析了压缩空气储能的两种商业模式（一种用于储存过剩的可再生能源，另一种用于能源套利）；并基于蒙特卡洛模拟方法进行投资评估，得出储存过剩的可再生能源的商业模式的经济性优于能源套利。曾鸣等（2023）从投资运营和盈利渠道视角提出基于共享经济的独立储能商业模式，分别测算了容量共享和调节能力共享模式下的独立储能的经济效益，发现调节能力共享模式能够充分发挥储能价值，提高储能调用频率，有效提升储能电站的投资收益。未来，随着容量电价机制的完善，独立储能电站的运行收益将增加，其发展前景广阔。

3. 文献评述

综上所述，学者们分析了我国储能行业的发展趋势，积极探索并设计新型储能商业模式，通过对其进行经济效益与可靠性评估，验证储能商业模式的可行性，取得了大量研究成果。但是从研究成果来看，相关研究主要集中在共享储能、分布式光伏储能、电化学储能等，探讨其在某一领域和区域的发展趋势、新的商业模式，或者进行经济效益分析和对策研究。但在促进储能行业大规模发展过程中，需要明确储能的市场主体地位，现有研究缺乏对可再生能源电力配储的市场化机制和政策支持机制的研究。在"双碳"目标下，这些研究对储能行业和可再生能源电力的高质量发展具有重要的现实意义。

目前，我国储能行业和可再生能源电力配储还面临着以下挑战。首先，储能市场化运营机制不完善，缺乏储能与新能源的利益分配机制（陈永翀等，2020）。

因此，为了构建良好的市场环境，还需进一步健全可再生能源在电力市场中的交易规则，打破市场与行政之间的壁垒，并根据储能市场目前的发展现状给出解决办法，推动储能行业从政策驱动向市场驱动的转变。其次，由于储能产业尚处于发展阶段，我国目前商业模式根据地区不同造价差异较大，盈利水平较低，储能商业模式尚不明晰，还需对现阶段不同商业模式进行进一步分析。最后，虽然国家和地方政府制定和实施了一系列促进储能行业发展的相关支持性政策，但是同质化的配储要求等影响了企业的收益变动，降低了储能市场和可再生能源电力配储的能动性。因此，需要储能政策协同激发市场活力，促使激励储能发展的政策导向与市场机制相匹配。但是，目前对可再生能源电力配储问题与市场化机制还缺少系统的研究。我国储能行业正处于转型升级的发展阶段，需要深入探讨促进储能行业规模化发展的政策措施。本章针对这些问题展开研究，探究我国储能行业发展机制，提出切实可行的对策建议，以期为储能行业和可再生能源电力配储的高质量发展提供政策依据。

第三节　储能行业发展和电力配储情况

储能是指电力能量通过介质或设备进行储存，并在需要时进行释放。随着可再生能源产业发展以及电力体制改革的深入推进，我国对可再生能源电力开发和利用提出配储要求，储能成为电力系统中一个不可缺少的环节。目前，电力供应在不同地区、峰谷和季节之间的差异得到有效改善，这得益于储能装置和电力电子元件相结合的能量转换装置的应用。储能提升了常规发电和输电的效率、安全性和经济性。储能的应用实现了可再生能源电力平滑波动、调峰调频，满足了可再生能源电力大规模的接入，是分布式能源系统和智能电网系统中不可或缺的组成部分。

一、储能技术及分类

根据能量储存方式的不同，储能可以分为三类，即机械储能、电化学储能和电磁储能。机械储能以抽水蓄能和压缩空气储能为主，机械储能技术的效率会受到地理位置、环境条件、设备性能等因素的影响，储能效率一般为 65%～85%。电化学储能以铅酸电池、锂离子电池和液流电池为主，储能效率一般为 65%～

80%。电化学储能具有高能量密度、高响应速度、低成本、生命周期长等优点，在智能电网等领域应用广泛，是未来储能发展的重要方向之一。电磁储能以超级电容器和超导储能为主，主要通过电磁感应原理实现能量的存储和释放，储能效率一般为90%~95%。各种储能技术的性能比较见表3-1。

表3-1　储能技术性能比较

储能	类型	响应时间	系统效率	优点
机械储能	抽水蓄能	分钟级	70%~85%	适合大规模，技术成熟
	压缩空气	分钟级	65%~75%	容量大，成本低
电化学储能	锂离子电池	毫秒级	70%~80%	能量密度高，响应速度快
	铅酸电池	毫秒级	60%~70%	技术成熟，成本低
	液流电池	毫秒级	65%~75%	寿命长，适于组合
电磁储能	超导储能	毫秒级	90%~95%	响应快，比功率高
	超级电容	毫秒级	95%	响应快，比功率高

资料来源：《电化学储能行业深度报告》。

我国储能技术快速提高，呈现多元化发展、不断迭代的趋势，其中锂离子电池、压缩空气储能等技术达到国际领先水平。目前，在储能技术中发展最成熟的是抽水蓄能技术，抽水蓄能在电力系统中起到"削峰"、"填谷"、调频以及应急事故备用等作用；电化学储能技术是科技进步最快的一种储能方式，其中钠硫、液流和锂离子电池技术在安全性、能源转换效率和经济性等方面取得了显著的突破，在电动汽车等领域得到广泛的应用，电化学储能技术的产业化应用在不断扩大；超导储能和超级电容器的研究也取得了积极进展，其在太阳能光伏发电系统、风力发电系统、新能源汽车的应用领域将成为热点。

二、我国储能行业发展现状

2010年，储能发展首次被写进《中华人民共和国可再生能源法修正案》，储能产业发展受到国家高度重视，我国进行储能战略布局，储能产业逐步形成发展体系。2014年，我国发布《能源发展战略行动计划（2014-2020年）》，首次提出利用储能去解决可再生能源的并网消纳问题，储能产业进入较为快速的发展阶段，储能产业体系建设逐步完善，储能装机容量呈现出不断增长趋势。自2020年我国提出"双碳"目标以来，国家出台了一系列促进储能行业发展的指导意见和激励政策，推动了储能行业的高速发展，储能装机规模爆发式扩大，我国储能行业进入快速发展阶段。2022 年，我国储能行业融资 189 次，同比增长 64.3%，融资金额达 520.97 亿元。同年，我国已投运的电力储能项目累计装机规模为 59.8 吉瓦，占全球市场总规模的 25%，年增长率达到 38%①，其中，抽水蓄能累计装机占我国市场总量的 77.1%。2022 年新型储能累计装机规模首次突破 10 吉瓦，达到 13.1 吉瓦，占我国市场总量的 21.9%，年增长率达到 128%②。

由图 3-1 可知，在新型储能市场中，锂离子电池累计装机规模占主导地位，在新型储能市场上占比达 94%。压缩空气储能、液流电池、钠离子电池、飞轮等其他储能的市场占有率较低，但是其市场应用在不断拓展，未来市场发展潜力大。

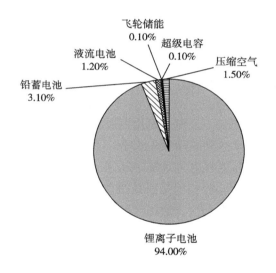

图 3-1　2022 年我国主要新型储能市场累计装机规模

资料来源：《储能产业研究白皮书 2023》。

在"十四五"时期，我国新型储能市场高速发展，年度新增装机规模不断扩大。2023 年，全国已有 24 个省份明确了"十四五"新型储能建设目标，规模总计 64.85 吉瓦；有 10 个省份先后发布了新型储能示范项目清单，规模总计

---

① 资料来源：CNESA 全球储能项目库，http：//www.cnesa.org/。
② 资料来源：《储能产业研究白皮书 2023》。

22.2吉瓦/53.8吉瓦时①。这些新型储能规模已超过国家发展和改革委员会与国家能源局提出的2025年实现30吉瓦装机的目标②。随着国家大力发展储能的政策颁布，储能投资热度不断攀升，对风电、光伏发电等可再生能源电力配储、锂电池等的投资成为热点。储能还被广泛运用在电动汽车、混合动力车以及其他交通工具上，以提高它们的动力性能和可靠性。

随着储能行业的发展，我国储能电池出口贸易规模也在持续扩大。2022年，我国企业在全球市场中的储能电池出货量达134.6吉瓦时，出口比重超过55%。从图3-2中可以看出，我国储能电池出口贸易额呈现不断增长趋势，2022年我国储能电池出口总额达到557.93亿美元。在各类储能电池出口中，锂离子电池出口额最大，占我国储能电池出口的88.1%；其次为铅酸蓄电池，其出口额占6.75%；然后依次是锌锰/碱锰电池（出口额占3.38%）、镍氢蓄电池（出口额占0.96%）③。

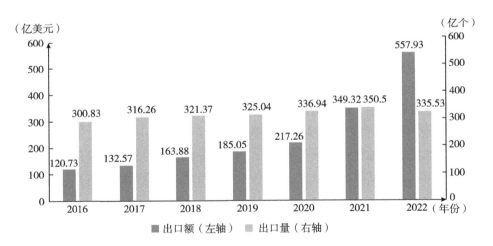

图3-2　2016—2022年我国主要电池产品出口额和出口量变动情况

资料来源：中国化学与物理电源行业协会（https://www.ciaps.org.cn/）。

虽然我国电化学储能市场增长速度快于全球市场增长，但是与发达国家相比，我国储能产业还处于转型升级的发展阶段。在可再生能源电力快速发展的

---

① 资料来源：《储能产业研究白皮书2023》。

② 国家发展和改革委员会、国家能源局印发《发展改革委　能源局关于加快推动新型储能发展的指导意见》（发改能源新规〔2021〕1051号）。

③ 资料来源：中国化学与物理电源行业协会（https://www.ciaps.org.cn/）。

背景下，我国储能市场未来面临巨大的发展空间。基于峰谷价差套利、辅助服务市场和可再生能源电力上网等，储能行业已经具备了商业化、规模化发展的条件。

三、我国储能在电力系统的应用

储能在电力系统中的应用前景广阔，其不仅为电力能源提供了灵活管理和系统优化，还提升了电网的可靠性、稳定性和可持续性。从电力系统的整体来看，储能的应用场景包括发电侧、电网侧和用户侧三个方面，主要集中在发电侧和电网侧。从我国已并网储能项目的应用来看，可再生能源储能和独立式储能的应用占主体地位，2022 年，这两类储能应用占比分别达 45% 和 44%，用户侧储能项目仅占比 10%。本节分析我国储能在发电侧、电网侧和用户侧的应用以及主要的商业模式。

（一）发电侧储能应用

发电侧储能安装是为了平衡电力系统的供需差异，促进可再生能源电力消纳。一方面，在电力需求低谷时，通过储能充电可以储存廉价电能；在电力需求高峰时，通过储能放电可以弥补供电缺口，平滑电力负荷曲线。另一方面，储能可以实现可再生能源电力的平滑输出，储能系统可以有效缓解可再生能源电力的间歇性和波动性问题。储能可以存储可再生能源的过剩电能，在需要时释放，提高可再生能源电力可靠性和预测性。储能在发电领域的应用是为了辅助动态运行、取代或延缓新建机组，通过储能技术的快速响应能力来提高辅助动态运行时的机组效率，减少碳排放以及设备维护和更换的费用，降低或延缓对新建发电机组容量的需求。

发电侧储能应用主要集中在"可再生能源+储能"和火储联合调频两个方面。在"可再生能源+储能"模式中，通过储能协同可再生能源发电场站，降低弃电损失和提升可再生能源出力。随着我国可再生能源发电装机容量和发电量比重的不断攀升，未来"可再生能源+储能"模式将在电力系统调节和保障中发挥更大的作用。在火储联合调频模式中，储能和火电厂共同参与调频辅助服务。图 3-3 显示了 2018—2022 年发电侧储能累计投运情况，我国新能源配储和火储联合调频发电容量在不断上升，尤其是 2022 年快速增长，新能源配储累计投运总能量达 5.498 吉瓦时，火储联合调频累计投运总能量达 6.43 吉瓦时。

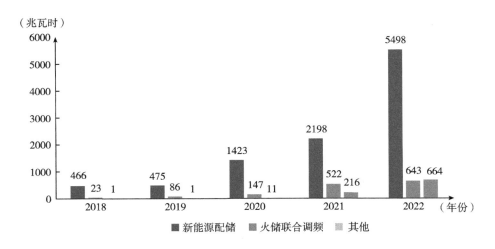

图3-3 2018—2022年我国发电侧储能发展情况

资料来源：《2022年度电化学储能电站行业统计数据》。

1. "可再生能源+储能"

随着风电、光伏发电等可再生能源发电装机容量的迅猛增长，可再生能源电力消纳问题日益凸显。在弃电压力下，"可再生能源+储能"模式在全球范围内推广，我国也积极制定相关政策支持储能技术的应用。储能技术的应用提高了可再生能源电力利用效率，可再生能源电力实现了可控可调，有助于满足电网并网技术要求，促进光伏发电和风电等可再生能源电力消纳，进一步推动了可再生能源的大规模开发与应用。

我国对储能技术和储能产业发展高度重视，2020年以来制定和实施了一系列相关政策，支持可再生能源配套储能技术的发展，积极发展新型储能产业。可再生能源电力配储可以根据风、光进行预测，平滑出力曲线。根据《电力系统安全稳定导则》①的规定，新能源场站应当配置一定的储能装置，参与系统调峰、调频等辅助服务，承担其辅助服务义务。在政策的支持下，各地加大了对新型储能产业的投入力度，推动"可再生能源+储能"的深度融合。

2021年7月，《发展改革委 能源局关于加快推动新型储能发展的指导意见》《国家发展改革委 国家能源局关于鼓励可再生能源发电企业自建或购买调峰能力增加并网规模的通知》明确指出，到2025年新型储能由初级商业化阶段

———————————

① 2019年12月31日，国家市场监督管理总局、中国国家标准化管理委员会发布《电力系统安全稳定导则》。

向大型化转型，鼓励可再生能源发电企业以自建、租赁、购买的形式满足储能配额要求。在容量租赁和调峰补偿的商业模式下，青海、湖南等省份积极发展共享储能，与可再生能源发电企业进行调峰辅助服务交易。2021年10月，国家发展和改革委员会、国家能源局综合司发布《关于进一步加快电力现货市场建设工作的通知》，提出在确保电力安全稳定供应的前提下，有序推进"新能源+储能"进入现货市场。国家鼓励储能、虚拟电厂、负荷聚合商等新型主体参与市场，探索建立容量补偿机制，通过"新能源+储能"等新方式促进电力系统市场化发展。

可再生能源与储能相结合是新型电力系统建设中至关重要的一环。2023年1月，国家能源局发布了《新型电力系统发展蓝皮书（征求意见稿）》，提出了构建全新电力系统的总体框架，将"新能源+储能"、智能电网等相关行业融合发展列为五大战略性新兴产业之一，明确了新型储能在技术装备领域的发展方向，深入挖掘源网荷储各环节所蕴含的核心技术和重大装备的发展潜力。

我们仍需探索储能独立参与辅助服务市场、储能联合可再生能源参与辅助服务的可行性，进行配套规划和建设。通过可再生能源联合配置储能，可以缩减或推迟输变电工程的建设，进而节约投资、提高现有设施的利用效率。储能协助可再生能源电力送出，提高其利用效率。通过就地配置储能，可以有效地改善可再生能源电力出力的特性，从而降低高峰出力，减少弃风量和弃光量，实现电力能源的可持续利用。

2. 火储联合调频

在风电、光伏发电等可再生能源电力成为主体电源之前，火储联合调频是发电侧储能的主要形式之一。火储联合调频是指火电厂通过加装储能提升火电厂的调节性能，以弥补火电机组爬坡速度慢的劣势，实现火电机组灵活性改造。同时，火电厂也可以根据实际情况进行调节，共同维持电网频率在合理范围内，提高电网的稳定性，降低传统火电厂的调节压力，节约能源和减少碳排放。

国家能源局此前颁布的《发电厂并网运行管理规定》等文件，为火储联合调频项目确立了补偿机制，推动火电厂开展储能调频业务，并鼓励其参与电网调峰调频。随着电化学储能调频项目数量的不断增加，火电站配置电化学储能以提供调频等辅助服务，已成为最具经济性的储能应用模式之一。由于其具有投资成本低、运行成本低等特点，可作为电网调峰备用或应急备用方式而广泛应用于电力系统中。因此，未来火储联合调峰调频将是电网企业参与调频辅助、服务市场竞争的主要方向。对于规模较大、自我调节能力较强的火力发电机组，经过储能

配置的改造后将会获得可靠的收益。

（二）电网侧储能应用

电网侧储能是电力系统中重要的组成部分，具有调节系统运行方式和优化电能质量等作用。通过快速响应储能系统可以进行频率和功率调节，帮助电网系统维持稳定的电压和频率，在短时间内提供或吸收电力，以应对突发的负荷变化或电力波动，提高电网的可靠性和稳定性。同时，储能系统可以在输电线路中存储电力，并在需要时释放，降低电网扩容的成本和减轻对环境的影响，提高输电线路的容量和效率。

电网侧储能应用于输配电领域，作为电网中优质的有功（无功）调节电源，它的主要功能是增强可再生能源电力消纳能力，有效提高电网安全运行水平，实现电能在时间和空间上的负荷匹配。2021年，《发展改革委　能源局关于加快推动新型储能发展的指导意见》提出，将电网替代性储能设施的成本收益纳入输配电价回收，为储能成本的疏导提供了政策上的发展空间。电网侧储能采用的经营模式主要是租赁，通过出租容量或者发电量，向电网公司支付租赁费用，等到租赁期满，该部分资产移交给电网公司。对于条件好的地区电网租赁费用较高，电网侧储能项目可获得较好的经济效益，因此这些地区对电网侧储能的需求较大。

电网侧储能主要有调峰、调频以及减轻电网阻塞调峰等作用，利用储能来实现用电负荷"削峰填谷"（当用电负荷处于低谷时，储能电池进行充电；而当用电负荷处于高峰期时，储能电池将储存的电量释放出来），以实现电力生产与消纳的均衡。目前，我国已建成了大量的智能电网示范工程，其中大部分采用了电力储能技术。电力系统的电网侧储能模式主要包括共享储能和独立储能等。

共享储能，即通过将电源、电网和用户三个方面的储能资源整合起来，以电网为中心进行优化配置，实现了全网共享的储能模式，不仅可以为电源和用户提供储能服务，还可以根据需要灵活调整运营模式。共享储能是由第三方或厂商负责投资、运维，并作为出租方将储能系统的功率和容量以商品形式租赁给目标用户的一种商业运营模式。共享储能有助于加快储能商业化进程。在共享储能模式下，业主不需要承担建设储能电站成本，只需每年支付租赁费，有利于减轻一次性投入的资本开支，缓解资金投资压力。共享储能电站一般单体规模较大，具有较强的电网调度指令的响应能力，在电力现货市场、调峰调频市场中具有较强的竞争力。同时，如果考虑容量租赁和调峰辅助服务的收益，共享储能电站能够获得较好的经济收益，有利于推动源网荷各端储能的投入。

独立储能是一种允许独立市场主体地位的发展模式，其主要收益来源包括容量租赁费和调峰调频等费用，这些收益是决定独立储能项目可持续发展至关重要的因素。独立储能电站的收益模式主要有共享租赁、现货套利、容量电价补偿，独立储能电站的经济性可观。例如，根据山东电力工程咨询院的计算的数据，2022 年，规模为 100 兆瓦/200 兆瓦时的独立储能电站预计每年将获得约 2000 万元的现货套利、约 3000 万元的共享租赁收益，以及约 600 万元的容量电价收益。当总投资约 4.5 亿元、融资成本为 4.65% 时，预计独立储能项目将获得超过 8% 的资本回报。在各地政策的推动下，独立储能电站已经形成了相对稳定的商业模式，"现货市场+辅助服务+容量补偿"的收入模式带动国内储能行业可持续发展。

（三）用户侧储能应用

在用户侧，利用储能技术进行"削峰填谷"可以获得一定的收益，从而有效降低容量电费的开支，同时也能提高电网运行效率和安全性。用户侧储能可对实时电价进行调整，以满足电力需求，提升电力品质和电力供应的可靠性。储能系统可以与分布式光伏发电和风力发电等电力能源集成，在微电网中提供电力存储和调度功能，提高微电网的独立性、稳定性和可持续性。通常储能与分布式能源系统相匹配，分布式光伏发电、分布式风电与储能配合在配电系统中可实现平衡调节，它以用户自发自用、余电上网的方式在用户附近建设，以满足用户的需求。针对不同的应用场景，用户侧的储能方式可分为工商业储能和户用储能两类。我国用户侧储能主要以工商业储能为主。

工商业储能在电网末端是重要的调节资源，是分布式能源体系的重要支撑部分。工商业储能可以平抑电网的峰谷，实现区域电网的调峰调频，具有非常重要的应用价值。用户侧储能最主要的收益来源为峰谷电价套利，峰谷价差大小显著影响其经济性。在用电低谷时利用低电价充电，在用电高峰时放电供给用户；用户可以节约用电成本，同时避免了拉闸限电的风险。2021 年 7 月，《国家发展改革委关于进一步完善分时电价机制的通知》发布后，各省份相继出台完善分时电价机制的相关政策，使峰谷电价价差拉大。通常认为，0.7 元/千瓦时的峰谷价差是用户侧储能实现经济性的门槛价差，2022 年有 16 个省份的工商业峰谷价差超过 0.7 元/千瓦时。对于投资商来说工商业储能已具备经济性，在盈利线达到 0.7 元/千瓦时以上，工商业储能可通过峰谷价差套利。2022 年 6 月 7 日，《国家发展改革委办公厅 国家能源局综合司关于进一步推动新型储能参与电力市场和调度运用的通知》提出，通过适度提高峰谷价格差异，为用户侧储能提供更多发展空间。随着峰谷电价差距拉大，工商业储能的经济性将逐步提高，该领域的商

业模式发展得越来越完善。

工商业储能主要有三大应用场景。一是工厂与商场：工厂和商场根据用电习惯安装储能，通过"削峰填谷"进行需量管理，能够降低用电成本，并充当后备电源应急。二是光储充电站：光伏发电自发自用、余量供给电动车充电站，储能可平抑大功率充电站对于电网的冲击。三是微电网：微电网具有可并网或离网运行的灵活性，主要有工业园区微网、海岛微网、偏远地区微网等，储能可起到平衡发电供应与用电负荷的作用。除了以上三种应用场景以外，工商业储能积极探索融合发展新场景，目前，工商业储能出现了新型应用场景，如数据中心、5G 基站、换电重卡、港口岸电等。

户用储能通常采用分散布局、就近利用的方式，与户用光伏系统协同安装，以实现高效的能源利用。它是一种低成本、大容量、长寿命的新型储能技术，具有较好的经济效益和社会效益，装机规模较小，一般为 10 千瓦的下级单位，户用储能产业链成熟，便于推广。未来，户用储能的发展潜力巨大，在高电价、电网稳定性较差的地区，用户可以通过户用储能系统实现用电成本的大幅降低，同时保障用电的稳定性；此外，对于电网企业而言，可以实现"削峰填谷"作用，提升经济效益。在电力系统中，户用储能和大型储能互为补充，以适应分散的电力需求和资源分布，从而降低输配电成本和损耗，提高可再生能源的消纳能力。

在稳定的价格机制下，储能可参与电力现货市场、电力辅助服务市场、中长期市场和容量市场，通过参与多种品种的交易，最大限度地发挥其容量和电量价值，实现多重价格收益，从而形成可持续发展的商业模式。

第四节　储能行业发展的支持政策

储能在电力运行中可发挥调峰、调频、爬坡等多种作用，是构建新型电力系统的重要组成部分。近年来，我国出台了一系列促进储能及其行业发展的相关政策，激励储能行业扩大装机规模和投资规模，支持储能参与电力市场，促进可再生能源电力配储，完善调度运行机制，保障储能配置主体的合理收益，促进储能行业持续发展。

一、促进储能行业发展的相关政策

自 2010 年以来，我国可再生能源发电装机容量快速增长，并超过了电网的消纳能力，弃风弃光的问题也逐步凸显。为了解决可再生能源的并网消纳问题，国家开始出台支持储能发展政策，2014 年出台的《能源发展战略行动计划（2014-2020 年）》首次将储能列为 9 个重点创新领域之一。2016 年，国家能源局发布《能源局关于促进电储能参与"三北"地区电力辅助服务补偿（市场）机制试点工作的通知》，首次将储能与电力市场改革结合起来。储能作为电力跨时调节的关键技术被列入国家战略规划之中，其中包括《"十三五"国家战略性新兴产业发展规划》①、《能源技术革命创新行动计划（2016-2030 年）》② 等。储能行业指导意见及发展计划也相继出台，从政策层面明确了储能行业先从研发示范到商业化初期、从商业化初期到大规模发展两个阶段的发展目标；并提出要强化先进储能技术的研发、推动电力体制改革、健全电力市场化交易机制。

　　"双碳"目标确定后，为了促进储能行业发展，国家出台了针对储能技术和储能行业发展的具体目标。2021 年，《发展改革委　能源局关于加快推动新型储能发展的指导意见》提出，要大力推进电源侧储能项目建设，充分发挥大规模新型储能的作用，推动多能互补，规划建设跨区输送的大型清洁能源基地，提升外送通道利用率以及通道可再生能源电量占比。而后，国家出台多项储能政策文件以支持可再生能源发电并网消纳，促进可再生能源产业可持续发展。《国家发展改革委关于进一步完善分时电价机制的通知》提出，进一步拉大峰谷价差，为储能创造盈利空间。2021 年 10 月，《中共中央　国务院关于完整准确全面贯彻新发展理念做好碳达峰碳中和工作的意见》提出了加速推进抽水蓄能和新型储能的规模化应用，同时加强电化学和压缩空气等新型储能技术的攻关示范和产业化应用。同年同月，在《2030 年前碳达峰行动方案》中，提出到 2025 年实现新型储能装机容量超过 30 吉瓦的发展目标。2022 年 3 月，国家发展和改革委员会、国家能源局联合印发了《"十四五"新型储能发展实施方案》，计划在 2025 年前促进新型储能从商业化初期向规模化发展阶段过渡，明确新型储能独立市场的主体地位。这为地方政府制定具有针对性的储能产业政策提供了支持，同时也提高了储能行业投资的可靠性。

　　储能参与电力市场的渠道在不断畅通。随着可再生能源渗透率的提高以及电网调峰能力的提升，储能逐渐成为未来电力系统不可或缺的重要组成部分。在国家发展和改革委员会、国家能源局联合印发的《"十四五"现代能源体系规划》中提出了促进新型储能参与各类电力市场的措施，进一步完善了适用于新型储能

---

① 国务院印发《"十三五"国家战略性新兴产业发展规划》。
② 国家发展和改革委员会、国家能源局联合印发《能源技术革命创新行动计划（2016-2030 年）》。

的辅助服务市场机制。在 2022 年 6 月《国家发展改革委办公厅　国家能源局综合司关于进一步推动新型储能参与电力市场和调度运用的通知》中提出，新型储能作为独立的能源储备参与电力市场，以推动能源的可持续发展。《电力现货市场基本规则（试行）》和《电力现货市场监管办法》的发布标志电力现货市场落地进程加速，电力市场改革进一步加快，有助于储能在电力系统中的商业模式创新和发展。

为了推动储能商业化进程、丰富储能商业化盈利渠道，各省份纷纷出台新型储能补贴政策等。在 2023 年上半年，国家和各省份一共出台了 325 项与储能产业相关的政策，这些政策包括电价与市场交易、储能补贴、新能源储备及建设规划等，各地方政府根据当地情况，以装机容量、装机规模等为基准，按实际放电量给予投资方资金补助、运营补助、技术支持等，推动储能市场发展。

储能是国家能源革命战略的需要，也是可再生能源系统、智能电网的重要组成部分。我国在开放的市场中制定适宜的政策，为储能产业的发展提供了重要的支持。国家对于储能领域政策的顶层设计，激励了储能产业的技术革新和市场应用，不仅为储能投资者指明了方向，还有力地推动了储能产业的规模化、商业化发展，对我国节能减排以及提高能源利用效率具有重大意义。

二、可再生能源配储的相关政策及其成效

储能是建设新型电力系统，促进能源绿色低碳转型的重要设备基础与核心技术。加速储能设备系统的建设、促进可再生能源电力与储能的协同发展，是当前国内外研究的热点问题。2017 年 11 月，国家发展和改革委员会、国家能源局联合印发《解决弃水弃风弃光问题实施方案》，要求尽快解决"三弃"问题，重视可再生能源电力消纳工作。为进一步解决"三弃"问题，大力发展可再生能源配储技术与应用成为有效的解决方案之一。同年，青海省发改委印发《青海省2017 年度风电开发建设方案》，明确提出规划 2017 年度中开发的风电场项目要按照风电项目容量的 10% 配套建设储能设备。2019 年，我国首个真正意义上的"风电+储能"项目——"鲁能海西州多能互补集成优化示范工程"投入运行。

可再生能源电力在电力市场中所占比例的提升，对电力系统的供电稳定性提出了更高的要求。可再生能源电力在电力市场中占比达到15%以上时，为了缓解高峰时期的电力供应压力，必须利用储能技术来"削峰填谷"，以缓解高峰供电压力，这就要求大规模、系统性地为可再生能源配备储能。自 2018 年《国家发展改革委关于创新和完善促进绿色发展价格机制的意见》被发布以来，我国正在

逐步完善峰谷电价差、辅助服务补偿等市场化机制，储能配置为电力市场的消纳和稳定提供助益，也为实现电力市场化交易的绿色发展奠定基础。为了完善可再生能源电力消纳机制，从2020年起，政府制定了一系列储能发展的政策和指导意见，明确提出了要建立健全可再生能源电力消纳长效机制，推动送端地区实现全网优化配置水电、风电、光伏和储能等电源，鼓励多元化的社会资源投入储能项目的建设之中，有效提升电力系统的调节能力；推动储能技术的广泛应用，鼓励在电源端、电网端和用户端采用储能技术，提高可再生能源电力的利用效率。各省份进一步明确了储能配置的规模和时长要求，地方政策一般都是按照5%~30%的不同比例对可再生能源项目进行强制性的配储。

2021年3月，十三届全国人大四次会议通过的《中华人民共和国国民经济和社会发展第十四个五年规划和2035年远景目标纲要》中提出，加快抽水蓄能电站建设，推进新型储能技术大规模推广和应用。"十四五"时期，可再生能源面临新的形势、新的需求和新的挑战，要在"十三五"跨越式发展的基础上，进一步实现"高质量跃升发展"。为了促进可再生能源配置储能、减轻可再生能源电力对电网消纳能力的冲击，2021年8月10日，《国家发展改革委 国家能源局关于鼓励可再生能源发电企业自建或购买调峰能力增加并网规模的通知》（发改运行〔2021〕1138号）提出，要推进可再生能源发电端的储能技术应用，鼓励发电企业通过自建或购买调峰能力适当承担消纳责任，扩大并网规模，减少弃电量。在发电成本中明确相关费用，从而促进我国储能技术的推广需求由政策引导向市场收益引导转变。2021年9月，国家能源局发布《新型储能项目管理规范（暂行）》，规范了新型储能的规划、备案、建设、并网运行和监测要求，以确保新型储能项目的质量安全。在国家政策的指导下，各地因地制宜地推出强制配储政策，促进可再生能源配置储能，依据可再生能源发电装机规模配备一定规模的储能，形成对储能装机的刚需。大部分地区配储比例为8%~30%，一般配置时长为1~2小时，最高可达4小时。

在这些政策的支持下，2021年我国储能装机规模达到4266万千瓦，其中，新型储能装机规模626.8万千瓦，同比增长56.4%，新型储能中90%为电化学储能；电源侧、用户侧、电网侧储能装机规模占比分别为49.7%、27.4%、22.9%，电源侧储能占比接近一半①。各省份规划的新型储能发展目标合计超过

---

① 资料来源：中电联发布的《新能源配储能运行情况调研报告》。

6000 万千瓦，是国家能源局提出的"2025 年达到 3000 万千瓦目标"[①] 的两倍。各省份大力支持电源侧储能投资和建设，其中独立储能的投资需求在不断增加。

为了促进新型储能参与电网辅助服务，鼓励发展独立电站新商业模式。2022 年以来，国家明确大力发展新型储能电站，各省份纷纷制定政策要求可再生能源强制配储，并给予储能电站补贴。2022 年 1 月 29 日，国家发展和改革委员会、国家能源局联合发布《"十四五"现代能源体系规划》，提出要加快发展能源产供储销体系，提高可再生能源电力的配置能力，加强可再生能源配置储能，提升能源供应能力弹性。2022 年 5 月，国家发展改革委办公厅、国家能源局综合司发布《关于进一步推动新型储能参与电力市场和调度运用的通知》；2022 年 6 月，国家发展和改革委员会、国家能源局等九个部门联合印发了《"十四五"可再生能源发展规划》，明确了新型储能可作为独立储能参与电力市场，加快推动独立储能参与电力市场配合电网调峰，充分发挥独立储能的技术优势来提供辅助服务。2022 年 11 月，国家能源局发布《电力现货市场基本规则（征求意见稿）》，提出促进电力现货市场建设，推动储能、分布式发电、负荷聚合商、虚拟电厂和新能源微电网等新兴市场主体参与交易。

随着我国可再生能源发电量在电网中所占比例的不断提高，"可再生能源+储能"模式对电网运行的影响日益凸显，发挥的作用也越来越大。目前，全国已有近 30 个省份出台了"十四五"新型储能规划或可再生能源配置储能文件，补贴形式有一次性补贴，也有按投资额比例、年利用小时数、实际响应与申报响应比值补贴等多种形式，有力地推动"可再生能源+储能"产业发展。

第五节　我国储能行业发展存在的问题

随着我国储能行业的快速发展，其运行过程中的一些问题也逐渐凸显。例如，目前可再生能源发电企业的配储费用大部分由企业自身来承担，这对企业造成了一定的压力。为了降低成本，一些可再生能源发电企业会选择使用性能不佳但初始成本较低的储能产品[②]。从利用效率来看，装机规模大的电源侧储能反而

---

① 资料来源：《发展改革委　能源局关于加快推动新型储能发展的指导意见》（发改能源规〔2021〕1051 号）。

② 资料来源：毕马威中国、中国电力企业联合会发布的《新型储能助力能源转型》。

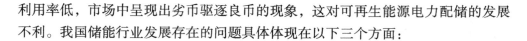

利用率低，市场中呈现出劣币驱逐良币的现象，这对可再生能源电力配储的发展不利。我国储能行业发展存在的问题具体体现在以下三个方面：

一、储能市场价格机制不完善

虽然我国部分储能技术在国际上处于领先地位，但是由于市场机制不够完善，未建立起相应的成本疏导途径，储能建设运行成本不能通过输配电价疏导，成本多由可再生能源电站承担，出现储能价值与收益的补偿不合理等问题。虽然我国已探索建立新型储能容量电价机制，但是尚未出台国家层面统一的新型储能容量电价政策。目前，我国储能成本高，储能发展主要依靠政府补贴，缺乏长期激励机制，电力市场下储能项目的商业化运作效果有限，仍未形成较为有效的储能市场化运营模式。虽然从电力现货市场试点的省份实际用电情况来看，电价差异有进一步加大的趋势。现货电价差异的拉大有利于提升用户投资储能的积极性，但也给用户投资收益带来更大的不确定性。

我国电力市场缺乏成熟的竞争机制，导致电力辅助服务价格难以确定，储能系统的价值和收益之间不对等，从而削弱了相关企业和机构的投资和研发积极性。辅助服务的价格机制未能充分体现新型储能的作用，即使参与其中，也只能勉强达到盈亏平衡或者获得微薄利润。并且，储能行业作为新兴产业，在国家大力推动新型储能发展的时期，产业的准入规则还不明晰。目前，大多数用户侧储能未参与电力需求响应和辅助服务，虽然政策允许共享储能参与需求响应，但是因缺少实施细则而难以落地；同时，由于缺乏独立的市场主体身份，用户侧储能不能独立建立户头，也不能反向送电。

在工商业电价较低的地区，用户侧储能已经初步实现了盈利。然而在其他应用场景中，缺乏有效的用户侧储能商业模式和市场机制，用户侧储能并未实现盈利，这使大规模推动用户侧储能投资建设的效果不佳。目前，用户侧储能主要还是以自发自用为主，用户侧储能系统还处于初期发展阶段，有待于进一步探索用户侧储能系统盈利模式，将多余的电量出售给电力系统，为用户提供更多的获益来源和利润空间。

二、强制配储下资源利用率低

2022 年，至少有 23 个省份出台了相关的政策，配建储能逐渐从可再生能源建设的前置条件转变为强制配储。由于储能装机成本由风光电站的投资方承担，可再生能源电站投资方更关注的是储能项目能否通过并网验收，而不是配建储能的应用效果，因此为了能顺利进行电站安装而采购成本相对低廉的储能装置，引起储能装置质量参差不齐、管理使用模式差别大，可再生能源配储实际运行效果不如预期，难以保障并网效果。对于单个可再生能源发电企业配置的储能或调峰设施，因规模小难以产生规模效应，在运营过程中出现运营成本高、效率低等问题。中国电力企业联合会（以下简称中电联）发布的 2022 年度电化学储能电站行业统计数据显示，发电侧储能中可再生能源配储运行情况远低于火电配储，平均运行系数仅为 0.06（日均运行 1.44 小时，年均运行 525 小时）、平均利用系数仅为 0.03（日均利用小时数为 0.77 小时，年运行小时数为 283 小时）。同时，由于储能装机成本是电站投资方的成本增量，不但没有带来实际的收益增幅，反而抑制了投资方对风电、光伏电站的投资热情。

可再生能源电力配储在推动储能市场发展的同时，也加重了发电企业的负担。2021 年 8 月 10 日，国家发展和改革委员会、国家能源局发布《关于鼓励可再生能源发电企业自建或购买调峰能力增加并网规模的通知》，激发了可再生能源发电企业配置储能和调峰资源的积极性。但是可再生能源发电企业配置储能设施或者调峰资源增加了企业固定成本，且这部分成本缺乏回收途径，增加了企业负担。同时由于缺乏相关配套的激励措施，导致市场主体参与储能项目建设的积极性不高，不利于储能产业的可持续发展。

由于储能种类繁多、功用不一、技术成熟度和经济性差异大，目前，各地对可再生能源配置储能通常采取"一刀切"的方式，没有充分考虑到项目在自然资源条件方面存在差异性，造成储能利用率低、经济性差。这在一定程度上会造成储能设备浪费，不利于储能高质量发展。根据中电联 2022 年的调研数据，电化学储能项目实际运行效果较差，平均等效利用率仅 12.2%。其中新能源配储能的利用率仅为 6.1%，火电厂配储能利用率为 15.3%，电网侧储能利用率为 14.8%，用户储能利用率为 28.3%[①]。强制配储的前期投入为沉没成本，储能项目的经济成本高，造成了廉价低质储能泛滥、配储利用率低、调度可用性差等问题。

三、商业模式和盈利机制发展滞后

当前，我国储能正处于由商业化初期走向规模化发展的关键时期，储能产业体系也逐渐向成熟阶段发展。我国新型储能还没有形成稳定的商业模式，无论是可再生能源配储，还是新型储能介入辅助服务市场，均受政策影响较大。储能产

[①]　资料来源：中国电力企业联合会发布的《新能源配储能运行情况调研报告》。

业的商业模式单一，主要依赖于政府补贴和项目投资，市场化机制发展滞后。可再生能源配储能收益主要来源于电能量转换与辅助服务，电价峰谷差不够显著，辅助服务价格也不高，导致储能收益难以保障。这种模式不仅增加了储能产业的风险，也限制了储能产业的可持续发展。

储能市场的应用主要集中在电网调峰、可再生能源并网等领域，储能项目的投资回报率低，可再生能源配储投资无法满足收益率要求，投资回报机制模糊，难以吸引更多的社会资本进入。目前，仅有15%在运行的新型储能电站获得了辅助服务市场准入资格，例如，山东现货市场允许新型储能电站参与电力现货市场，这意味着大多数储能电站缺乏成本回收渠道。此外，传统储能企业的盈利模式单一，无法满足市场对多元化能源利用方式的需求，也不利于促进储能技术的发展与推广。考虑到用户侧储能成本较高，且仅依靠电价峰谷套利难以独立参与电力市场进行竞争，也难以在消纳可再生能源电力时获得利润。因此，我国需要积极探索新型的储能商业模式，以降低企业投资储能成本并扩大盈利渠道。

第六节　对策建议

基于我国储能行业存在的问题，如储能市场价格机制不完善、强制配储下资源利用率低、商业模式和盈利机制发展滞后等，本章提出以下对策建议：

一、完善储能市场价格机制

1. 明确储能参与电力市场主体身份

做好顶层设计，建立储能参与各类电力市场的准入条件、交易机制和技术标准，以促进储能进入和参与电力市场，开展中长期交易、现货和辅助服务等。在此基础上，进一步加大对储能技术研发、推广应用的支持力度，提供税收优惠、资金扶持等激励措施，增加对储能技术的研发投入，尤其是重点突破关键技术难题，提升储能装置的性能和降低成本；规范储能和电力系统协同发展的监管体系，建立健全储能领域的法律法规体系，规范产业秩序；建立因地制宜的"按效果付费"电力辅助服务补偿机制，进一步深化电力辅助服务市场机制，积极推动储能作为独立市场主体参与辅助服务市场，鼓励探索建设共享储能。

2. 建立市场导向的电力市场配储机制

在储能的购电价格、放电价格、输配电价格以及结算方式等方面，政府应当充分考虑储能所带来的稳定性和环境效益，制定个性化的交易电价政策，为储能创造更多的收益来源。优化储能服务市场算法规则和储能调用机制，通过深化电力体制改革，探索储能参与碳市场和绿证市场的机制，疏解储能成本压力。厘清新型储能并网需求，形成可预期的收益模式和保障机制，建立保障新型储能盈利的长效机制，完善电能量市场、辅助服务市场等机制，以价格信号激励市场主体对储能资源进行自发配置，引导社会资本参与新型储能建设。在经济基础较为雄厚、市场化程度较高的地区，探索和实施储能容量电费机制，建立储能容量市场，从而灵活地调节电力资源的容量。进一步理顺峰谷电价和储能电价政策，针对不同地区的峰谷电价差异，引导用户合理用电并积极参与调峰，助力电网"削峰填谷"，吸引社会资本进行储能投资。

健全可再生能源发电调度运行约束机制，实现对可再生能源发电计划执行情况的全过程监督检查。优化"储能+分散式发电"市场交易机制，规范交易流程，扩大交易规模。完善可再生能源在现货市场中的参与机制，充分发挥其在实时市场中的作用，以实现日内市场的最大化。加强能源互联网建设，建立完善的电力辅助服务补偿和分摊机制，以体现对调峰、储能等灵活资源的市场价值调节，从而推动区域电网内调峰和备用资源的共享。基于新型储能电站系统共享和多方获益的特点，理顺各类灵活性电源电价机制，按照"谁受益、谁分担"的原则承担相应的容量成本，建立合理的成本分摊和疏导机制，推动各类市场主体共同分摊储能建设成本，促进新型储能、抽水蓄能等各类灵活性资源合理竞争。

二、促进储能政策与市场机制有序衔接

为促进储能产业的蓬勃发展，国家和各级政府出台了一系列政策，要确保政策与市场机制的协调一致性，加强政策的有效性，促进储能和调峰资源的协调发展，实现政策的有效实施与完善的市场机制有机结合，激发市场活力，加强监管。要建立配套激励措施，实现可再生能源配储成本的合理回收，促进市场参与者积极参与储能项目建设。完善可再生能源在电力市场中的交易规则，消除市场和行政上的障碍，建立一个能够充分反映可再生能源环境价值并与传统电源公平竞争的市场机制。

可再生能源配储政策应因地制宜，实事求是地对可再生能源项目所配置储能种类和规模进行科学规划，应综合考虑各区域可再生能源电力消纳情况、资源特性、网架结构和负荷特性，根据地方电力电量平衡对灵活性资源进行合理布局，以免盲目投资造成储能资源浪费。加快推进可再生能源配额市场化改革，构建以

"碳排放权"为核心的配额分配模式，健全可再生能源配额制度，建立统一开放、竞争有序的电力交易市场体系，促进电力能源结构多元化发展。推进可再生能源与电力消纳责任主体达成长期购售电协议，促进受端市场用户积极参与跨省域可再生能源交易。通过风光火储一体化模式加快推动新型储能系统示范应用，加强源网荷储一体化协调发展，鼓励建设集中式共享储能设施。

三、优化可再生能源电力配储和运行方式

根据各地可再生能源电力消纳和资源特性、网架结构、负荷特性、电网安全等实际情况，因地制宜地确定可再生能源电力配置储能规模和形式，充分利用储能，避免资源浪费。统筹区域内可再生能源电力、电网安全运行情况，建设独立储能或共享储能电站，优化电力系统运行、提高储能设施利用率。在可再生能源大基地、分布式可再生能源电力聚集区域，配置和集中建设储能电站，实现可再生能源发电项目共享储能容量、分摊储能费用。

坚持创新引领，加快攻关适应大规模高比例可再生能源并网的储能、源网荷储衔接等关键技术和核心装备技术，以应对可再生能源电站的不稳定性。进一步优化"可再生能源+储能"的设施运行机制，建立"统一调度、共享使用"的协调运行机制，对于已建的可再生能源电力配储设施，进行独立储能和共享储能的改造，充分发挥储能促进可再生能源电力消纳、调峰调频、功率支撑等作用，提高可再生能源电力配储的利用效率。同时，优化可再生能源电力配储的并网运行策略，在满足电网调度要求的条件下，避免设备使用次数不均衡和设备频繁操作，延长储能设备寿命，提高可再生能源电力配储的经济性。

四、创新储能多元化商业模式及盈利机制

面对电网调峰调频、电网安全等多重挑战，需要整合发电侧、电网侧、用户侧三个方面的资源，以促进源网荷的储能能力的协同与释放，创新储能商业模式；利用产业园区、数据中心、5G基站等应用场景，构建虚拟电厂、租赁储能、共享储能等新兴业态，以适应新型电力系统的多元化需求。通过示范项目和试点工程，推动储能技术的商业化应用和普及。充分考虑新型储能成本和系统融合问题，因时制宜、因地制宜地选择适合区域的新型储能商业模式。通过能源服务、租赁服务等鼓励企业探索储能领域新的商业模式，创新储能盈利模式，降低储能项目的投资风险，提升储能产业的可持续发展能力。

加强和规范储能行业准入门槛，提升储能项目建设运维能力，挖掘释放新型

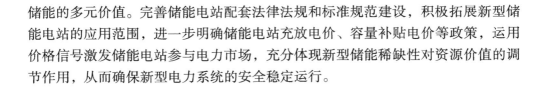

储能的多元价值。完善储能电站配套法律法规和标准规范建设，积极拓展新型储能电站的应用范围，进一步明确储能电站充放电价、容量补贴电价等政策，运用价格信号激发储能电站参与电力市场，充分体现新型储能稀缺性对资源价值的调节作用，从而确保新型电力系统的安全稳定运行。

第四章　我国可再生能源支持政策及经验启示

经过 20 多年的发展，我国可再生能源电力在市场规模、制造能力、技术水平等方面均取得了举世瞩目的成就。我国可再生能源电力装机规模从 2004 年的 1 亿千瓦到 2022 年的 12 亿千瓦，可再生能源电力装机规模和发电量大幅增长，水电、风电、光伏发电、生物质能发电的装机规模均稳居世界第一。其中，风电、光伏发电装机容量快速增长，到了 2022 年，我国风电和光伏发电装机容量合计达到 7.58 亿千瓦，是 2010 年的 19 倍。在可再生能源政策的支持下，我国可再生能源电力实现了跨越式发展，可再生能源发展经历了从政策扶持到市场驱动的过程，目前形成了完备的可再生能源技术产业体系。

随着我国提出"碳达峰、碳中和"的发展目标，可再生能源电力将进入快速发展阶段，并逐步在电力能源结构中占据主体地位。本章通过研究国内外可再生能源政策和市场机制设计，分析可再生能源支持政策及其成效，探究促进可再生能源发展的经验和启示，推进可再生能源大规模、高比例、市场化、高质量发展。

第一节　我国可再生能源政策发展历程及成效

制定完善的可再生能源法规和相关政策，是我国电力能源结构优化和可再生能源发展的关键。在可再生能源电力不同的发展阶段，我国的可再生能源政策目标、具体路线和措施呈现出明显的差异。在不同发展阶段，可再生能源电力面临的主要矛盾不同，相关政策的目标、实现路线和措施也要进行相应调整，这促进了我国可再生能源电力的快速发展和电力能源结构绿色转型。

我国水资源丰富，水力发电在可再生能源电力中开发最早，长期占主体地位。我国水电建设取得显著成果，拥有许多世界先进的水电技术。2005 年，我国颁布可再生能源法后，风力发电、光伏发电和生物质能发电开始逐渐发展起来。此后，国家又颁布了一系列促进可再生能源发电的政策和措施，风力发电、光伏发电和生物质能发电的装机容量呈现不断增长趋势，但是其发电装机规模仍然较小，2010 年，三者在可再生能源总装机容量中占比仅为 17.19%。2016 年以来，风力发电、光伏发电和生物质能发电装机容量快速增长，其中，光伏发电装机容量增长最快。2019 年，三者在可再生能源总装机容量中的占比已达到54.98%。到了 2022 年，三者在可再生能源总装机容量中的占比已达到 65.91%，而水电装机容量在可再生能源总装机容量中的占比降低为 34.09%（见图 4-1）。在可再生能源发电政策的激励下，我国可再生能源电源结构在不断优化。

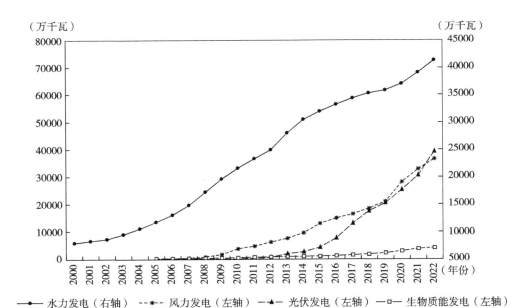

图 4-1　2000-2022 年水力发电、风力发电、光伏发电和生物质能发电的装机容量

资料来源：中电联电力工业统计资料汇编，中电联 2022 年全国电力工业统计快报。

基于我国可再生能源支持政策的实施，本书把可再生能源电力发展划分为三个阶段：2010 年之前是我国可再生能源电力发展初期阶段，即开发建设阶段，可再生能源发电主要以水电为主；2011—2019 年是可再生能源电力的成长阶段，即规模化发展阶段，其中，风电和光伏发电快速发展；2020 年以来是可再生能源电力高质量发展阶段，其中，风电、光伏发电和生物质能发电都得到大力发展，尤其是光伏发电增长迅速，成为电力能源结构中的重要组成部分。下面从这三个阶段对可再生能源支持政策及其成效展开分析。

一、开发建设阶段（2010 年以前）

可再生能源电力开发建设推进阶段主要是指 2001—2010 年。在可再生能源电力发展初期，以电价补贴为核心的激励政策起到了重要作用。在这个阶段，我国经济实现高速增长，对能源需求大于供应，电力等优质能源供给不足。基于我国能源资源禀赋，能源消费以煤炭消费为主，电力消费中以燃煤火电为主。随着化石能源消费量的不断增加，环境污染的压力与日俱增。在这个阶段，我国面临着能源供给不足和环境污染严重的严峻问题，政府出台了系列政策，支持可再生能源产业发展，促进以清洁的可再生能源替代高污染的煤炭等化石能源。

（一）可再生能源法和激励政策的制定

2005 年制定并于 2006 年 1 月 1 日正式实施的《中华人民共和国可再生能源法》（以下简称《可再生能源法》）对于可再生能源产业具有里程碑意义。《可再生能源法》提出了包括总量目标制度、强制上网制度、分类电价制度、费用分摊制度和专项资金制度在内的五种基本制度。以《可再生能源法》为基础，我国又出台了诸多政策，如《可再生能源发电价格和费用分摊管理试行办法》《可再生能源发电有关管理规定》《可再生能源产业发展指导目录》《可再生能源发展专项资金管理暂行办法》《可再生能源中长期发展规划》《可再生能源发展"十一五"规划》等。2006 年，我国确定了可再生能源种类（分类）管理目录，规定了太阳能、风能、水能、生物质能等七大类可再生能源。同年，财政部出台了太阳能、风能等可再生能源发电补贴政策，同时还推出了地热能产业和生物质能产业的专项补贴政策。这些政策构成了我国可再生能源政策体系，推动了风电、光伏发电、生物质能发电等可再生能源发电的发展。同时，国家还建立了可再生能源发展专项资金，通过中央财政预算安排，支持可再生能源和新能源的技术推广、产业化应用、生产建设等。

我国相继出台的《可再生能源法》《可再生能源中长期发展规划》等法律法规和措施，改变了可再生能源法规制度不健全的局面，初步建立了可再生能源发展的资金支持和费用分摊机制，使可再生能源发电市场运作有章可循。2009 年，我国对《可再生能源法》进行修订，在原有基础上，进一步确定了对可再生能源发电全额保障性收购制度，以及国家设立可再生能源发展基金等制度。同年，国家第一次公布了"到 2020 年非化石能源占一次能源消费比重达到 15%"的目标，这一目标明确了我国可再生能源的发展定位，成为我国可再生能源的中期发展目标；之后相继出台了《国家发展改革委关于调整西北电网电价的通知》（2009）（发改价格〔2009〕2921 号）。同时，国家发布中长期计划指导可再生能源发电企业制定企业长期生产目标，鼓励可再生能源发电企业不断提升技术水平，引导可再生能源发电企业发挥产业示范作用，规范专项资金征收、管理、使用和监督流程。

（二）可再生能源电力发展成效和问题

在此阶段，我国可再生能源电力以水电为主，从 2001 年到 2010 年，水电装机容量从 7935 万千瓦增加到 21606 万千瓦，水电发电量从 2774 亿千瓦时增加到 7222 亿千瓦时。2010 年，水电装机容量在电力总装机容量中占 22%，在可再生能源总装机容量中占 82.81%，水电发电量在可再生能源总发电量中占 90.67%。在其他可再生能源电力中，风电发展较快，风电装机容量从 2001 年的 38 万千瓦增加到 2010 年的 3850 万千瓦。2005 年，我国实施了风电特许权招标，有许多开发商和设备制造商积极参与投标，建立了相对稳定的风电投资市场。在风电的招标过程中政府梳理了全国风电资源潜力和开发布局。这促进了我国风电的持续发展，2010 年，风电在可再生能源总装机容量中占 14.76%，在全社会电力总装机容量中占 3.98%。2009 年，我国首次公布了全国分区域风电标杆电价，根据各地风电资源情况把风电标杆电价在 0.51 元/千瓦时~0.61 元/千瓦时的区间分为四类。风电标杆电价的制定标志着我国风电进入了大规模开发阶段。在此期间，我国光伏发电处于起步阶段，光伏发电装机规模很小，到 2010 年光伏发电装机容量仅为 86.4 万千瓦。

在我国可再生能源电力建设发展阶段，可再生能源建设投入成本较高、投资回收期长且收益低。但同时，可再生能源的财政补贴效果显著，有效弥补了可再生能源企业在技术研发过程中由于高成本支出产生的资金缺口。通过可再生能源电价补贴和制定上网电价，激励风电、光伏发电等可再生能源行业发展。在此阶段，可再生能源发展主要面临两方面的问题：一是可再生能源技术开发和创新能力较弱；二是可再生能源政策体系不健全，还未形成长效的可再生能源发展激励机制。

二、规模化发展阶段（2011—2019 年）

可再生能源电力规模化发展阶段主要是指 2011—2019 年。在可再生能源规模化发展阶段，可再生能源政策由规模控制转向消纳责任引导。在这个阶段，随着我国经济持续高速增长，人口、资源与环境之间的矛盾显著，能源消费总量快速增加。我国面临着提高可再生能源消费占比、促进能源结构转型的艰巨任务，因此，我国提出了推动能源生产和消费革命的战略，并明确提出了到 2020 年实现非化石能源消费占比 15% 的目标。

（一）可再生能源规模化发展和消纳政策

在此阶段，为了加大社会资金对可再生能源电力领域的投入，我国实施了绿色能源示范县的资金补助，并出台了"金太阳示范工程"等支持政策。这些政策不仅指明了国家支持的方向，也有力地促进了可再生能源技术进步和产业化步伐。同时，国家还建立了明确的税收优惠政策，例如，风电、光伏发电和生物质发电被国家列入公共基础设施项目，在施行的增值税政策中，将风电和生物质能发电列入即征即退 50% 的征收范围；2013 年，我国将太阳能发电增值税也列入了即征即退 50% 的范围内，并将增值税优惠政策覆盖到了当时所有已产业化的可再生能源领域。[①]

2011 年我国公布了光伏发电上网电价，并于 2013 年根据光伏发电资源区情况将标杆电价细分为三类；2014 年出台了海上风电上网电价价格。同时，为明确我国各类可再生能源的发展总量和布局，我国在 2012 年公布了《可再生能源发展"十二五"规划》以及风电、太阳能等各个分项规划，这些政策是指导我国可再生能源发展的纲领性文件。在这个阶段，我国各类可再生能源电力快速增长，但是可再生能源发电规模的快速扩大造成了其并网消纳问题日益严重，补贴资金严重不足。此外，光伏产品的大量出口又引发了欧美的"双反"制裁，出口受阻促使我国积极开拓国内市场以消化过剩的光伏产能。因此，为了应对弃水、弃风和弃光等问题，我国出台了一系列相关政策。我国调整和完善相应财政补贴政策，相继出台《可再生能源电价附加补助资金管理暂行办法》（2012 年）、《国家发展改革委关于调整可再生能源电价附加标准与环保电价有关事项的通知》（2013 年）等法律法规，通过提高可再生能源电价附加来稳定市场的现金流，降低可再生能源上网成本；同时，调整可再生能源发电上网电价补贴政策，以引导可再生能源发电技术进步。随着可再生能源发电技术水平的不断提高，风

---

① 资料来源：《财政部国家税务总局关于光伏发电增值税政策的通知》（财税〔2013〕66 号）。

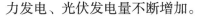

力发电、光伏发电量不断增加。

为了解决局部地区可再生能源发电并网消纳问题，2016 年 3 月，我国出台了《可再生能源发电全额保障性收购管理办法》；2016 年 7 月，我国公布了风电投资监测预警机制，明确提出在红色预警区域暂停风电开发建设等要求；2017 年，中央和地方先后出台《2017 年度推进电力价格改革十项措施》《关于促进西南地区水电消纳的通知》《解决弃水弃风弃光问题实施方案》等政策，以此来推进可再生能源电力消纳。

为了促使可再生能源摆脱财政补贴，形成市场竞争力，从 2017 年开始，我国政府加大了对可再生能源财政补贴的退坡降费力度，例如，2018 年出台了"竞价新政"——《国家能源局关于 2018 年度风电建设管理有关要求的通知》，以及光伏"531 新政"——《国家发展改革委 财政部 国家能源局关于 2018 年光伏发电有关事项的通知》；同时，从 2017 年起实施以绿色电力证书交易为载体的配额制政策；2019 年 5 月，正式发布了可再生能源配额制政策，即《国家发展改革委 国家能源局关于建立健全可再生能源电力消纳保障机制的通知》，明确提出对电力消费设定可再生能源电力消纳责任权重的要求。

由于长期对可再生能源实施补贴，我国可再生能源补贴缺口不断扩大，2019 年可再生能源电价补贴资金累计缺口达 3000 亿元。不断扩大的补贴缺口已经影响了可再生能源发电项目的经济效益和持续发展，补贴效率呈现下降趋势。为了缓解补贴资金不足问题，国家对可再生能源电价补贴进行"补贴退坡"。2015 年 12 月，国家发展改革委发布了《关于完善陆上风电光伏发电上网标杆电价政策的通知》，下调了风电、光伏电价；国家发展改革委又分别于 2016 年和 2017 年发布了《关于调整光伏发电陆上风电标杆上网电价的通知》和《国家发展改革委关于 2018 年光伏发电项目价格政策的通知》；2017 年，颁布了《三部门关于试行可再生能源绿色电力证书核发及自愿认购交易制度的通知》，引导全社会绿色消费，促进清洁能源利用；2019 年，发布了《国家发展改革委 国家能源局关于积极推进风电、光伏发电无补贴平价上网有关工作的通知》，鼓励满足不要国家补贴、执行煤电标杆电价两个条件的风电、光伏发电项目独立发展。

在这一阶段，我国出台的政策包括全额保障性收购制度、风电"竞价新政"、光伏"531 新政"、平价上网、"补贴退坡"、消纳责任权重、自愿性绿证系统等。我国政府陆续推出的政策中，最具有深远影响的政策是可再生能源配额制（RPS）和绿色证书制度，把市场化机制引入可再生能源电力发展。为了促进可再生能源电力发展，政府还发布《可再生能源发展"十二五"规划》和《可再生能源发展"十三五"规划》，向全社会推广和应用风电、光伏发电等可再生能源电力，包括"金太阳工程"、新能源示范城市、"光伏领跑者"计划、农（湖、渔）光互补项目、光伏扶贫工程等示范工程。

（二）可再生能源电力发展成效和问题

在此阶段，各类可再生能源电力快速增长，我国可再生能源电力发展规模和增速均已达到世界前列，其中风电和光伏发电增长尤为显著。

在以上法规和政策的实施下，我国风电、光伏发电的成本下降，可再生能源电力在电力结构中的占比在上升，可再生能源发展的经济效益和环境效益逐渐体现。从 2011 年到 2019 年，我国可再生能源发电装机容量从 28920 万千瓦增加到 79531 万千瓦，其在全社会总装机容量中的占比从 27.22%上升至 39.57%。其间，水电装机容量从 23298 万千瓦增加到 35804 万千瓦，风电装机容量从 4700 万千瓦增加到 21005 万千瓦，光伏发电装机容量从 222 万千瓦增加到 20468 万千瓦，生物质能发电装机容量从 700 万千瓦增加到 2254 万千瓦。从 2011 年到 2019 年，我国可再生能源发电量从 7997 亿千瓦时增加到 20455 亿千瓦时，可再生能源发电量在全国总发电量中的占比从 16.97%上升至 27.26%。其中，水电仍然是可再生能源发电主力，但是水电在可再生能源总发电量中的占比从 2011 年的 87.4%降至 2019 年的 63.77%，风、光等非水可再生能源电力占比在增加，可再生能源电力结构在不断优化。

在此阶段，我国可再生能源电力局部地区消纳问题严重，其中，2015—2017 年我国弃风弃光情况严重。2015 年，我国弃风电量达到 339 亿千瓦时，同比增加 213 亿千瓦时。甘肃弃风和弃光电量分别为 82 亿千瓦时和 26 亿千瓦时，弃风率和弃光率分别为 39%和 31%；新疆弃风和弃光电量分别为 70 亿千瓦时和 18 亿千瓦时，弃风率和弃光率分别为 32%和 26%。这是我国可再生能源产业快速规模化发展中面临的主要矛盾，也是我国出台各项政策进行调控的重点。

造成我国可再生能源电力消纳难的原因主要有以下三点：首先，可再生能源电力供需不平衡。在我国华北、东北和西北地区，风能和光伏资源比较丰富，但这些地区经济社会发展水平相对较低，人口数量少，可再生能源电力供给远高于当地用电需求。而东中部地区和沿海地区经济发达，人口众多，用电需求大。现有电网规划无法满足大量可再生能源电力并网的需求，可再生能源上网增速与电站建设速度不匹配；跨区域配电网建设和可再生能源电力发展不协调，导致部分可再生能源电力资源无法外送。其次，调峰能力不足。由于可再生能源发电具有随机性和间歇性的缺点，需要电力系统的调峰缓解。而我国火电机组的调峰能力和调峰规模不足，虽然水电调峰能力强、启停速度快，能很好承担调峰和填谷工作，但是受到我国地理条件的限制，水电只能起到部分调峰作用。最后，市场机制不完善和政策调整滞后。在此阶段，我国对可再生能源电价补贴、调峰补偿机制等具体政策尚不完善，缺乏市场化机制，各地对消纳可再生能源电力的积极性不足，区域之间条块分割，阻碍了可再生能源电力向外输送。

虽然我国可再生能源发展取得了显著成效，但是与发达国家相比，我国可再生能源关键技术的研发水平相对落后，自主创新能力不足，核心技术对外依赖度较高。同时，可再生能源在快速发展过程中呈现出相关配套设施发展滞后，可再生能源技术研发和创新能力有待提升等问题。可再生能源自主发展能力不足，仍需依靠国家的财政补贴和政策支持。

三、高质量发展阶段（2020年至今）

可再生能源高质量发展阶段主要是指2020年之后，主要包括"十四五"规划和"十五五"规划实施阶段。在可再生能源高质量发展阶段，可再生能源电力将成为新增电源主体，通过建立可再生能源电力消纳保障机制，可再生能源的环境价值进一步体现，市场机制在可再生能源开发与利用中的作用凸显。这期间，我国处于社会主义经济建设新时代，政府提出"碳达峰、碳中和"的发展目标，可再生能源电力发展应顺应新时代高质量发展的要求，不断提升在电力能源结构中的占比，以助力"双碳"目标的实现。我国的可再生能源政策围绕可再生能源电力大规模、高比例、高效率、高效益的发展陆续推出，以可再生能源电力的高质量发展来推动全社会的高质量发展。

（一）促进可再生能源高质量发展政策

我国已经出台的促进可再生能源电力市场化发展的相关政策，如《国家发展改革委办公厅　国家能源局综合司关于公布2020年风电、光伏发电平价上网项目的通知》，推行可再生能源配额制，企业通过自愿认购绿色证书购买和消费绿色电力。2020年，财政部等部委发布《关于促进非水可再生能源发电健康发展的若干意见》，提出"以收定支"，合理确定新增补贴项目规模，以及按合理利用小时数来核定中央财政补贴额度的规定，标志着我国对可再生能源项目电价补贴的退出，我国风电、光伏发电从2020年开始进入平价上网阶段。

2020年12月，生态环境部印发的《2019-2020年全国碳排放权交易配额总量设定与分配实施方案（发电行业）》《纳入2019-2020年全国碳排放权交易配额管理的重点排放单位名单》《碳排放权交易管理办法（试行）》明确提出，光伏、风力、生物质能供热及发电等项目均可开发出 CCER（国家核证的减排量），并在全国碳市场交易。同年同月，国务院发布了《新时代的中国能源发展》白皮书，阐述了新时代、新阶段中国能源安全战略的主要政策和重大举措。2021年，国务院发布了《中国应对气候变化的政策与行动》，明确提出大力发展可再生能源，在沙漠、戈壁、荒漠地区加快规划建设大型风电光伏基地项目。同年，发布的《国务院关于印发 2030 年前碳达峰行动方案的通知》明确提出，要加快构建清洁、低碳、安全、高效的能源体系和全面推进风电、太阳能发电大规模开发和高质量发展，大力实施可再生能源替代。2021 年 3 月，国家能源局就 2021年风电、光伏发电开发建设事项征求意见，并提出在 2030 年非化石能源占比能够达 25%左右，风电、太阳能发电总装机容量达到 12 亿千瓦以上等目标。我国明确风电、光伏发电坚持存量发展和增量发展并举、集中式发展和分布式发展并举，持续加快推动风电、光伏发电项目开发建设。2021 年 10 月，国务院出台了《2030 年前碳达峰行动方案》，指出要全面推进太阳能、风能发电的大规模开发和高质量发展，加快智能光伏产业创新和特色应用。同年，国家发展和改革委员会、国家能源局等部门联合印发了《"十四五"可再生能源发展规划》，明确要健全可再生能源电力消纳保障机制，强化可再生能源电力消纳责任权重评价考核，建立健全可再生能源电力消纳长效机制，完善可再生能源市场化发展机制和可再生能源全额保障性收购制度，发挥全国统一电力市场体系价格信号的引导作用，通过市场机制优化可再生能源的开发建设和布局。

2022 年 3 月，国家发展和改革委员会、国家能源局发布了《"十四五"现代能源体系规划》，提出加快推进风电和太阳能发电大规模开发，并且优先就近开发利用。2022 年 4 月，国家能源局、科学技术部发布了《"十四五"能源领域科技创新规划》，明确将先进可再生能源发电及综合利用技术列入重点任务，聚焦大规模高比例可再生能源开发利用，研发更高效、更经济、更可靠的水能、风能、太阳能、生物质能、地热能以及海洋能等可再生能源先进发电及综合利用技术。2022 年 5 月，财政部发布了《财政支持做好碳达峰碳中和工作的意见》，明确将可再生能源电力高比例应用、推动构建可再生能源电力占比逐渐提高的新型电力系统等内容列入重点支持的方向和领域。

2022 年 6 月，国家发展和改革委员会等九部门联合印发了《"十四五"可再生能源发展规划》，提出了围绕 2025 年非化石能源消费比重达到 20%左右的要求设置四个目标。一是总量目标：2025 年可再生能源消费总量达到 10 亿吨标准煤左右，"十四五"时期可再生能源消费增量在一次能源消费增量中的占比超过

50%。二是发电目标：2025 年可再生能源年发电量达到 3.3 万亿千瓦时左右，"十四五"时期可再生能源发电量增量在全社会用电量增量中的占比超过 50%，风电和太阳能发电量实现翻倍。三是消纳目标：2025 年全国可再生能源电力总量和非水电消纳责任权重分别达到 33% 和 18% 左右，利用率保持在合理水平。四是非电利用目标：2025 年太阳能热利用、地热能供暖、生物质能供热、生物质能燃料等非电利用规模达到 6000 万吨标准煤以上。同时，《"十四五"可再生能源发展规划》还提出了包括城镇屋顶光伏行动、"光伏+"综合利用行动、千乡万村驭风行动、千家万户沐光行动、新能源电站升级改造行动、抽水蓄能资源调查行动、可再生能源规模化供热行动、乡村能源站行动和农村电网巩固提升行动在内的九大行动。

2023 年 8 月 3 日，国家发展改革委、财政部、国家能源局联合印发《关于做好可再生能源绿色电力证书全覆盖工作促进可再生能源电力消费的通知》（发改能源〔2023〕1044 号），进一步完善可再生能源绿色电力证书（以下简称绿证）制度，明确绿证适用范围及应用，实现绿证对可再生能源电力的全覆盖，进一步发挥绿证在构建可再生能源电力绿色低碳环境价值体系、促进可再生能源开发利用、引导全社会绿色消费等方面的作用，为保障能源安全可靠供应、实现"碳达峰、碳中和"目标、推动经济社会绿色低碳转型和高质量发展提供有力支撑。

上述政策的出台反映了我国可再生能源产业高质量发展的方向、路线和政策措施，进一步明确了未来我国可再生能源电力发展的路径和具体策略，将有力地推动可再生能源电力产业高质量发展。经过多年的发展，我国已经形成了比较完善且具有优势的可再生能源电力产业链体系。

（二）可再生能源电力发展成效和问题

在此阶段，我国大力发展以风电、光伏发电为主的可再生能源，能源结构绿色转型在加快。我国可再生能源电力发展规模和增速均已达到世界前列，其中风电和光伏发电增长尤为显著。2020 年，可再生能源发电装机容量占全部电力装机容量的 42.5%，其中风电和光伏发电的总装机容量合计达到 53496 万千瓦，风电和光伏发电的总装机容量占可再生能源发电装机容量的 57.2%。2022 年，我国可再生能源发电装机容量为 121287 万千瓦，其在全部电力总装机容量中占 47.3%；我国可再生能源发电量为 27246 亿千瓦时，在全国总发电量中占 30.79%。2023 年上半年，我国可再生能源新增装机容量 1.09 万千瓦，同比增长 98.3%，占全部电力新增装机容量的 77%；全国可再生能源发电装机容量突破 13

亿千瓦，达到 13.22 千瓦，同比增长 18.2%。其中，我国水电装机容量为 4.18 亿千瓦，风电装机容量为 3.89 亿千瓦，光伏发电装机容量为 4.7 亿千瓦，生物质发电装机容量为 0.43 亿千瓦。这半年，全国可再生能源发电量达 1.34 万亿千瓦时；其中，风电、光伏发电量增长最快，合计达 7291 亿千瓦时，同比增长 23.5%。

我国水电在可再生能源发电中仍占主体地位，但是其占可再生能源总发电量的比率在逐年下降，从 2020 年的 61.19% 降至 2022 年的 49.63%。风电、光伏发电和生物质能发电继续快速增长，2022 年三者的发电量在可再生能源总发电量中的占比合计为 50.37%。在国家政策的支持下，我国可再生能源电力得到了快速、规模化发展，电力能源结构得到了显著优化。2023 年上半年，我国持续推进能源绿色低碳转型，不断促进可再生能源发展，我国非化石能源装机容量达到 13.8 亿千瓦，新型储能装机规模也快速增长。

我国政府基于国际和国内形势提出"碳达峰、碳中和"的发展目标，对可再生能源的生产和消费提出新的要求。虽然我国可再生能源电力如上所述取得世界瞩目的发展成效，但是，在新形势下可再生能源电力发展中一些问题尚未解决，例如，可再生能源电力呈现电力市场调节力度不够，电力价格信号反应滞后导致部分地区盲目抢装可再生能源机组和无效投资、弃风弃光等问题，以及可再生能源固定电价补贴核定较慢、市场化电价机制不畅等问题，这些问题不利于可再生能源电力市场竞争和高质量发展。

第二节　国外可再生能源支持政策及启示

大力发展可再生能源是实现"碳达峰、碳中和"的重要支撑，我国可再生能源正承担着规模化、高质量发展的艰巨任务。首先，本节梳理可再生能源补贴、电价政策和市场化机制方面的相关研究成果，探讨其实施效果和亟须解决的问题。其次，研究德国和日本促进可再生能源发展的电价政策及市场化机制，发现不断完善的电价政策是促进可再生能源发展的关键，市场化改革和需求侧响应是其规模化发展的动力。最后，探析促进可再生能源发展的国际经验及启示，并基于我国国情提出建立电价动态调整机制、优化源网荷储系统、加大需求侧响应等对策建议。

一、引言

在气候变化加剧和能源供给安全的压力下，世界各国和地区都在积极发展可再生能源。由于各国和地区经济发展水平、资源禀赋和能源供需等差异较大，所实施的促进可再生能源发展的政策措施各不相同。我国政府于 2020 年提出"碳达峰、碳中和"的战略目标，必将大力推进可再生能源发展，降低对化石能源的依赖，加快能源生产和能源消费革命。为了促进可再生能源发展，我国曾经制定了一系列法律法规和政策，尤其是电价补贴政策在可再生能源发展的初期起到了重要作用。但是，随着我国可再生能源发电量的不断增长，可再生能源电价补贴资金缺口在扩大，可再生能源补贴效率下降（王风云，2020）。此外，我国存在可再生能源资源分布与用电需求不匹配、可再生能源的消纳速度滞后于建设速度、可再生能源发电企业经济效益需要提升等问题。目前，我国可再生能源发展正处于转型升级的关键时期，当前的可再生能源电价机制已无法满足可再生能源规模化发展的需要，建立市场化电价机制是实现可再生能源高质量发展的保障。

一些发达经济体，如德国、日本等，通过制定符合本国国情的可再生能源定价机制及市场规则，促进了可再生能源高效率和高质量的发展。德国、日本在构建可再生能源市场化机制和制定电价支持政策等方面取得的经验值得我国借鉴。随着国家"碳达峰、碳中和"目标的确定，我国可再生能源发展迎来了快速发展的历史机遇。但是，目前我国可再生能源发电量在总发电量中占比较低，需要继续大力发展可再生能源使其成为主力基础电源。我国可再生能源建设起步晚于发达国家，德国、日本等已积累了丰富的可再生能源支持政策经验，且均已相继完成可再生能源补贴的退减和退出，它们的可再生能源市场化发展已具规模。国外可再生能源市场机制发展取得的经验值得我国借鉴。因此，本节分析德国和日本可再生能源电价政策及实施效果，剖析可再生能源发展路径，并基于我国国情提出促进可再生能源高质量发展的对策建议。

二、文献综述

随着可再生能源的发展，国内外学者对可再生能源发展及其政策进行了大量的理论分析和实证研究，有关可再生能源电价机制、电价补贴、市场化机制等问题，长期受到广大学者的关注，相关文献研究主要集中在以下几方面：

（一）有关促进可再生能源发展的政策研究

有学者研究了促进可再生能源发展的支持政策及其影响，认为给予财政补贴对可再生能源发展有正向激励作用。张晓娣等（2015）和云小鹏（2019）基于可计算一般均衡模型，研究发现可再生能源财政补贴政策可提高可再生能源的发电量，优化能源结构。魏巍贤等（2017）分析认为，可再生能源电价补贴对提高可再生能源利用比例、促进化石能源绿色发展具有积极作用。曹静（2009）提出，政府可通过财政补贴来减少可再生能源技术研发和生产企业的经济负担，进而实现促进可再生能源快速发展和减少化石能源消费的目的。曾鸣等（2012）基于实物期权理论构建风电项目投资决策模型，发现在风电产业发展初期上网电价的波动率越大投资门槛越高，而实施风电电价补贴对降低投资门槛具有显著作用。许罡（2014）从企业投资角度证明政府补助与企业投资间存在正向激励关系，认为企业得到的政府补助越多，企业投资水平越高。柴瑞瑞等（2021）研究发现，可再生能源的补贴优惠政策有助于降低发电企业技术创新等成本，推动电力能源低碳化转型。各国政府为了缓解环境污染、化石能源供给不足等问题，积极采用补贴政策来推进可再生能源发展（McKitrick，2017）。Nicolini 等（2017）通过混合最小二乘估计方法和随机效应模型进行研究，发现德国可再生能源补贴在短期和长期内都可有效地提高可再生能源发电量和装机容量，促进可再生能源发展。

此外，还有学者认为，财政补贴与可再生能源投资之间的关系并不稳定。Wallsten（2000）通过多方程模型实证分析发现，可再生能源补贴的效率在下降，甚至产生挤出效应。随着可再生能源不断发展，电价补贴对可再生能源的影响效应在下降（樊宇琦等，2021）。电价补贴在可再生能源发展初期具有正效应，随着可再生能源发展规模的扩大，电价补贴累积效应逐渐减弱，补贴效率下降。因此，政府需要针对各类可再生能源的不同发展阶段动态调整补贴政策，以缓解可再生能源发展规模扩大而导致的电价补贴效应递减问题（王风云等，2019；王风云，2020）。

（二）有关可再生能源价格机制研究

从定价机制来看，可再生能源价格主要分为三类：一是固定电价，即可再生能源上网电价补贴政策（FIT）；二是招标电价，即可再生能源竞争性招标政策；三是市场电价，如可交易的绿色证书制（TGC）。其中，可再生能源的电价补贴政策（FIT）被各国政府广泛采用。随着可再生能源不断发展和能源结构转型，学者们对规范可再生能源电力市场行为和定价机制等问题进行了深入研究。

学者们研究认为，价格机制对提高可再生能源的利用比例、促进化石能源绿色发展有积极作用［邓迎春等（2019）］。冯奕等（2017）研究并总结了美国、英国等典型国家售电侧可再生能源配额制的情况,提出基于我国国情实施售电侧可再生能源配额制可有效解决消纳难等问题。Arild 等（2021）通过构建动态模型,发现可交易绿色证书对可再生能源发电有激励作用,可减少对化石能源的使用。曹雨微等（2021）通过对可再生能源电力消纳责任权重和绿色证书交易价格进行敏感性分析,发现两者的实施可有效提高可再生能源电力系统的经济效益和环境效益,并且电力消纳责任权重约束比绿色证书交易价格的实施效果更好。

有学者针对可再生能源电力市场化发展和市场化电价等问题展开研究。Dong 等（2017）通过主导企业竞争性边界模型,分析日本发电企业对可再生能源配额制的反应,发现实施以绿色电力证书为电力载体的可再生能源配额制可以提升可再生能源的竞争力,促进能源结构转型,增加可再生能源企业的收益。赵新泉等（2020）将二次惩罚函数纳入电力生产端和消费端的序贯博弈模型进行分析,发现在考虑生产端成本和消费端需求的前提下,实施以绿色电力证书为电力载体的可再生能源配额制可促进可再生能源电力消纳,提高发电效率。Heimvik 等（2021）认为,可交易绿色证书对可再生能源发电有激励作用,可增加可再生能源电力的消纳。但是,有学者持不同观点,Li 等（2017）通过研究德国可再生能源配额制政策的有效性,发现配额制对可再生能源的影响程度较小且效率低,尤其是对风电和光伏发电。Song 等（2020）利用 DEA 模型衡量了我国可交易绿色证书市场的效率,发现可交易绿色证书的实施具有局限性,主要体现在可再生能源配额标准不合理、可交易绿色证书价格高且波动大。还有学者对可再生能源市场化电价机制展开研究,认为在风电发展的不同阶段应采取相适应的电价机制,即采取溢价定价和竞价上网定价机制,通过市场化电价引导,提高电价支持政策的有效性［Zhao 等（2022）］。孟思琦等（2021）基于分位数回归模型研究德国可再生能源发电对其市场化电价的影响,认为风能和太阳能发电量增加会引起市场化电价降低,在不同的用电需求水平下,风能和太阳能发电份额的提高会造成电价波动性增大。

以上学者对可再生能源补贴政策及实施效果、电价机制、市场化发展等问题进行了深入研究,这些研究表明,在补贴、价格政策等支持下,可再生能源得到快速发展,但是可再生能源发展依赖电价补贴、供需不匹配、市场化效率低等问题亟须解决。我国正处于城市化、工业化进程中,我国可再生能源发展仍存在发电成本高、企业依赖补贴以及市场需求不足等问题,可再生能源规模化发展需要市场化的价格机制激发其活力。下文将对德国、日本两国可再生能源政策及其成效进行深入研究,借鉴国外在可再生能源开发利用中的成功经验,基于我国国情

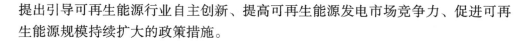

提出引导可再生能源行业自主创新、提高可再生能源发电市场竞争力、促进可再生能源规模持续扩大的政策措施。

三、国外可再生能源支持政策及其成效

与我国相比，德国、日本等国可再生能源发展起步较早，在可再生能源开发和利用方面获得了显著成效，积累了丰富的经验。其中，德国和日本在可再生能源电价支持政策和市场化机制方面进行了积极探索和实践，有力推动了可再生能源发展。21 世纪以来，两国的可再生能源电力装机容量和发电量持续增加，2020 年德国的装机容量和发电量在欧洲位列第一，日本在亚洲位列第三①。我国正处于可再生能源转型升级时期，需要借鉴国外促进可再生能源发展的市场机制和支持政策方面的经验，促进可再生能源的规模化、高质量发展。

（一）德国

德国是世界上第四大经济体，第二产业发达，对能源的需求量非常大。德国本土能源并不丰富，石油、天然气等自然资源贫瘠，能源自给率仅为 30% 左右，其余能源需依赖于进口。因此，德国把大力发展本土化的可再生能源作为本国能源安全和能源发展战略。德国一直致力于电力能源结构的清洁化转型，于 20 世纪 80 年代提出能源转型的国家能源战略方向，在不同发展时期制定了明晰的可再生能源发展目标，计划 2050 年将可再生能源比例提高至 80%。经过几十年投入和建设，德国电力能源结构转型取得显著成效，已成为世界可再生能源应用领域的"领跑者"。本节根据德国可再生能源政策实施及效果将其分为三个阶段：成长阶段（1970—1999 年）、快速发展阶段（2000—2016 年）和市场化发展阶段（2017 年至今）。

1. 成长阶段（1970—1999 年）

在此阶段，德国电力市场主要依靠火电和核电，可再生能源发电所占市场份额很小。20 世纪 70 年代以后，德国逐步构建可再生能源政策体系，通过"能源峰会"协商机制研讨和制定能源发展战略。1974 年，德国开始制定针对小型风机行业的政策。20 世纪 80 年代初，以约瑟夫·胡贝尔为代表的德国学者提出"生态现代化"，强调依托科技创新促进能源发展，实现经济增长和环境保护。20 世纪 80 年代，德国调整能源政策，促进能源转型，通过提高化石能源消费税等措施引导企业和民众节约化石能源；同时，鼓励发展水能、风能、太阳能、生

---

① IRENA. Renewable Capacity Statistics 2021 [EB/OL]. 2021. https：//www.irena.org/publications/2021/March/Renewable-Capacity-Statistics-2021.

物质能等可再生能源和核能，以此减少对化石能源的依赖。1990 年，德国开始施行可再生能源"强制回购电价"政策，规定以高于市场的价格从电力公司购买可再生能源电力。1991 年，德国制定了《电力入网法》，该法案是德国推动可再生能源立法的开端，规定电力公司有义务溢价收购可再生能源电力，且需承担上网电价与传统能源发电的成本差价，这一法案奠定了可再生能源强制入网的基础。为了结合住房与光伏发电，德国政府通过颁发"能效标识"鼓励建筑节能，引导民众选择节能的住宅并消费光伏。1991 年和 1998 年相继推出"1000 光伏屋顶计划"和"10 万光伏屋顶计划"，为屋顶安装光伏发电系统的住户提供补贴和贷款贴息，并出资 18 亿欧元设立建筑物减排改造基金，提供低息贷款给建筑节能改造和节能设备购置安装。1998 年，德国电力市场开始自由化改革，对法律和政策激励机制提出更高要求。1999 年，德国实施《引入生态税改革法》，对德国的生态税进行改革，保持对传统能源设定较高的税率，避免过度使用自然资源和减少温室气体；同时，对可再生能源发电项目进行一定的税收减免，促进可再生能源效益提升。以上政策的实施，促使德国可再生能源飞速发展，特别是风电在 20 世纪 90 年代超过丹麦和美国等国，成为欧洲最大的风电国家。德国的风电设备制造业已形成完整产业链，是全球主要风电设备制造大国。

2. 快速发展阶段（2000—2016 年）

在人口老龄化和高工资福利等压力下，德国选择以技术创新为导向的可持续发展之路，通过"能源对话"，德国政府与企业、工会和环保组织达成共识，将能源安全、经济增长和环境保护作为德国可再生能源政策制定的依据。2000 年，德国制定《可再生能源法》（EEG-2000），建立了可再生能源上网电价制度，针对各类可再生能源资源条件制定固定上网电价，同时根据技术进步的情况制定固定电价递减机制。2004 年，德国修订了《可再生能源法》（EEG-2004），完善了可再生能源上网电价政策，对各类可再生能源的固定电价进行相应的调整，提出补贴将以固定速率逐年减少。此后，德国的光伏发电快速发展，成为国际上光伏发展的引领者，全球 50% 的光伏生产技术来自德国。2009 年，德国再次修订《可再生能源法》（EEG-2009），法规条例由 12 条扩充到 66 条，构建了完整的可再生能源制度体系。同年，德国启动了智能电网（E-Energy）项目，利用信息通信技术建立自我调控的智能化"能源互联网"系统，以实现能源的智能生产、智能网络、智能消费和智能储存，连接能源基础设施与电子化交易市场，使可再生能源供应和交易更高效与透明。例如，在发电波谷阶段通过智能系统储电，在波峰阶段将过剩的电量借助欧洲互联电网输送到邻国，以此解决光伏发电和风力发电波动大、发电量不稳定的问题。2016 年，德国对可再生能源电站实行市场竞价销售模式，售电公司针对无经济压力、关注气候变化、热心环保事业的客户群体制定绿色电力套餐，进行精准宣传，鼓励民众对可再生能源进行投资和消费。

从图 4-2 可以看出，自 2005 年以来德国风电和光伏发电量总体呈现增长趋势，风力发电量规模高于光伏发电量。2010 年，德国联邦参议院通过了可再生能源法光伏发电上网补贴修订案，下调了光伏发电系统补贴额。德国政府为科学指导光伏发电的发展，2012 年对《可再生能源法》（EEG-2012）进行第四次修订，主要有两点修订：一是依据安装的可再生能源发电装机容量和时间对其上网电价下调率进行动态调整；二是对光伏发电装机容量设定控制目标。2012—2016年，光伏发电量的增速明显放缓，年均增长率为 7.63%。2014 年，德国第五次进行修订《可再生能源法》（EEG-2014），核心目的是逐步降低对可再生能源的财政补贴，提高可再生能源的竞争力。此次也是德国首次提出针对光伏电站的招标制度，分阶段推动光伏融入电力市场，逐步减少其补贴并最终取消，严格控制可再生能源电费附加。德国政府通过控制可再生能源的补贴支出，推动可再生能源发电市场化发展。从 2014 年开始，德国风力发电量迅速增加，2015 年风电环比增长率达到 37.8%。

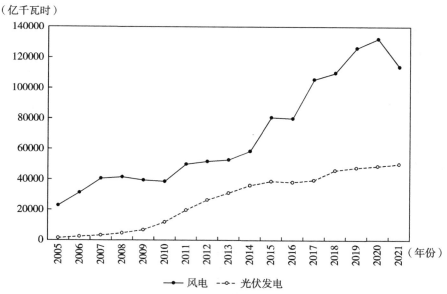

（亿千瓦时）

图 4-2　2005—2021 年德国风电和光伏发电量变化趋势

资料来源：IEA Renewables Information 2020，https：//www. iea. org/fuels-and-technologies/renewables.

在这个阶段，德国的可再生能源法案和政策取得了积极成效，主要贡献有三点：一是制定了装机容量的控制目标，避免出现可再生能源电力消纳不足或装机不足的问题；二是逐步推进市场化机制，促使可再生能源企业加强技术创新和管理创新，增强其市场竞争力；三是激励投资和减少补贴。德国可再生能源发展进入从过去仅依赖政府的政策引导转变为政府帮扶和市场引导相结合的阶段，通过逐步减少补贴，使可再生能源企业适应市场要求。

3. 市场化发展阶段（2017 年至今）

德国进一步加强对可再生能源需求侧的引导，2017 年，德国有 73%的售电公司制定了绿色电力套餐，有 15%以上的终端用户选择购买绿色电力，超过 33%的居民用户选择购买绿色电力，极大地促进了可再生能源电力消纳。德国高度重视能源智能数字化建设，通过能源公司与微软公司合作，提供从能源生产、传输到消费的全链条数字化服务；利用 Sunroof 等软件获取卫星、气象等数据，帮助用户预测屋顶光伏发电量，提高用户侧可再生能源电力消纳的能力，保障电力供给安全。

为了继续促进可再生能源发展，2017 年德国第六次修订《可再生能源法》（EEG-2017），对可再生能源发电领域进行市场化改革。EEG-2017 法案取消了对可再生能源的补贴，对可再生能源发电引入装机招标制度，并改变了固定上网电价制度，目的是逐步推进可再生能源市场化竞争。2017 年，德国政府颁布《海上风电开发条例》，提出德国在未来 10 年将由上网电价溢价补贴机制转型至竞争性集中招投标机制，进一步降低电价，降低政府补贴成本。2020 年 12 月 18日，德国第七次修订了《可再生能源法》（EEG-2021），提出安装智能电表监控可再生能源发电、上网和使用情况，促进可再生能源系统化发展。德国把 2030年可再生能源占能源供应总量的目标由原来的 50%提高到 65%，要求安装智能电表来监控可再生能源发电、上网与使用情况，规定了各类可再生能源电价的最高投标限价，保留可再生能源小型发电厂的固定电价，明确主体责任，细化了产业政策，对可再生能源立法进行优化与完善。

在这些法规和措施的支持下，德国可再生能源发展成效显著。2020 年德国可再生能源发电量在总发电量中占比高达 49.3%；其中，风电和光伏发电量分别为 13.1 亿千瓦时和 5.1 亿千瓦时，在可再生能源发电量中的占比分别达到63.4%和 24.5%。2017—2021 年，德国可再生能源电力快速发展，其中，风电发电量规模和增长速度尤为显著。2021 年受新冠疫情影响，风电发电量增速下降。而光伏发电量总体呈现稳定增长趋势，但增长速度趋缓。德国的风电设备制造业已形成完整产业链，成为全球主要风电设备制造大国和欧洲最大的风电利用国家。同时，全球50%的光伏生产技术都来自德国，其已成为国际上光伏产业的引领者。德国的可再生能源发展实现了从政府帮扶和市场引导到以市场化发展为主的转变，其可再生能源的市场化和规模化发展取得的显著成效值得我国借鉴。

（二）日本

日本作为世界上最大的能源消费国和进口国之一，面临较多的能源发展难题。日本能源资源贫瘠，能源的自给率仅为4%，煤炭、石油、天然气等主要能源都依赖于进口。日本于1973年和1978年遭遇石油危机，2011年又遭受地震和核泄漏等灾难和事件，石油和核能都面临难以解决的问题，这促使日本政府决定大力发展可再生能源来优化能源结构，提高能源效率、降低对进口能源的依赖，维护日本能源安全自主供给。日本的可再生能源发展成果显著。本部分将解析日本可再生能源政策制定实施路径和主要成效。总体来看，日本可再生能源政策实施效果分为三个阶段：初期成长阶段（1973—1990年）、快速发展阶段（1991—2004年）和规模化发展阶段（2005年至今）。

1. 初期成长阶段（1973—1990年）

日本的能源资源绝大部分依赖进口，1973年和1978年全球爆发的石油危机使日本各行业的发展都受到影响。因此，日本开始大力发展可再生能源，出台了一系列鼓励可再生能源发展的政策和法规。1974年，日本政府制定并实施了"阳光计划"，该计划主要是应对石油危机的新能源技术开发，为光伏发电项目提供补贴。1978年，日本政府制订了"月光计划"，该计划用于支持节能项目开发和节能技术研究，促使日本光伏发电快速发展。1980年，日本政府颁布《石油替换能源法》，并成立"新能源开发机构"管理可再生能源。一系列的能源政策和法规推动了日本可再生能源尤其是光伏发电的发展。"阳光计划"和"月光计划"使日本光伏发电得到了飞速发展，光伏发电技术水平已位于世界前列。

2. 快速发展阶段（1991—2004年）

为了进一步促进可再生能源发展，1993年，日本推出了融合"阳光计划"和"月光计划"的"新阳光计划"，以可再生能源的制造技术开发、技术应用和市场化为目标，促进可再生能源产业全面发展。1994年，日本为了配合"新阳光计划"的颁布实施了《新能源发展纲要》，也称"新能源推广大纲"；同时，加大可再生能源的宣传力度，提高普通民众的意识。1994年，日本内阁通过"新能源推广大纲"，在全国大力宣传新能源及其相关政策，促进可再生能源电力在全国的需求响应。2000年，日本出台的《特定规模电力自由化》提出，大宗电力用户可自由与特定供电方协定电价并进行交易；同时，通过电力市场竞争机制合理降低电力价格，推动光伏发电、风电的消纳。2003 年，日本政府通过《有关电力企业利用新能源发电的特别措施法》和可再生能源配额制的立法，规定电力公司必须购买一定比例的可再生能源发电，而且要求电力公司购买居民光伏发电的剩余电力，并将其计入电力公司需要达到的可再生能源发电配额，提高可再生能源电力消纳比例。

　　日本从立法的角度保证能源安全和促进可再生能源的发展。1997 年，日本政府颁布《关于促进新能源利用的特别措施法》。2002 年，日本颁布了《能源政策基本法》，规定日本政府每隔三年要制订一次"能源基本计划"，通过财政补贴和金融支持政策等推进能源供应和需求改革。2003 年，日本政府通过了可再生能源配额制的立法，规定电力公司的供电量中要有一定比例的可再生能源电量。在实施过程中，由于配额目标与可再生能源实际发电量无法匹配，且未根据不同种类对可再生能源进行相应的技术设计和扶持，政策效果不显著。2004 年，日本政府提出"新能源产业化远景构想"，规划在未来 30 年将风电和光伏发电发展成日本支柱产业，降低对石油的依赖。在这些政策的支持下，日本已成为世界上光伏发电量最大的国家。日本政府制定的《促进石油替代能源的开发和导入法》《促进新能源利用的特别措施法》《长期能源供求展望》，形成了日本的可再生能源政策体系。以"新阳光计划"和"新能源计划推广大纲"为主的指导计划，为日本可再生能源下一阶段规模化的发展奠定了坚实基础。

　　3. 规模化发展阶段（2005 年至今）

　　2005 年以来，日本可再生能源电力快速发展。2008 年，日本政府通过"实现低碳社会行动计划"，向购买绿色环保汽车的个人和企业发放补助金，对使用新能源管理系统的楼房、购买光伏发电设备的居民和企业等进行补贴。同年，日本颁布《推广光伏发电行动方案》，将光伏发电作为可再生能源发展的重点。自2012 年以来，日本政府制定了一系列支持光伏发电产业的政策和措施，例如，2012 年日本政府颁布《国家上网电价补贴政策法》，开始实施可再生能源固定电价制度，光伏发电规模持续增长。2014 年，日本制订了"第四次能源基本计划"，规定将能源安全放在第一位，构建多层次、多样化、灵活的能源结构，日本光伏发电开始飞速发展，2014 年环比增长率达到 95%。

　　为了平衡可再生能源技术进步带来的成本降低，2015 年，日本政府调整了可再生能源的固定电价和电力附加费。2016 年，日本政府颁布《能源革新战略》方案，针对家庭、产业和交通运输等方面的用能制定了节能规章制度，促进全社会在需求侧减少能源的消耗。但是日本可再生能源发展仍存在并网接入容量有限、发电成本过高、电力调节手段不够、市场化机制欠佳等问题。为此，日本政府于 2018 年公布了新修订的"第 5 次能源基本计划"，决定采用降低发电成本、改善市场环境、优化电网运行、提升调节能力等措施解决上述四大难题，并将可再生能源确定为 2050 年"脱碳"的"主力电源"。

为扩大市场对可再生能源的开发利用，2009 年，日本构建绿色电能交易平台，促进绿色电能交易规模化发展，并出台《关于促进能源供应企业扩大非化石能源利用及提高化石能源利用效率的法律》，实施固定价格收购制度，规定日本的十大传统电力公司按两倍的市场价格收购用户的光伏发电剩余电力。2015 年，日本政府设立输电运营商跨区协调组织，升级跨区电力联网系统，促进跨区域电力互补，保障电力供应安全。2016 年，日本放开了零售侧电力市场，并建立完全市场化的电力市场。2020 年，日本取消了管制的零售电价，推动电力市场全面自由化。日本太阳能协会发布《面向 2050 年的太阳能产业展望》，将 2030 年光伏装机目标从 108 吉瓦提高至 125 吉瓦，推进建筑屋顶全部安装太阳能板。这些举措促进了日本光伏发电产业的大规模发展。

在这些政策措施和法规的支持下，日本光伏发电和风电产业持续发展。从图 4-3 可以看出，自 2005 年以来，日本风电和光伏发电量不断增长，光伏发电规

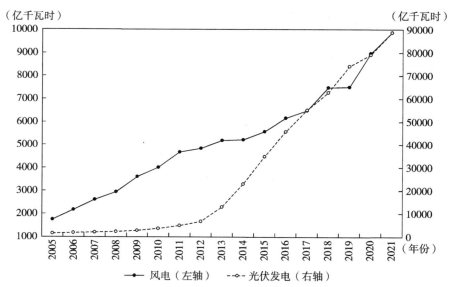

图 4-3　2005—2021 年日本风电和光伏发电量变化趋势

资料来源：IEA Renewables Information 2020，https：//www. iea. org/fuels-and-technologies/renewables.

模远高于风力发电，并且从 2013 年开始光伏发电加速增长，其增长速度远高于风力发电。2005—2021 年，日本风电发展稳定，风电发电量持续增长，年均增长率为 10.71%。自 2005 年以来，日本将光伏发电作为可再生能源发展的重点，并提出针对光伏发电的优惠政策，例如，日本政府颁布的《推广光伏发电行动方案》等一系列政策，使日本光伏发电产业迅速发展。2005—2012 年日本光伏发电量年均增长率为 21.19%。此后，日本光伏发电产业在固定电价制度、电力公司需购买用户剩余的光伏发电量等政策的支持下，光伏发电产业取得巨大成效，2013—2021 年年均增长率为 23.91%，并且光伏发电量增速明显高于风力发电量。

日本可再生能源发电产业的快速发展，得益于日本政府持续的可再生能源补贴和财政支持，同时基于市场化机制引导可再生能源电力消纳，这些规划和举措持续推进日本光伏发电和风电产业的规模化发展。

四、促进可再生能源发展的经验及启示

中国、德国和日本的能源资源情况各不同，但发展可再生能源电力的目的都是能源供给安全和环境保护。我国在气候变化和能源供给安全的压力下，决定大力发展可再生能源，以此改善环境和保障能源安全。由于能源资源匮乏，作为能源消费大国，日本将能源安全和能源可靠供给作为发展前提，因此促使其大力发展可再生能源。德国同样是受到本土资源的限制，为保障国家能源安全而大力发展可再生能源。三国都对能源与环境高度重视，形成了发展可再生能源应对气候和环境变化、保障能源安全的共识。

通过对德国和日本可再生能源政策实施及发展历程研究发现，可再生能源发展都经历三个阶段：发展初期依赖政府的政策引导，成长期是在政府帮扶和市场引导共同促进下发展，规模化阶段是以市场化发展为主。可再生能源在发展过程中，均遇到可再生能源电力消纳能力不足、电价补贴财政负担过重和区域发展不平衡等问题。德国、日本两国在能源转型和可再生能源发展过程中采取的一系列改革措施已取得成效，为发展可再生能源做出了积极的探索。其中，德国、日本两国所实施的法规政策和市场调节机制，为我国可再生能源市场化发展提供了宝贵经验。

（一）经验

1. 根据可再生能源的发展补充和完善可再生能源的法规和政策

德国和日本的光伏发电、风电等可再生能源的发展是其他国家能源结构转型

的榜样，其转型顺利的主要原因是两国政府都制订了长远且有战略性的可再生能源计划，从法规、激励政策、技术研发等方面自上而下助力能源结构转型。德国自 2000 年出台《可再生能源法》以来，分别于 2002 年、2004 年、2009 年、2012 年、2014 年、2017 年和 2021 年七次修订《可再生能源法》，制定《可再生能源法光伏发电上网补贴修订案》《海上风电开发条例》等专项立法，以立法的形式确定可再生能源的发电主体地位和可再生能源上网电价；并通过以上法规体系，动态调整上网电价和补贴，根据现实发展情况制定上网电价和电网竞价机制，降低电价，逐步减少政府政策性补贴，提高可再生能源电力企业竞争力。连贯且可操作的政策推动了德国可再生能源的持续有效发展。日本自 2002 年颁布《能源政策基本法》以来，规定每隔三年修订一次"能源基本计划"，实时更新可再生能源上网电价政策，及时调整电价补贴水平，扩大可再生能源电力供给规模。德国、日本在能源发展不同阶段，制定了详细且明确的可再生能源发展规划，有效地引导和推进能源结构转型和可再生能源发展。

2. 建立公开透明的可再生能源市场

德国政府建立能源互联网系统，提高可再生能源供给和交易的透明度与效率；加强电网公司与天气预报机构的合作，运用智能技术预测可再生能源发电和消纳，保障电网安全稳定运行和电力有序供应。日本全面放开电力零售市场，推进电力市场发展，居民用户可直接参与可再生能源售电侧业务，同时，多余电量可直接上网参与发电侧业务。德国、日本以可再生能源法规政策为指导方针，与可再生能源市场化机制相配合建立供广大消费者参与的电力交易市场，将可再生能源电力作为绿色产品推向市场，使民众和企业参与到可再生能源市场化发展中。通过制定固定电价收购制度、可再生能源竞价招标制度等，推进可再生能源市场竞价和政府补贴机制的有机结合，提高可再生能源电力消纳和利用效率。

德国、日本两国可再生能源的发展离不开电力能源市场化机制的推进，当引导可再生能源发展的法规政策发展到一定阶段时，两国都构建了与之相配合的可再生能源市场化机制以推动其发展。在政策制度的保障下，政府建立了一个供广大消费者参与的可再生能源市场，如通过制定固定电价收购制度、采用可再生能源竞价招标制度等。德国政府还建立自由的电力交易市场，将可再生能源电力作为绿色产品推向市场，使民众和企业参与可再生能源市场化发展。

3. 利用需求侧响应，在建筑、生活和交通等领域推广使用可再生能源

1991 年和 1998 年，德国分别推出光伏屋顶计划；2009 年，德国制订了"市场加速计划"，加大了新建建筑供热制冷系统中可再生能源所占的最低比重。在

交通推动能源转型方面，德国、日本两国政府大力推动燃料电池、电动汽车和生物燃料汽车的使用。同时，从存储侧和用户侧入手建立智能电网系统、智能用电系统。日本政府还注重通过财税、金融等政策对电网相关主体进行激励，如提供补贴、政策倾斜、贴息贷款等，这些政策成为推动日本可再生能源发展的"最强辅助"。

德国和日本于 2009 年开始实施碳标签制度，以居民分布式光伏发电为主，扩大家庭在屋顶安装太阳能电池板的范围，强调自发自用，推广低碳排放技术和可再生能源发电。同时，运用峰谷电价，引导用户错峰用电，灵活的电价和电力市场机制降低了可再生能源的发电成本。通过绿色电力套餐和智能电网等，引导各类用户购买低碳产品和科学安排用电时间，促进了可再生能源电力消纳和环境保护。

（二）启示

与发达国家相比，我国可再生能源电力市场化仍有提升的空间，还需要提高可再生能源电价的引导作用，促进可再生能源规模化发展。借鉴德日两国可再生能源发展的实践经验，未来我国要实现"双碳"目标，可再生能源发展要从以下四个方面推进：

1. 优化源网荷储系统，建立统一的政策体系并适时对其动态调整

目前，我国源网荷储系统"荷随源动"或"源荷互动"的协调能力较弱，因此，需要更智能、更全面的电力系统输送和管理方式，联动电力能源互联网、智能电网和智慧电网，全面控制电能的产、输、送、配、用全链条，促进源网荷储系统协同发展。从电源侧看，需加快推动电量储能项目建设；从电网侧看，需提升电力系统整体调峰、调频和调压等能力，需要发展和配置电力源荷互动的相关技术设备；从用户侧看，需要民众多参与和支持可再生能源电量使用，并主动参与电力系统负荷调节和平衡。同时，应建立统一的电力政策体系来引导源网荷储发展，可借鉴日本优化电网的经验，如 2010 年 1 月日本发布的《智能电网国际标准化路线图》。我国可以建立一套具有中国特色的智能电网政策体系，引导电网发展并提前做好智能电网的研究规划，成立智能电网技术和管理部门协调国内各相关行业和组织。源网荷储协同发展能保障电网安全稳定运行，促进可再生能源电力消纳，提升调度精益化水平，缩短电网峰谷差，降低电网运行风险，补强短板。长远来看，只有源网荷储系统协同发展才能推动电力行业高质量发展，实现"碳达峰、碳中和"目标。

2. 利用市场化手段促进可再生能源供给侧和需求侧协同发展

随着我国可再生能源的成本下降和规模化发展，增加需求侧的响应以适应供

给侧发展，促使可再生能源供给侧和需求侧协同发展。一方面，积极建设低碳智慧型城市和绿色乡村，构建绿色低碳交通运输体系，大力发展清洁零排放汽车，优化运输结构，建设加氢站、分布式光伏发电充电站，统一充电设备和缴费方式。积极向全民推广光伏发电和光伏一体化的多场景实践，利用分布式光伏发电的余电建立微电网，为电动车充电和社区供电等。另一方面，发展循环经济和绿色金融，扩大对可再生能源的资金投资，建立绿色金融体系，积极发展我国碳交易市场和气候交易市场，提升可再生能源配置效率实现碳减排。

3. 建立源网荷储能源信息系统，促进可再生能源智能化发展

建立源网荷储能源信息系统和智能化电网，提升我国源网荷储系统"荷随源动"或"源荷互动"的协调能力，保障电网安全稳定运行。利用智能电网和源网荷储信息系统监控可再生能源发电、上网与使用情况，将全国能源上下游信息数据互联互通，为可再生能源电力市场竞价和市场化发展提供技术支持，促进可再生能源稳定供给和消纳。我国可借鉴德国和日本的经验，优化电力市场交易平台，完善省域间跨区域电力交易，鼓励电网企业、各类用户参与交易，扩大电力市场化交易范围，推动可再生能源电价充分竞争，实现市场化发展，优化电力资源配置。建立国内国外电力能源网和可再生能源供需信息网，促进全球电力能源贸易，通过电力能源贸易和储能促进可再生能源发电消纳和保障电网安全，保障可再生能源发电的稳定供给。

4. 大力宣传绿色电力消费，通过绿色金融促进可再生能源电力消纳

加大可再生能源电力需求侧宣传，将其作为绿色产品推向市场，使民众和企业参与到可再生能源电力竞价消费中，提高可再生能源电力消纳和利用效率。一方面，通过低碳发展和环保意识宣传，鼓励有能力的个人与企业消费可再生能源电力，构建绿色低碳交通运输体系；将电动汽车接入智能电网，作为单独的充放电单元，扩大电网调峰容量。另一方面，建立绿色金融体系和激励约束机制，促进可再生能源资产证券化，发展绿色产业基金、银行投贷联动业务等，提供绿色金融消费套餐，通过绿色金融激励用户使用可再生能源电力。

第五章　我国可再生能源电价补贴及补贴效率研究

在可再生能源电价政策等的支持下，可再生能源电力快速发展，成为我国电力供给的重要力量。但是，我国对可再生能源的固定补贴政策导致电价补贴规模快速扩大，进而致使财政补贴资金缺口增大，引发可再生能源发电补贴拖欠、补贴效率下降等问题。长期的电价补贴拖欠也造成一些可再生能源发电企业经营困难，甚至倒闭，严重影响了可再生能源企业的发展。本章首先剖析我国可再生能源电价补贴和电价补贴机制现状，研究风电、光伏发电和生物质能发电的电价补贴变动和规模；其次，分析我国可再生能源电价补贴所引发的问题；再次，深入探析可再生能源电价补贴效率；最后，根据研究结果提出优化我国可再生能源电价补贴和提高电价补贴效率的对策建议。

第一节　我国可再生能源电价补贴及其变动研究

可再生能源支持政策主要有投资补贴、税收优惠和减免、绿色证书、信贷担保等，其中，电价补贴政策对可再生能源发展起到了积极的推进作用。可再生能源电价补贴机制分为五类：固定电价（Fit-in-Tariff，FIT）、固定（溢价）补贴（Fit-in-Premium，FIP）、净电表制（Net Metering）、招标电价（Tendering）、市场电价（也称为配额和绿色证书制度）（Green Certificate）。固定电价政策是根据风电、光伏发电、生物质能发电的标准成本，来规定各类可再生能源电力的上网价格，电网企业按照上网价格支付给可再生能源发电企业。为了支持可再生能源发电，我国实施固定电价政策，即通过设立可再生能源电价附加来补贴风电、光伏发电、生物质能发电等的电价与当地燃煤机组标杆电价的之差。

一、可再生能源电价补贴及补贴机制

2005 年，我国颁布《中华人民共和国可再生能源法》以后，制定和实施了一系列可再生能源支持政策，其中固定电价政策显著促进了我国风电、光伏发电和生物质能发电的快速发展。我国采用固定电价政策，即风电、光伏发电和生物质能发电等的标杆电价与当地燃煤机组标杆电价（含脱硫等环保电价）的差额由可再生能源电价附加来弥补，这样可保证风电、光伏发电和生物质能发电的收益，促进可再生能源发电企业发展。我国专门设立可再生能源发展基金来为可再生能源持续发展提供资金，其中可再生能源电价附加收入是补贴可再生能源上网电价资金的主要来源。当风电、光伏发电、生物质能发电等的标杆上网电价高于当地燃煤机组标杆上网电价时，高出的部分由政府的可再生能源发展基金给予补贴。

由于我国各地煤炭资源条件不同，因此各省份的燃煤标杆电价也不同。本节对我国各省份燃煤机组标杆电价进行算术平均，核算出 2005—2020 年我国燃煤火电平均标杆电价。从图 5-1 中可以看出，2005—2012 年我国燃煤火电平均标杆电价呈现上升趋势，2012 年燃煤火电平均标杆电价达到最高，为 0.426 元/千瓦时。从 2013 年我国经济进入新常态以来，电力需求增速放缓，燃煤火电平均标杆电价呈现下降趋势，2020 年燃煤火电平均标杆电价为 0.374 元/千瓦时。

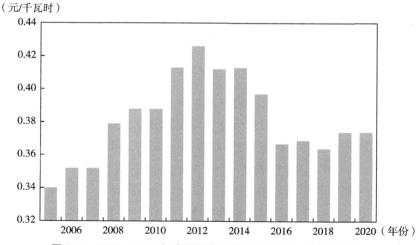

图 5-1 2005—2020 年我国燃煤火电平均标杆电价变动情况

资料来源：根据国家发展和改革委员会公布的文件整理，http://www.ndrc.gov.cn/。

　　各类可再生能源度电补贴等于各类可再生能源的标杆上网电价与燃煤机组标杆电价之间的差额。风电、光伏发电的发电规模快速扩大，因此对可再生能源电价补贴主要集中在风电、光伏发电。风电、光伏发电的标杆上网电价与燃煤机组标杆电价之间的差额为二者的度电补贴。通过比较燃煤火电平均标杆电价与风电、光伏发电的标杆上网电价大小（见图 5-1、表 5-1、表 5-2）可以看出，从 2011 年至 2017 年，我国风电度电补贴下降缓慢，自 2018 年以来，风电度电补贴快速下降，直至 2020 年风电电价补贴退出。从 2011 年至 2016 年，我国光伏发电度电补贴下降缓慢，从 2017 年开始光伏发电的度电补贴快速下降，2020 年光伏发电的度电补贴下降为 0.04 元/千瓦时。总体来看，我国可再生能源发电度电补贴在不断下降。

表 5-1　我国风电标杆上网电价　　　　单位：元/千瓦时

资源区	2009—2014 年	2015 年	2016—2017 年	2018 年	2019 年	2020 年
Ⅰ 类资源区	0.51	0.49	0.47	0.40	0.34	0.29
Ⅱ 类资源区	0.54	0.52	0.50	0.45	0.39	0.34
Ⅲ 类资源区	0.58	0.56	0.54	0.49	0.43	0.38
Ⅳ 类资源区	0.61	0.61	0.60	0.57	0.52	0.47

资料来源：根据国家发展和改革委员会公布的文件整理，http：//www.ndrc.gov.cn/。

表 5-2　我国光伏发电标杆上网电价　　　　单位：元/千瓦时

资源区	2011 年	2012—2013 年	2013—2015 年	2016 年	2017 年	2018 年	2019 年	2020 年
Ⅰ 类资源区			0.90	0.80	0.65	0.55	0.40	0.35
Ⅱ 类资源区	1.15	1	0.95	0.88	0.75	0.65	0.45	0.40
Ⅲ 类资源区			1	0.98	0.85	0.75	0.55	0.49

注：2013 年 8 月之前全国光伏电站的标杆上电价没有分类。

资料来源：根据国家发展和改革委员会公布的文件整理，http：//www.ndrc.gov.cn/。

　　在国家政策补贴的支持下，我国风电、光伏发电、生物质能发电等可再生能源发电装机容量快速增长，各类可再生能源发电量都在持续增长，可再生能源发电量从 2005 年的 4033 亿千瓦时上升到 2020 年的 22148 亿千瓦时。而可再生能源电价补贴取决于可再生能源发电度电补贴和可再生能源上网电量。因此，快速上升的可再生能源发电量使我国可再生能源电价补贴总额快速增长；而可再生能源电价附加收入增长却无法跟上其电价补贴总额的速度，导致电价补贴拖欠，政府的财政补贴压力不断增大。

随着可再生能源快速发展，其电价补贴资金不足和拖欠的问题却越来越严重，电价补贴缺口不断扩大。2016 年，可再生能源电价补贴缺口累计达到 700 亿元，到了 2019 年电价补贴缺口已高达 3000 亿元。电价补贴资金主要来源于可再生能源电价附加收入，电价补贴缺口不断扩大的原因之一是可再生能源电价附加收入实际征收率较低，不能按照文件规定足额征收可再生能源电价附加收入，这是导致补贴不能按时发放的主要原因。

2006 年我国实施《可再生能源发电价格和费用分摊管理试行办法》，明确规定可再生能源电价附加征收标准为 0.1 分/千瓦时。为了应对电价补贴资金的持续扩大，我国可再生能源电价附加征收标准在不断上调，到了 2016 年，可再生能源电价附加上调到 1.9 分/千瓦时，而后从 2016 年到 2021 年可再生能源电价附加一直保持在 1.9 分/千瓦时。虽然可再生能源电价附加标准在提高，但是其跟不上可再生能源电价补贴总额的增长速度，导致补贴缺口不断扩大，政府财政补贴压力越来越大。因此，从 2017 年开始，政府加快各类可再生能源上网标杆电价的下降速度，从 2020 年开始国家能源局推行可再生能源平价上网。为了解决可再生能源电价补贴拖欠问题，2020 年国家能源局出台风电、光伏发电相关管理办法，对新增可再生能源发电项目采取"以收定支"的方式，新增项目不再新欠补贴。

二、风电电价补贴

我国风电项目从 2003 年开始起步，风电电价实行"双轨制"，即招标与审批电价并存的方式。2006 年，国家发展和改革委员会、国家电力监管委员会发布《可再生能源发电价格和费用分摊管理暂行办法》，风电上网电价开始实施政府指导价，国务院电价主管部门按照招标形成的电价确定风电上网电价标准，各省份的风电上网电价按当地省级风电项目中标电价确定。2009 年，国家发展和改革委员会明确要求根据风能资源状况把全国划分为四类风能资源区，设定风电标杆上网电价[①]。

从表 5-1 中可以看出，四类风能资源区的标杆上网电价自 2009 年以来不断下降，到了 2020 年，四类风能资源区的标杆上网电价水平分别下降为每千瓦时 0.29 元、0.34 元、0.38 元和 0.47 元。随着风电成本下降和风电规模扩大，我国风电标杆上网电价将进一步降低。

风电标杆上网电价与燃煤火电的标杆电价的差为风电度电补贴额，风电的电

---

① 资料来源：国家发展和改革委员会发布的《关于完善风力发电上网电价政策的通知》。

价理论补贴额等于风电度电补贴额乘以风电发电量。本部分核算了 2011—2020 年我国的风电电价理论补贴额，其结果见图 5-2。从图 5-2 中可以看出，从 2011 年至 2017 年，我国风电的电价理论补贴额在不断增长，从 105.46 亿元上升到 492.18 亿元。从 2018 年开始，风电标杆上网电价每年下调，并且风电度电补贴额下调速度加快，因此从 2018 年开始风电的电价理论补贴额快速下降，到 2020 年电价理论补贴额降低为 0，风电电价补贴取消。

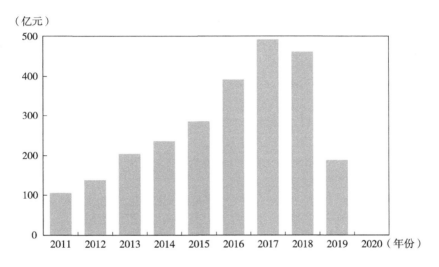

图 5-2　2011—2020 年我国风电电价理论补贴额变动情况

三、光伏发电电价补贴

我国光伏发电项目从 2005 年起步，在 2007 年以前光伏发电没有标杆电价，采用初始投资补贴方式支持光伏发电行业发展。2007 年和 2008 年，国家发展和改革委员会核定内蒙古鄂尔多斯和上海崇明太阳能光伏发电站上网电价 4 元/千瓦时。2009 年和 2010 年，我国实行特许权招标，对光伏发电项目分别执行 1.09 元/千瓦时和 1 元/千瓦时的上网电价。2011 年，国家发展和改革委员会规定光伏发电标杆上网电价，规定除西藏地区外，2011 年 7 月 1 日及以后核准或 2011 年 12 月 31 日之后建成投产的太阳能光伏发电项目的标杆电价为 1 元/千瓦时；西藏地区太阳能光伏发电项目标杆上网电价为 1.15 元/千瓦时。2013 年，国家发展和改革委员会将全国太阳能资源分为三类资源区，制定光伏发电标杆上网电价。从表 5-2 中可以看出，三类太阳能资源区的标杆上网电价自 2013 年以来在持续下降，尤其是 2016 年以来，光伏发电标杆上网电价下调的速度加快，三类资源区每年下降幅度均超过 0.1 元/千瓦时，2020 年光伏发电标杆电价水平分别降为每千瓦时 0.35 元、0.40 元和 0.49 元。

光伏发电标杆上网电价与燃煤火电标杆电价之间的差为光伏发电度电补贴额，光伏发电电价理论补贴额等于光伏发电度电补贴额乘以光伏发电量。本部分核算了 2011—2020 年我国光伏发电的电价理论补贴额，其结果见图 5-3。从图 5-3 中可以看出，2011—2018 年，我国光伏发电的电价理论补贴额在不断增长，从 13.28 亿元上升到 490.08 亿元。从 2018 年开始，光伏发电度电补贴额下降速度加快，因此光伏发电的电价理论补贴额也快速下降，到 2020 年电价理论补贴额下降为 94.82 亿元。

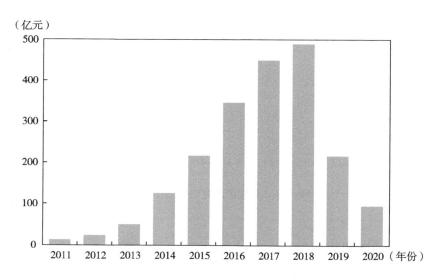

图 5-3　2011—2020 年我国光伏发电电价理论补贴额变动情况

四、生物质能发电电价补贴

基于可再生能源法，生物质能发电项目上网电价由国家发展和改革委员会定价，2006 年开始实行固定补贴制度，电价标准由各省份当年脱硫燃煤机组标杆上网电价加补贴电价组成，然后逐步过渡到固定电价制度。生物质能发电项目可获得 15 年的补贴电价，自项目开始运行起 15 年后补贴电价到期取消。2010 年以前，生物质能发电项目的补贴由可再生能源电价附加分摊。2012 年，对垃圾焚烧发电上网电价高出当地燃煤机组标杆上网电价的部分开始执行两级分摊，即省级当地电网负担 0.1 元/千瓦时，省级电网企业把承担部分传导给销售电价，其余部分由可再生能源电价附加分担。2020 年，国家发布系列政策①，规定了生物质能发电项目补贴。

2005—2006 年，我国生物质能发电补贴额为 0.25 元/千瓦时。2007—2009 年，生物质能发电补贴额调整为 0.35 元/千瓦时。2010 年以后，生物质能电价统一执行标杆上网电价，即 0.75 元/千瓦时（含税），2010—2020 年，生物质能发电补贴额为其标杆电价 0.75 元/千瓦时减去相应年份的平均燃煤机组标杆上网电价。生物质能发电量乘以生物质能发电补贴额为生物质能发电电价理论补贴额，2011—2020 年我国生物质能发电电价理论补贴额变动情况如图 5-4 所示。从图 5-4 中可以看出，自 2011 年以来我国生物质能发电电价补贴额持续稳定增长，尤其是 2012 年以后随着生物质发能发电量的快速增长，生物质能发电的电价理论补贴额呈现加快增长趋势。

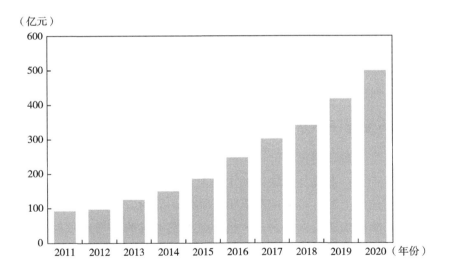

图 5-4　2011—2020 年我国生物质能发电电价理论补贴额变动情况

---

① 2020 年 6 月发布了《关于核减环境违法垃圾焚烧发电项目可再生能源电价附加补助资金的通知》（财建〔2020〕199 号），2020 年 9 月发布了《关于〈完善生物质发电项目建设运行的实施方案〉的通知》（发改能源〔2020〕1421 号），2020 年 9 月发布了《关于〈促进非水可再生能源发电健康发展的若干意见〉有关事项的补充通知》（财建〔2020〕426 号）。

第二节　我国可再生能源电价补贴引发的问题

能源结构转型已上升到国家战略，我国不断扩大可再生能源的开发和利用，可再生能源发展进入高速增长阶段。虽然我国可再生能源发电量快速增长，但是由于电力系统调峰能力不足、市场机制不完善等影响，弃水弃风弃光问题严重。自 2018 年以来，国家能源局先后发布了实行可再生能源配额制和可再生能源电力消纳保障机制的通知，对可再生能源的消纳起到积极的促进作用。同时，虽然当前我国可再生能源发展快速，但是可再生能源发电依然处于技术不成熟、生产成本较高的状态，无法与燃煤发电机组竞争，可再生能源发展仍然需要电价补贴的支持。现行的固定补贴政策导致电价补贴规模扩大，进而出现了政府财政补贴资金压力大、可再生能源发电补贴拖欠、补贴效率下降等问题。长期的电价补贴拖欠无法满足可再生能源发电企业的资金需求，一些可再生能源发电企业资金链断裂导致经营困难，严重制约了可再生能源企业的自主发展。可再生能源电价补贴促进了我国可再生能源的快速发展，但是随着时间的推移，电价补贴问题逐渐凸显，具体体现在以下三个方面：

一、可再生能源补贴缺口不断扩大

补贴缺口是当前制约我国可再生能源发展的突出问题，尤其是处于快速发展阶段的光伏产业；造成补贴缺口的主要原因是可再生能源电价附加征收基数低、自备电厂拖欠上缴可再生能源电价附加等。同时，对可再生能源发展估计不足，可再生能源快速发展特别是装机容量和发电量的剧增导致补贴资金需求迅速扩大，补贴收入增速无法跟上可再生能源发电的增长。目前我国可再生能源补贴拖欠已是常态，补贴缺口不断扩大，可再生能源生产效益降低。另外，设备制造商回款滞后等问题导致对可再生能源技术创新投资减少，使可再生能源发展面临瓶颈。"十三五"规划提出，2020 年要实现我国风电与燃煤发电同平台竞争，但是 2018 年风电平均标杆电价为 0.5 元/千瓦时，平均度电补贴水平为 0.136 元/千瓦时，要在 2020 年取消风电补贴实现平价目标，会使风电行业面临较大压力。我国可再生能源发展对财政补贴依赖程度较高，现有的价格补偿机制无法满足可再生能源的快速发展需求，庞大的补贴资金缺口已经成为

可再生能源产业发展的最大障碍和不确定性因素，补贴缺口问题不仅加重了财政负担，也严重影响了政府公信力和可再生能源企业的正常生产。

二、可再生能源电价市场化程度低

可再生能源电价补贴在前期对其发展起到重要的扶持作用，但是当可再生能源市场规模快速扩大时，固定电价补贴不能及时反映市场的变化；并且固定电价补贴制度强调的是对发电侧的激励，易造成生产过剩，进而引发可再生能源发电消纳难的问题，导致补贴效率下降。同时，受到电网网架结构限制，电网公司从安全性和经济效益的角度对可再生能源电量的消纳意愿不高，使可再生能源发电装机容量越大，弃水弃风弃光问题越严重。我国电力市场长期存在"交叉补贴"问题。电价交叉补贴是用户的电价低于供电成本而由其他用户承担所造成的。我国工商业用户长期补贴居民用户，导致我国电价市场化程度低，可再生能源电价不能反映环境成本等变化，也不能实现电价传导。林伯强等（2009）、刘思强等（2016）等的研究证实了"交叉补贴"的低效问题。我国可再生能源发电规模庞大，正处于转型升级阶段，目前的电价政策不利于可再生能源行业的高质量发展，需要根据电力需求和生产成本变化等进行调整和改革。

三、可再生能源电力发展空间不足

在可再生能源电价补贴政策激励下，各发电企业都有大力发展可再生能源电力的动力。但是总体来看，我国发电装机容量较为充足，而可再生能源的装机容量在总装机容量中占比相对较小，在规模效益上不足以与大型火电站竞争。为了追求规模效益，前期建设的可再生能源电站主要集中在偏远地区，从而凸显了网架结构建设滞后、离消费终端远、本地难以消纳等问题。从能源安全和能源协同发展的角度，今后的可再生能源电力将以分布式能源的方式建设在能源消费区域。但是我国电力消费需求大的东、中部地区发电厂密集，如果在政策上不能对可再生能源发电提供容量空间支持，可再生能源建设会受到市场发展空间的限制。同时，如果东部、中部地区的电力需求不为可再生能源电力提供消纳空间，就不能有效提高可再生能源发电利用小时数，可再生能源发电企业生产效益就难以提升，这将阻碍可再生能源电力的持续发展。

第三节 我国可再生能源电价补贴效率研究

可再生能源标杆电价和电价补贴等措施虽然促进了我国可再生能源的发展，但是可再生能源电价补贴缺口不断扩大、电价市场化程度较低、市场发展空间受限等问题日益突出，优化电价补贴机制势在必行。可再生能源补贴效率与度电补贴额、上网电量、发电规模紧密相关，可再生能源上网电价的调整对电价补贴效率具有重要影响。随着我国可再生能源发电规模的扩大，政府应根据不同发展阶段可再生能源行业的情况，动态调整产业引导政策，优化可再生能源电价补贴方式，提高发电协同上网能力，创新可再生能源运营模式，促使可再生能源企业提高竞争力，逐步摆脱对固定电价补贴的依赖。

一、引言

随着能源安全和环境保护问题日益严峻，加快可再生能源开发和利用已经成为全球共识。作为世界第一大能源消费国，我国积极推进能源结构转型，2006年制定了《中华人民共和国可再生能源法》，自此可再生能源发展步伐不断加快。自 2014 年以来，我国在世界新增可再生能源电力装机容量中持续占据主导地位。2017 年、2018 年，世界新增可再生能源发电装机容量为 167 吉瓦和 171 吉瓦，其中我国新增装机容量占比分别为 46.1% 和 44.7%。[①] 我国可再生能源发展取得的显著成绩主要源于政府实施的一系列能源政策，其中可再生能源补贴制度是推动可再生能源快速发展的主要动力。

但是随着可再生能源的快速增长，可再生能源电力消纳和补贴政策的落实等面临越来越大的挑战。一方面，由于可再生能源配套设施、网架结构建设、负荷预测等相对滞后，造成我国可再生能源在快速发展过程中出现了产能过剩、弃水弃风弃光等问题；另一方面，可再生能源补贴资金缺口不断扩大，已经从 2011年底的 107 亿元扩大至 2017 年底的 1000 亿元，2020 年补贴缺口达到 2400 亿元，可再生能源电价补贴资金的发放面临巨大压力，可再生能源产业发展遭遇瓶颈，优化电价补贴机制势在必行。

---

① 资料来源：国际可再生能源署（IRENA）发布的《可再生能源产能统计 2018》（Renewable Capacity Statistics 2018）和《可再生能源产能统计 2019》（Renewable Capacity Statistics 2019）。

我国发布的能源"十三五"规划中提出，可再生能源将逐步成为能源供应增量主体。然而，目前我国的可再生能源电价补贴机制不利于此目标的达成，可再生能源电价补贴方式的优化、补贴资金的筹集、管理和退出机制的选择等都是我国正在面临的现实问题。欧美等发达经济体对可再生能源电价补贴的研究比较成熟，并且取得了显著的实践效果，例如德国已经大幅下调甚至取消了部分可再生能源品种的补贴。由于我国可再生能源发展环境不同于欧美，我国的可再生能源电价补贴制度依然处于探索和完善阶段，我们需要理顺电价，优化可再生能源电价补贴机制，这对促进可再生能源持续发展和实现我国中长期能源发展战略具有重要的现实意义。

二、文献综述

George 等（1992）最早使用边际理论研究电力工业，从实时电价的角度研究电价理论，奠定了电力行业的市场化理论的研究基础。Evans 等（2009）认为，在考虑环境外部性时，相对于其他能源，可再生能源定价在经济上具有竞争性。Gregory 等（2017）基于美国新能源行业发展情况，利用 SC 模型研究发现，实施配额制政策的地区相对于未实施的地区，呈现出电价上升、电量需求下降的情况。Tuomas 等（2017）通过建立分布滞后模型，发现灵活的可再生能源发电容量和发电模式有助于应对可再生能源并网导致的电价波动问题。

随着可再生能源的发展，对于可再生能源价格机制的研究成为热点。固定上网电价政策［Lewis 等（2007）］、可再生能源配额制［Menanteau 等（2003）］、可交易的绿色证书制［Currier（2013）］、可再生能源竞标政策［Anatolitis 等（2017）］等是可再生能源电价机制的研究重点。固定电价、招标电价、配额电价和绿色电价是可再生能源价格机制的四种主要形式。除此之外，Kalkuhl 等（2011）比较了碳税与可再生能源上网电价补贴的政策效应，认为在不使能源价格大幅上涨的情况下，碳税和可再生能源补贴组合可以实现减排。Arias 等（2013）研究了 OECD 成员能源结构对可再生能源技术变革的影响，发现能源价格与专利数量存在正相关关系，减少政府对大工业用户的补贴有助于激励可再生能源技术进步，促进可再生能源行业发展。

自 20 世纪 80 年代以来，可再生能源定价机制问题日益受到我国学者的关注。赵子健等（2012）运用 Ramsey 定价理论对售电环节的可再生能源上网电价分摊机制进行研究，发现这种定价模式会促进电网接纳可再生能源发电上网，并且有效分摊可再生能源上网电价，优化了售电价格体系。郭晓丹等（2014）采用因变量受限的 Tobit 模型对我国可再生能源政策的有效性进行分析，认为费用分摊和标杆上网电价都对可再生能源产业发展产生了积极的促进作用。王风云（2017）研究了可再生能源定价机制，认为目前缺乏对可再生能源政策实施效果的评估及反馈机制的研究，需要建立可再生能源电价补贴调整机制。

随着世界主要国家电价改革的推进，许多学者对可再生能源补贴问题展开深入研究。Nicolini 等（2017）利用面板数据研究了 2000—2010 年补贴政策对德国、法国、英国、意大利、西班牙 5 个国家的可再生能源发展的促进作用，发现对可再生能源补贴与激励能源生产和装机容量之间存在正相关关系。Cavicchi（2017）运用比较分析法对美国可再生能源电力补贴设计进行了研究，认为基于生产的补贴方式降低了电力批发市场的价格，这与为了纠正环境外部性而提高市场电价的目标相反；基于发电量补贴的定价方法没有显著地降低电价。在设计电价补贴的过程中要着眼于社会福利最大化，重视补贴的成本效益评估。Nie 等（2017）通过构建博弈模型研究两种能源效率补贴，发现与固定补贴相比，产出补贴对环境的影响更为有利，并且能够获得更高的消费者剩余和更低的生产者剩余。Andor 等（2016）研究了德国电力市场，指出发电补贴应与发电的外部性相对应（如温室气体减排），而投资补贴应与产能外部性相对应（如学习溢出效应），当前流行的补贴工具会导致社会福利损失。Yu 等（2016）运用面板门槛回归模型进行分析，发现政府补贴对可再生能源企业研发投资具有显著的挤出效应。

近年来，我国可再生能源发电规模不断扩大，可再生能源补贴问题日益突出。李虹等（2011）研究认为，决定可再生能源补贴的关键因素是居民环境支付意愿，补贴力度应与居民环境支付意愿相适应甚至超前，因此要建立并完善可再生能源的市场竞争环境。林伯强等（2009）采用价差法研究我国居民用电的交叉补贴，认为实行有针对性的补贴可以提高公平和效率。余杨（2016）研究了我国风电、光伏发电电价政策的补贴需求和税负效应，发现在低弃风情况下，实施省份资源区电价政策有利于补贴的降低；在高弃风情况下，分类资源区电价政策可使补贴成本更低，可适度降低风电、光伏发电电价补贴税负水平。刘思强等（2016）利用价差法对天津市交叉补贴额与补贴程度进行测算，发现交叉补贴严重，对低电压等级的补贴要高于高电压等级，因此要通过改革取消交叉补贴。王风云等（2019）基于向量自回归模型分析电价补贴对风电、光伏发电和生物质能发电装机容量的影响效应，研究表明，三者电价补贴的累积效应在减弱，电价补贴对三者装机容量增长的贡献有限。齐绍洲等（2018）研究认为，当可再生能源补贴高于门槛值时会造成可再生能源消费更大的经济代价，补贴不是促进可再生

能源消费唯一有效的方法。

以上学者的研究结果表明,虽然定价机制的改革和研究对可再生能源发电具有积极的促进作用。但是随着经济发展和市场结构的变化,学者们发现可再生能源补贴的作用和影响在下降[林伯强等(2009)、王凤云等(2019)、齐绍洲等(2018)],对大工业用户的补贴不利于可再生能源技术进步[Adrianas等(2013)],政府补贴对可再生能源研发投资具有挤出效应[Yu等(2016)]。我国电力市场化程度比较低,没有形成统一的电力交易市场,有关可再生能源补贴方式和补贴效率研究不能满足能源产业发展需求。因此,本书研究我国可再生能源发电和补贴现状,以风电和光伏发电为研究对象分析我国可再生能源的电价补贴效率,厘清可再生能源电价补贴问题,并提出切实可行的对策建议,以期为我国能源结构优化和可再生能源的持续发展提供政策依据。

三、可再生能源电价补贴效率分析

可再生能源标杆电价和电价补贴等措施促进了我国可再生能源电力发展。目前,我国可再生能源补贴的主要对象是风电、光伏发电、生物质能发电等项目,本部分研究了近年来发电规模扩大较快的风电和光伏发电的电价补贴效率问题。

(一)可再生能源度电补贴及补贴缺口

可再生能源电价补贴取决于度电补贴额和可再生能源上网电量。2003年,国务院颁布《电价改革方案》,确定了我国火电标杆电价政策和煤电价格联动机制;2006年以后,陆续制定了各类可再生能源标杆电价,标杆电价因各省级电网的经济、资源禀赋等的差异而不同。

经济的高速增长使我国用电需求不断增加,2005—2012年,火电标杆电价持续上升。2013年以后,政府注重经济发展的稳定性和持续性,用电需求增长缓慢,火电标杆电价呈现下降趋势。2018年1月,我国政府再次强调"降电价",火电标杆电价处于下降波动阶段,能源行业的竞争更加激烈,发电成本较高的可再生能源行业面临严峻挑战,这倒逼可再生能源电力降低成本。我国对可再生能源标杆电价也进行了多次调整,2013年以后,我国的风电、光伏发电和火电的标杆电价都呈现下降趋势,其中光伏发电的标杆电价下降的幅度相对较大。

风电、光伏发电的标杆电价与火电的标杆电价的差为二者的度电补贴额,可再生能源发电理论补贴额等于度电补贴额乘以可再生能源上网电量。虽然2016年以后风电和光伏发电等可再生能源的度电补贴额不断下降,但是由于可再生能源发电量增长较快,仍使可再生能源补贴总额快速增长。我国可再生能源电价补贴的资金主要来源于可再生能源电价附加收入，可再生能源电价附加征收标准从2006年的0.001元/千瓦时上涨到2016年的0.019元/千瓦时，但是补贴缺口仍不断扩大。2012年，可再生能源电价附加提高到0.015元/千瓦时，补贴缺口为200亿元；2016年，可再生能源电价附加提高到0.019元/千瓦时，补贴缺口达700亿元；2018年，可再生能源电价附加仍为0.019元/千瓦时，补贴缺口已高达1400多亿元。从我国的能源发展规划来看，可再生能源发电装机容量仍将持续增长，未来可再生能源电价补贴缺口将进一步扩大。

（二）可再生能源电价补贴效率分析

鉴于可再生能源补贴缺口不断扩大，需要分析电价补贴效率，优化补贴机制。总的可再生能源发电补贴效率不能反映各类可再生能源品种补贴效率的实际变动情况。因此，本部分单独研究风电和光伏发电的补贴效率问题，其补贴额也是可再生能源中增长最快的。本部分首先核算风电和光伏发电的度电补贴额，然后计算出风电、光伏发电理论补贴额①和补贴效率②。风电（或光伏发电）的理论补贴额与风电（或光伏发电）装机容量的比值越大，说明补贴效率越低；比值越小，说明补贴效率越高（见图5-5）。

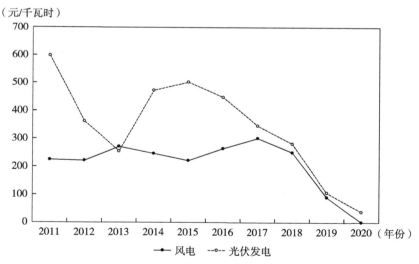

图5-5　2011—2020年我国风电和光伏发电单位装机容量补贴额

---

① 本部分分别取四类资源区风电标杆电价的平均值和三类资源区光伏发电标杆电价的平均值，作为风电和光伏发电的平均标杆电价，其与火电平均标杆电价的差为风电度电补贴和光伏发电度电补贴。风电理论补贴额等于风电度电补贴乘以风电上网电量，光伏发电理论补贴额等于光电度电补贴乘以光伏发电上网电量。

② 补贴效率=理论补贴额/装机容量。

　　图 5-5 的原始数据来源于 2012—2021 年《中国电力行业年度发展报告》和《中国可再生能源产业发展报告 2021》，通过核算得出我国风电和光伏发电补贴效率变动情况。从图 5-5 可以看出，风电和光伏发电补贴效率均呈现周期性变化，但是二者的变化存在显著差异。风电比光伏发电规模大，发展相对成熟，因此补贴效率变动幅度相对较小。2011—2015 年，每单位风电装机容量补贴额先上升再下降，风电的补贴效率呈现先下降再上升。2014—2015 年，由于火电标杆电价下降幅度大于风电标杆电价，风电度电补贴额上升，促进了风电装机规模迅速扩大，2013—2015 年风电补贴效率不断提高。2016—2017 年，风电标杆电价没有变化，风电装机规模不断扩大，弃风率居高不下，每单位风电装机容量的补贴呈现上升趋势，从 2015 年的 210.03 元/千瓦上升到 2017 年的 301 元/千瓦，风电补贴效率在下降。2018 年以后，政府加大了风电上网电价的下调力度，风电装机容量的单位补贴额不断下降，风电补贴效率在上升。因此，政府加快下调风电电价补贴直至退出的政策措施是有效的，通过市场化的手段替代固定上网电价以推进风电的发展，促进了风电行业高质量发展。

　　我国光伏发电规模化发展起步较晚，2011—2013 年光伏发电规模较小，电价补贴对光伏发电产业发展影响显著，每单位光伏发电装机容量的补贴额下降，但光伏发电补贴效率不断提高。2014 年和 2015 年，火电标杆电价降幅较大而光伏发电标杆电价保持不变，光伏发电度电补贴额上升激励了光伏发电产业的发展，光伏发电装机容量大规模增长，同时也导致光伏发电弃光率提高，2014 年和 2015 年弃光率分别达到 14% 和 12.6%。光伏发电装机容量的单位补贴额从 2013 年的 282.90 元/千瓦上升到 2015 年的 493.24 元/千瓦，光伏发电补贴效率下降。从 2016 年开始，政府积极采取措施下调了光伏发电标杆电价，平均每年下调 0.1 元/千瓦时，同时加大相关配套设施建设和政策支持，弃光率下降。2018 年以后，政府加快了光伏发电上网电价的下调速度，光伏发电单位装机容量补贴额快速下降，光伏发电补贴效率呈现上升趋势。因此，政府应该根据生产成本合理制定光伏发电价格补贴的退坡机制，采取动态的补贴调整机制，同时辅以竞价、绿色信用证等市场化方式促进光伏发电产业的适度发展。

　　通过对风电和光伏发电电价补贴效率的分析可以看出，可再生能源补贴效率与度电补贴额、上网电量、发电规模紧密相关，可再生能源上网电价的调整对电价补贴效率影响显著。自 2015 年以来，政府加大光伏发电上网电价的下调力度，光伏发电补贴效率明显上升，而风电上网电价变动较小，其补贴效率下降。2018 年，风电上网电价下调力度加大，其补贴效率上升。我国可再生能源上网电价调整力度不足，导致补贴效率出现周期性波动。可再生能源电价补贴效率下降主要表现在电价补贴的质量效应下降，补贴的规模效益引发了严重的过剩问题，高补贴导致可再生能源发电企业盲目扩大生产，不利于我国化石能源和可再生能源的协同发展。随着我国可再生能源发电规模的扩大，相关配套设施和政策的滞后也是造成可再生能源补贴效率下降的重要原因。政府要根据不同发展阶段可再生能源行业的情况，动态调整产业引导政策，促使可再生能源企业提高竞争力，逐步摆脱对固定电价补贴的依赖。

四、对策与建议

基于以上对我国可再生能源补贴问题和补贴效率的研究，本书提出以下对策建议：

（一）优化可再生能源电价补贴方式，提高电价补贴效率

建立电力价格补偿长效机制，根据各类可再生能源的区域资源状况、技术进步和正外部性等确定发电收益，设计各类可再生能源电价补贴合理退坡机制，对可再生能源上网电价实时调整，使电价补贴在运行周期内进行动态变化，避免可再生能源发展"大起大落"。同时，通过发行可再生能源债券拓宽补贴资金渠道，将民间闲置的资金利用起来发展可再生能源电力；通过上网电价竞标、出售可再生能源绿色证书等市场化交易，缓解可再生能源补贴拖欠导致的企业盈利压力问题。在生产端，通过引入市场竞争推进可再生能源产业降低度电成本，倒逼可再生能源企业技术创新，突破可再生能源发展的高成本障碍。在消费端，针对电力用户群制定不同电价制度和补贴水平，对可再生能源补贴从生产端转向消费端，鼓励全社会主动消费可再生能源电力，促进可再生能源电力消纳。基于"谁受益、谁付费"的原则，对低于成本电价的用户可适当增加征收可再生能源电价附加，逐步提高到能弥补其单位供电成本，减少直至最终取消政府干预。

（二）提高发电协同上网能力，促进可再生能源电力消纳

应建立上网电量与电价补贴的动态调整机制，通过增加可再生能源发电规模和上网电量减少企业对电价补贴的依赖，实施循序渐进的可再生能源补贴退坡政策，引导风电、光伏发电等可再生能源行业向市场驱动下的竞争型电价的方式发展，促进可再生能源电力自我发展。政府应加大电网网架结构、储能设施建设的政策支持，同时鼓励发电企业、电网企业合作，优化火电、风电、光伏发电等协同上网机制，消纳西北等地可再生能源丰富地区的过剩产能。通过建立能源信息共享，实现多能互补，统筹风电、光伏发电等的增长，实现可再生能源生产、输

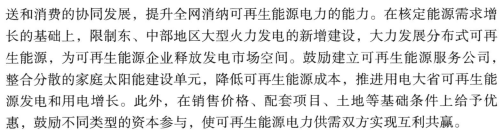

送和消费的协同发展，提升全网消纳可再生能源电力的能力。在核定能源需求增长的基础上，限制东、中部地区大型火力发电的新增建设，大力发展分布式可再生能源，为可再生能源企业释放发电市场空间。鼓励建立可再生能源服务公司，整合分散的家庭太阳能建设单元，降低可再生能源成本，推进用电大省可再生能源发电和用电增长。此外，在销售价格、配套项目、土地等基础条件上给予优惠，鼓励不同类型的资本参与，使可再生能源电力供需双方实现互利共赢。

（三）适应能源互联网发展，创新可再生能源电力运营模式

互联网产业正在改变各个行业，我国大型能源企业也在进行互联网转型。可再生能源发展应借鉴互联网产业的发展模式，通过能源互联网方式建设、经营可再生能源电站。鼓励采用众筹、认领、网上交易等方式建设可再生能源电站，将所有权、管理权、运营权分离：可再生能源电站股权按众筹比例分享，管理由专业化能源企业开展，运营由互联网企业完成。通过互联网模式改变可再生能源电站的盈利方式，摆脱对电价补贴的依赖。随着环保意识的增强，众筹运营的可再生能源电站既可以为清洁能源发展做出贡献，又能通过互联网运营获取一定的收益，会极大地促进可再生能源电力的发展，缓解可再生能源发电阶段性过剩问题。除此之外，要大力发展储能技术。储能是实现能源互联网的关键环节，通过横向多种能源互补和纵向源网荷储协调，实现能源与信息同步，促进可再生能源电力的普遍使用。

第六章　我国可再生能源电价补贴收支平衡研究

庞大的电价累计补贴缺口对可再生能源行业和财政支出造成了巨大压力，研究我国可再生能源电价补贴收支平衡问题对其可持续发展具有重要的现实意义。在电价补贴退出背景下，本章以风电、光伏发电、生物质能发电三类可再生能源为研究对象，利用灰色模型 GM（1，1）预测第二、三产业用电量和城乡居民用电量，核算可再生能源电价理论补贴和可再生能源电价附加收入，探析可再生能源电价补贴收支平衡情况；基于灰色模型预测，分析我国可再生能源电价理论补贴的拐点和收支平衡点；从调整电价附加征收标准、提高电价附加收入征收率、募集补贴资金等方面提出促进可再生能源行业高质量发展的对策建议。

第一节　研究背景和文献综述

一、研究背景

自 2006 年以来，我国政府实施了一系列可再生能源支持政策，尤其是电价补贴政策，极大地促进了可再生能源的发展。我国可再生能源发电装机容量从 2006 年的 1.35 亿千瓦增加到 2020 年的 9.35 亿千瓦，年均增长率达 16.05%。随着可再生能源发电规模不断扩大，电价补贴政策的负面影响逐渐凸显，突出表现在补贴发放拖欠、补贴资金缺口扩大、补贴效率低等问题上。虽然我国可再生能源电价附加征收标准在 2016 年提高到了 0.019 元/千瓦时，但是可再生能源发电量的快速上升使电价附加收入仍然无法弥补电价补贴资金缺口，2019 年可再生能源累计补贴缺口总额高达 3000 亿元。为了更好地促进可再生能源行业发展、缓解财政补贴压力，2019 年以后，国家发展改革委、国家能源局等多部门联合发布《关于促进非水可再生能源发电健康发展的若干意见》《可再生能源电价附加补助资金管理办法》等政策，规定从 2021 年开始取消新增可再生能源项目的电价补贴，并要求以可再生能源电价附加收入决定电价补贴支出金额。我国可再生能源平价上网时代已经来临，可再生能源行业面临取消电价补贴依赖、实现自我发展的巨大挑战。

因此，在可再生能源电价补贴退出背景下，研究电价补贴的变动趋势、可再生能源电价补贴何时达到收支平衡，以及电价补贴的收入和支出政策如何调整等问题，对促进我国可再生能源电力行业高质量发展具有重要的现实意义。本章将探究在叠加可再生能源电力项目平价上网后，我国电价附加收入和电价理论补贴变动趋势，分析可再生能源电价补贴收支平衡及变动问题。

二、文献综述

可再生能源价格机制有效地促进了可再生能源电力发展，国内外学者对可再生能源电价机制及其影响，以及相关政策类型和政策组合效应等展开了深入分析，得到了丰硕的学术成果。相关研究主要体现在以下三个方面：

（一）可再生能源价格机制及其影响

可再生能源的价格机制主要有固定电价、招标电价、配额制和绿色电力证书等，其中固定电价政策应用最为普遍。学者们深入研究了不同资源区标杆上网电价对我国风电和光伏发电的影响。Du 等（2020）利用空间断点回归，发现采用差异化的标杆上网电价对风电和光伏发电的利用小时数、发电量和装机容量具有促进作用。赵彦云等（2021）通过多水平模型研究认为，风电上网电价政策产生了显著的产业效应，实施效果较好，但是上网电价政策对不同资源区风电产业发展的影响程度不同。一些学者对固定电价政策、配额制和绿色电力证书的政策效果进行了对比分析。郭炜煜等（2016）和吴力波等（2015）构建了寡头垄断市场下燃煤电厂和可再生能源电厂的利润模型，研究固定电价政策和配额制对电力市场的影响，发现两种政策都增加可再生能源发电总量。但是，吴力波等（2015）认为，相较于配额制，固定电价政策对可再生能源发电总量的增长效应更大；郭炜煜等（2016）认为，配额制提高社会福利而固定电价政策减少社会福利。Fagiani 等（2013）使用系统动力学方法，研究固定上网电价和绿色电力证书对风电和光伏发电项目经济效益的影响，发现如果确定合理的上网电价，固定上网电价政策能获得比绿色电力证书更好的效益。为了提高配额制政策执行的有效性，黄涛珍等（2020）运用演化博弈论分析了中央、地方政府和电网企业的配额监管效果，认为地方政府通过增加惩罚力度可以保证电网企业完成可再生能源配额目标；而中央政府应适当增加对地方政府的激励，激励性指标设定在 33%～47%时，激励作用最为显著。

还有学者认为多种价格机制组合有利于可再生能源电力的发展。Dusonchet 等（2015）通过计算法国、德国、希腊、意大利和英国五国不同规模光伏发电的净现值和内部收益率，发现固定上网电价政策下的光伏发电项目的净现值和内部收益率低于同时使用多种价格机制的光伏发电项目。余杨等（2020）利用平准化电价模型和价差法，发现实施绿色电力证书可以减轻发电企业在固定电价政策下的财税负担。Zhang 等（2018）探究了固定电价、配额制和绿色电力证书三种政策的实施效果，结果表明，配额制和绿色电力证书政策会降低电力行业利润，其应作为固定电价的补充政策。Zhao 等（2020）构建了碳税政策与配额制、固定电价政策重叠管制下的电力市场均衡模型，实证分析表明，价格机制的重叠执行有助于提高可再生能源发电量在电力市场中的比重，优化供电结构。

（二）可再生能源电价补贴机制及其影响

学者们研究认为，可再生能源电价补贴对经济［Gelan（2018）、严静等（2014）］、环境［徐晓亮等（2020）、Zhao 等（2014）］及其产业发展［Nicolini 等（2017）、Wang 等（2021）、Lin 等（2020）］具有积极的促进作用。Gelan（2018）和严静等（2014）基于一般均衡（CGE）模型研究发现，可再生能源补贴对宏观经济产生正向影响，其中，Gelan（2018）发现当科威特电价补贴减少30%时，当地的生产总值下降0.46%。徐晓亮等（2020）使用动态 CGE 模型研究发现，可再生能源补贴可以降低污染物和雾霾排放的速度。Zhao 等（2014）核算了 2006—2011 年我国可再生能源发电补贴的成本和环境效益，发现其间共计补贴 3.345 亿元，最终产生 178.8 亿元的环境效益。Nicolini 等（2017）利用 2000—2010 年面板数据进行回归分析，研究发现，法国、德国、意大利、英国和西班牙五国的货币激励政策在短期和长期都可增加可再生能源发电量，其中 1.0%的货币激励增加了 0.4%～1.0%的可再生能源发电量。Wang 等（2021）通过调查问卷分析认为，我国补贴政策能够增强城市和农村消费者购买光伏产品的意愿，且对农村居民购买意愿的影响作用大于城市居民。Lin 等（2020）运用数据包络分析和 Tobit 回归模型研究发现，政府补贴对光伏产业创新效率具有显著支持作用。

有学者认为，虽然可再生能源电价补贴可以促进其发展，但是需要更多的财政支出［Liv 等（2018）］。我国可再生能源发电的高补贴驱动其高速发展，但引发了可再生能源发电补贴缺口快速扩大、弃风弃光比例不断上升等问题［北京大学国家发展研究院能源安全与国家发展研究中心等（2018）］。黄珺仪（2016）对比我国与英国、美国、德国的可再生能源电价补贴政策，指出我国电价补贴面临着补贴数额大幅度提高、补贴征收资金与实际需求之间缺口扩大等问题。程承等（2019）应用实物期权方法，评估我国上网电价政策、价格补贴政策和成本补偿政策的实施效果，发现三种政策均可激发投资者的积极性，但存在过度激励的问题。Tang 等（2021）研究发现，在经济发展水平高的地区，补贴政策对分布式光伏发电装机容量具有积极影响；但在贫困地区，过高补贴不仅不能提高分布式光伏发电的安装数量，还会导致财政赤字。

（三）可再生能源电价补贴效率

长期来看，可再生能源电价补贴效率在下降。王风云（2020）研究认为，可再生能源的度电补贴额、上网电量、发电规模对其补贴效率影响显著，风电、光伏发电在不同发展阶段补贴效率呈现周期性变化的特点，因此，对不同种类可再生能源应动态调整上网电价政策和产业引导政策，促使可再生能源逐步摆脱对电价补贴的依赖。Jia 等（2020）认为，对分布式光伏发电系统的补贴应当考虑不同地区太阳能资源条件、电力需求和经济发展水平等因素，固定电价补贴与光伏发电成本下降不一致会引起补贴效率下降，而不同地区光伏发电系统的经济效益差异大。Torani 等（2016）在考虑电价和光伏发电成本两个不确定性因素下建立随机动态模型，研究电价、技术、补贴和碳税四种因素的有效性，发现随着技术创新率的提高，补贴和碳税变得越来越无效。王思聪（2018）分析了电价补贴退坡政策对光伏发电的影响，认为补贴退出有助于减少光伏发电企业对政府补贴的黏性，提升光伏发电企业的活力。

综上所述，有关可再生能源定价机制的相关研究成果主要集中在不同价格机制及其政策效果的对比［郭炜煜等（2016）、吴力波等（2015）、Fagiani 等（2013）］、价格机制组合对可再生能源产业发展的影响［Dusonchet 等（2015）、Zhao 等（2020）］、可再生能源电价补贴政策的经济效应和环境效应上［Gelan（2018）、严静等（2014）、徐晓亮等（2020）、Zhao 等（2014）］。在可再生能源电价补贴政策的激励下我国可再生能源曾高速发展，但从目前电价补贴政策执行效果来看，过度补贴和补贴缺口等问题［北京大学国家发展研究院能源安全与国家发展研究中心等（2018）、黄珺仪（2016）］导致可再生能源电价补贴效率显著下降［Tang 等（2021）、王风云（2020）］，电价补贴政策已经不能满足我国可再生能源中长期的发展，因此，亟须研究电价补贴的收支平衡和电价补贴风险问题。目前为止，学术界有关电价补贴退出情况下可再生能源电价补贴的收支平衡和变动问题的研究很少。本章通过灰色模型，测算承担可再生能源电价附加收入的社会用电量，核算平价上网后的可再生能源电价理论补贴和可再生能源电价附加收入，分析电价补贴收支平衡点及其变动问题。基于此，本章提出可再生能源电价补贴的收入和支出的调整策略，以促进可再生能源行业的持续发展，推进我国能源结构绿色转型。

第二节　数据来源与研究方法

一、数据来源

在可再生能源中，我国上网电价补贴的主要对象是风电、光伏发电和生物质能发电。本章研究这三类可再生能源的电价理论补贴和电价附加收入；并基于2016—2020 年第二、三产业用电量和城乡居民用电量数据，预测 2021—2030 年的社会用电量，进而核算可再生能源电价理论补贴和电价附加收入。本章所涉及的数据主要来源于 2017—2020 年我国电力行业年度发展报告、中国电力企业联合会 2020 年全国电力工业统计快报、《中国能源统计年鉴》、国家能源局发布的全国电力工业统计数据。

二、研究方法

（一）预测模型的选择

有关可再生能源发电及其补贴的研究方法，学者们大多采用价差法［龚利（2019）、Jiang 等（2013）］、灰色预测［严静等（2014）］和情景分析［Ouyang 等（2014）］等方法，其中比较常用的是价差法。但是价差法适用于核算最终消费价格的补贴，而可再生能源发电属于生产端，价差法不适合用于生产端的预测。严静等（2014）比较价差法、灰色预测等方法，认为灰色预测方法适用于可再生能源发电及其补贴测算。灰色模型通过与已知的原始数据进行关联，分析和寻找系统变动规律，可以有效地解决小样本、贫信息的不确定性问题。我国可

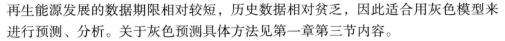

再生能源发展的数据期限相对较短，历史数据相对贫乏，因此适合用灰色模型来进行预测、分析。关于灰色预测具体方法见第一章第三节内容。

（二）灰色预测精确度检验

为了确保预测值的准确性，本章采用残差检验法、后验差检验法和级比偏差检验法对灰色模型进行精确度检验。采用这三种方法分别对第二、三产业用电量和城乡居民用电量的预测值进行精确度检验。

首先，对预测数据进行残差检验。由表 6-1 可知，2016—2020 年，我国第二、三产业用电量和城乡居民用电量预测值的相对误差绝对值分别小于等于 0.76%、6.24%、1.90%，三者平均相对误差绝对值分别为 0.50%、3.75%、0.91%，建模精确度分别为 99.50%、96.25%、99.09%，均大于 90%。以上检验结果表明，模型精确度满足要求，通过残差检验。

表 6-1　社会用电量残差检验结果　　　　　　　单位：亿千瓦时

年份	第二产业用电量			第三产业用电量			城乡居民用电量		
	原始数据	预测值	相对误差（%）	原始数据	预测值	相对误差（%）	原始数据	预测值	相对误差（%）
2016	42108	42108	0.00	7961	7961	0.00	8054	8054	0.00
2017	44413	44737	0.73	8814	9364	6.24	8695	8827	1.52
2018	47235	46875	-0.76	10801	10313	-4.52	9685	9501	-1.90
2019	49362	49115	-0.50	11863	11359	-4.25	10250	10226	-0.23
2020	51215	51462	0.48	12087	12510	3.50	10949	11006	0.52

其次，对预测数据进行后验差检验。均方差比值 C 和小误差概率 P 是后验差检验中的重要指标，对于灰色模型而言，均方差比值 C 越小越好，而小误差概率 P 越大越好。灰色模型 GM（1，1）的预测精确度可以按表 6-2 进行等级划分。

表 6-2　精确度检验参照表

模型精确度等级	均方差比值 C	小误差概率 P
一级（好）	$C \leq 0.35$	$P > 0.95$
二级（合格）	$0.35 < C \leq 0.5$	$P > 0.80$
三级（勉强）	$0.5 < C \leq 0.65$	$P > 0.70$
四级（不合格）	$0.5 < C$	$P \leq 0.70$

后验差检验结果如表 6-3 所示。第二、三产业用电量和城乡居民用电量的均

方差比值 C 均小于 0.35，小误差概率 P 均为 1，表明模型等级为一级，预测精确度好，模型精确度满足要求，通过后验差检验。

表 6-3　变量的后验差检验结果和级比偏差检验结果

检验指标	第二产业用电量	第三产业用电量	城乡居民用电量
后验差比 C	0.08	0.27	0.10
小误差概率 P	1	1	1
平均级比偏差绝对值（%）	0.08	0.27	0.10

最后，对预测数据进行级比偏差检验。一般要求级比偏差检验值的绝对值小于 10%，表 6-3 中第二、三产业用电量和城乡居民用电量预测值的平均级比偏差绝对值均小于 1%。所以，模型精确度满足要求，且通过级比偏差检验。综上所述，灰色模型通过残差检验、后验差检验和级比偏差检验，且精确度满足要求，可作为预测模型。因此，本章可运用灰色模型 GM（1，1）预测分析可再生能源电价补贴收支平衡问题。

第三节　实证分析

本节深入分析可再生能源电价理论补贴变动，核算电价附加收入征收率，并基于灰色预测方法分析可再生能源电价附加收入理论征收额和实际征收额的变动情况；在此基础上，剖析可再生能源电价补贴的拐点及其收支平衡点。

一、可再生能源电价理论补贴分析

本节将 2020 年风电、光伏发电和生物质能发电量乘以相应的度电补贴额[①]，来计算三类可再生能源电价理论补贴。2020 年可再生能源电价理论补贴总计为 502 亿元，计算结果如表 6-4 所示。

---

① 风电、光伏发电和生物质能发电的度电补贴额为这三类可再生能源标杆电价与火电平均标杆电价的差额。通过核算，2020 年火电平均标杆电价为 0.37 元/千瓦时，风电、光伏发电、生物质能发电的平均标杆电价分别为 0.37 元/千瓦时、0.41 元/千瓦时、0.67 元/千瓦时，其度电补贴额分别为 0 元/千瓦时、0.04 元/千瓦时、0.30 元/千瓦时。

表 6-4   2020 年可再生能源电价理论补贴计算   单位：亿元

年度	风电发电量	风电理论补贴额	光伏发电量	光伏发电理论补贴额	生物质能发电量	生物质能发电理论补贴额	总补贴额
2020	4665	0	2605	104	1326	398	502

2006 年，我国建立了可再生能源发展专项基金，确定了可再生能源电价附加征收标准，开始对风电、光伏发电和生物质能发电进行电价补贴。我国电价补贴执行期限为 20 年，第一批电价补贴将在 2025 年完成，且从 2021 年开始取消新增可再生能源项目电价补贴。因此，2021—2025 年可再生能源电价理论补贴保持不变，均为 502 亿元。2026 年，第一批可再生能源电价补贴到期退出，所以 2026 年可再生能源电价理论补贴等于 2020 年可再生能源发电量减去 2006 年可再生能源发电量，再乘以度电补贴额。以此类推，可计算出 2026—2039 年的可再生能源电价理论补贴（见图 6-1）。我国可再生能源电价理论补贴从 2026 年开始下降，并且从 2032 年开始加速下降，直至 2039 年取消电价附加征收。通过核算，2020—2039 年可再生能源电价理论补贴共计 7932 亿元。

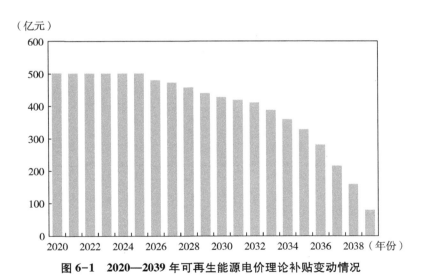

图 6-1   2020—2039 年可再生能源电价理论补贴变动情况

二、可再生能源电价附加收入分析

（一）电价附加收入征收率分析

我国可再生能源补贴资金来源于国家财政公共预算安排的专项资金和可再生

能源电价附加收入，其中电价附加收入是补贴资金的主要来源，约占可再生能源补贴资金的 80%。我国可再生能源电价附加收入以社会用电量，即第二、三产业用电量和城乡居民用电量为税基，分别乘以可再生能源电价附加征收标准并扣除新疆、西藏附加收入后，予以征收。随着我国可再生能源电价补贴的不断增多，电价附加征收标准也在逐步提高。第二、三产业用电量的附加征收标准在 2012 年、2013—2015 年和 2016—2020 年分别调整为 0.008 元/千瓦时、0.015 元/千瓦时、0.019 元/千瓦时，城乡居民用电量附加征收标准为 0.001 元/千瓦时，新疆、西藏的电价附加收入从可再生能源电价附加收入总额中以 4% 的比例扣除。本节根据 2012—2020 年社会用电量和可再生能源电价附加征收标准计算可再生能源电价附加收入理论征收额①。电价附加收入征收率等于可再生能源电价附加收入实际征收额②与可再生能源电价附加收入理论征收额的比值，计算结果见图 6-2。

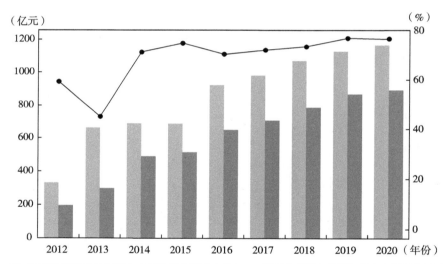

图 6-2 可再生能源电价附加收入征收变动情况

可再生能源电价附加征收标准由 2012 年的 0.008 元/千瓦时提高到 2013—

---

① 可再生能源电价附加收入理论征收额 =（第二、三产业合计用电量×可再生能源电价附加征收标准+城乡居民用电量×0.001）×（1-4%）

② 可再生能源电价附加收入实际征收额来源于 2013—2021 年中央政府性基金收入预算表中的可再生能源电价附加收入执行数。数据来源于财政部官方网站（http://www.mof.gov.cn/index.htm）。

2015年的0.015元/千瓦时，由于可再生能源电价附加收入理论征收额增长幅度变大，可再生能源电价附加收入实际征收额增长相对稳定，因此，造成2013年的电价附加收入征收率显著下降。从图6-2中可以看出，2012—2015年电价附加收入征收率波动较大。2016年，可再生能源电价附加征收标准提高到0.019元/千瓦时，征收率由2015年的74.99%下降至2016年的70.36%。2016年以后，电价附加征收标准保持不变，征收率整体呈现增长趋势。总的来看，2012—2020年平均征收率为68.93%，并且每年平均有247亿元的可再生能源电价附加收入漏出，征收率较低。这导致我国电价累计补贴缺口扩大，财政负担不断加重。

（二）可再生能源电价附加收入预测分析

为了计算可再生能源电价附加收入理论征收额，本节基于2016—2020年第二、三产业用电量和城乡居民用电量，运用MATLAB软件进行灰色预测，预测结果见图6-3。从图6-3中可以看出，2020—2030年我国第二、三产业用电量和城乡居民用电量均呈现上升趋势。其中，第二产业用电量和城乡居民用电量增长相对平稳；第三产业用电量增长不断加速，尤其是在2023年以后增速加快，反映出我国产业结构在不断优化，第三产业规模在持续扩大。

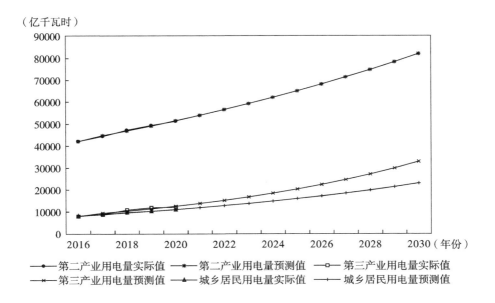

图6-3　第二、三产业用电量和城乡居民用电量实际值和预测值

2020年，我国可再生能源电价附加征收标准为0.019元/千瓦时，电价附加

收入征收率为 76.59%，本节假设 2021—2030 年二者保持不变。根据社会用电量的预测结果和可再生能源电价附加征收标准，可计算出 2021—2030 年可再生能源电价附加收入理论征收额，其乘以电价附加收入征收率 76.59% 可得到可再生能源电价附加收入实际征收额（见表 6-5）。2021—2030 年，社会用电量持续增加，可再生能源电价附加收入理论征收额和实际征收额呈现不断增大趋势，2030 年二者分别达到 2118 亿元和 1622 亿元，年均增长率达到 6.07%。

表 6-5　可再生能源电价附加收入理论征收额和实际征收额　　单位：亿元

年份	2021	2022	2023	2024	2025	2026	2027	2028	2029	2030
理论征收额	1246	1320	1398	1481	1570	1666	1768	1877	1993	2118
实际征收额	954	1011	1071	1135	1203	1276	1354	1437	1527	1622

三、可再生能源电价补贴收支平衡分析

本节根据可再生能源电价理论补贴和可再生能源电价附加收入实际征收额来确定电价补贴实现收支平衡的年度。电价补贴总额等于 2019 年累计补贴缺口 3000 亿元加上图 6-1 的电价理论补贴。图 6-4 反映了可再生能源电价补贴总额和可再生能源电价附加收入实际征收额的变动情况。随着我国发电量和用电量的

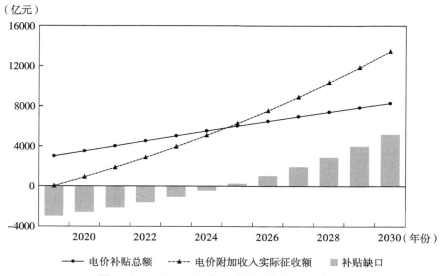

图 6-4　2019—2030 年电价补贴收支平衡情况

增大，电价补贴总额和电价附加收入实际征收额都呈现递增趋势，电价附加收入实际征收额的增长速度大于电价补贴总额。根据预测，2024 年我国仍存在447.37 亿元的补贴缺口，2025 年可实现电价补贴的收支平衡，并有 353.47 亿元的补贴盈余。通过核算，2025—2030 年我国可再生能源电价补贴盈余总计为15327 亿元。

从图 6-4 中可以看出，我国可再生能源将在 2025 年实现电价补贴收支平衡，偿还全部电价累计补贴拖欠，并出现补贴盈余，2026 年以后补贴盈余不断增大。假设 2026 年可再生能源电价理论补贴得到了全部支付，不存在补贴盈余，即可再生能源电价理论补贴等于可再生能源电价附加收入实际征收额，通过测算，2026 年电价附加征收标准只需征收 0.0070 元/千瓦时就可实现可再生能源电价补贴收支平衡。以此类推，2027—2030 年可再生能源电价附加征收标准分别为0.0065 元/千瓦时、0.0059 元/千瓦时、0.0053 元/千瓦时和 0.0049 元/千瓦时，就能实现可再生能源电价补贴收支平衡。因此，从 2026 年开始，政府可以适当下调可再生能源电价附加征收标准，降低社会用电成本。

第四节　结论和建议

一、研究结论

在 2021 年取消新增可再生能源电价补贴的背景下，本章对电价补贴收支平衡进行了预测分析，得到以下结论：①2025 年可完成电价累计补贴缺口的偿还，可再生能源电价补贴达到收支平衡，并有 253.47 亿元的补贴盈余，之后电价补贴盈余不断增多；②从 2026 年开始逐步下调电价附加征收标准，2026—2030 年可每年下调电价附加征收标准 0.002 元/千瓦时，2031—2038 年可每年下调电价附加征收标准 0.001 元/千瓦时，直至 2039 年取消电价附加征收；③中国可再生能源电价附加收入漏出严重，征收率低，应尽快提升征收率直至足额征收，促进电价补贴提前实现收支平衡。

（1）根据灰色预测分析，我国可再生能源电价理论补贴于 2026 年出现拐点，即可再生能源电价理论补贴将从 2026 年开始下降，直至 2039 年取消电价附加征收。2025 年可完成电价累计补贴缺口的偿还，可再生能源电价补贴达到收支平衡，并有 253.47 亿元的补贴盈余；2026 年以后补贴盈余不断增多，显著缓解财政补贴压力。

（2）2025 年电价补贴实现收支平衡，从 2026 年开始可逐步下调电价附加征收标准，2026—2030 年可每年下调电价附加征收标准 0.002 元/千瓦时，2031—2038 年可每年下调电价附加征收标准 0.001 元/千瓦时，直至 2039 年取消电价附加征收。考虑到经济波动性和不确定性因素，基于上一节测算的电价补贴收支平衡时的附加征收标准，政府可适当减缓其下调幅度，使电价附加收入在完成当年可再生能源电价补贴后留存一定的补贴盈余以支持可再生能源发电企业技术创新，保障可再生能源发电的稳定性，推进可再生能源规模化发展。

（3）我国可再生能源电价附加收入漏出严重，征收率低是可再生能源电价累计补贴缺口扩大的主要原因。我国要提升可再生能源电价附加收入征收率，应尽快实现足额征收。本章在 76.59% 征收率下测算出电价补贴于 2025 年达到收支平衡。如果能够尽快实现足额征收可再生能源电价附加收入，将提前实现电价补贴收支平衡，促进可再生能源行业高质量发展。

二、对策建议

基于以上对我国可再生能源电价补贴收支平衡情况的分析，本节提出以下对策建议：

1. 合理调整电价附加征收标准，优化分配电价补贴盈余

为减轻用电企业经营负担、降低企业用电成本，政府可在实现电价补贴收支平衡后逐步下调可再生能源电价附加征收标准。政府可根据社会用电量情况和第二、三产业的经营状况适时调整电价附加征收标准。在考虑经济波动性和不确定性因素下，通过核算，本节建议 2026—2030 年每年下调 0.002 元/千瓦时、2031—2038 年每年下调 0.001 元/千瓦时，至 2039 年取消电价附加征收。这样可保证每年都留存一定的补贴盈余作为可再生能源发展基金，利用补贴盈余支持可再生能源发电企业技术创新，如储能技术、消纳技术等，以保障可再生能源发电的稳定性，推进可再生能源规模化发展。择优分配电价补贴盈余，提高补贴盈余利用效率，通过大数据、云计算等数字技术高效、智能地把可再生能源补贴盈余用于其研发与技术创新，高效率地支持可再生能源发展。对于研发能力强、电价低的项目给予更多的资金分配，以此激励企业技术创新，降低发电成本，提高可再生能源企业获利空间。对于青海、新疆和西藏等可再生能源丰富的地区，政府应支持这些地区的储能技术创新，加强储能建设，促进

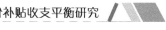

可再生能源的消纳和电网稳定。

2. 加快可再生能源行业数字化转型，促进电价附加收入足额征收

可再生能源行业要积极融合数字技术，形成智慧化、综合化数字能源系统，实现对可再生能源生产端和消费端可视化，跟踪电力需求、用电情况和用电价格，以便对发电企业更好地进行监管，从而有效提高可再生能源电价附加收入的征收额。政府应逐步取消交叉补贴，引导自备电厂合理发展，确保电网企业对自备电厂的附加征收权利，并进行统一规划，应收尽收，加大可再生能源法的执行力度，加强征收监管，最大限度地提高可再生能源电价附加收入。

3. 发行债券募集补贴资金，推进绿色电力证书交易机制

根据测算，我国可再生能源电价补贴于 2025 年才能实现收支平衡，因此政府可借助外力加速补贴缺口的填补，可以考虑国家电网等作为债券发行主体，发行"政府支持债券"或"政府支持机构债券"，通过市场化融资方式募集长期限、低成本的资金以支持可再生能源发展。一方面，为填补可再生能源电价补贴资金缺口，政府应大力推行绿色电力证书交易政策，通过完善绿证交易机制，鼓励市场进行一定规模的交易，形成合理的绿证价格。另一方面，鼓励民间资本对可再生能源企业进行投资，以获取可再生能源绿色证书，增强可再生能源绿色电力证书在交易市场的流动性，为可再生能源企业与民间资本提升利润空间；同时，完善可再生能源法，保障投资者的利益。

第七章　补贴退减下我国可再生能源发电经济效益研究

　　我国提出，力争在 2030 年前二氧化碳排放达到峰值，2060 年前实现碳中和，2030 年风电和光伏发电的总装机容量需达到 12 亿千瓦以上。而 2020 年我国风电和光伏发电装机容量分别为 2.82 亿千瓦和 2.53 亿千瓦，因此从 2021 年至 2030 年风电和光伏发电至少年均新增装机容量 0.67 亿千瓦，这对我国风电和光伏发电行业来说是个巨大的发展挑战。我国风电和光伏发电行业发展规模在世界排在首位，未来要进一步扩大规模，分布式光伏发电和分散式风电发展潜力大。因为分布式光伏发电和分散式风电可自发自用，就近接入当地电网消纳，其发展空间巨大。然而，自 2017 年以来，我国风电和光伏发电电价补贴和定额补贴标准连续下调，这对其规模化发展带来了巨大挑战。在此背景下，本章以可再生能源中分布式光伏发电和分散式风电为研究对象，研究电价补贴和定额补贴标准的下降直至取消对光伏发电和风电项目经济效益的影响，研究结果对我国大规模推广应用分布式光伏发电和分散式风电、实现"碳达峰、碳中和"目标具有重要意义。

第一节　我国分布式光伏发电经济效益研究

　　由于分布式光伏发电可在需求侧附近的建筑物屋顶独立建设，不仅易于满足用户用电需求，而且具有投资金额小、装配灵活等优点，未来其发展规模和发展空间较大，将成为实现我国"碳达峰、碳中和"目标的重要发展模式。为了推动分布式光伏发电的发展，政府对分布式光伏发电项目按发电量进行 0.42 元/千瓦时的定额补贴。2018 年，国家发展和改革委员会发布《关于 2018 年光伏发电有关事项的通知》，将分布式光伏发电定额补贴标准下调至 0.32 元/千瓦时；并在《关于 2021 年新能源上网电价政策有关事项的通知（意见征求稿）》中明确提出，2021 年取消对工商业用户的补贴，2022 年取消对居民用户的补贴。在定额补贴标准下调前，学者们验证居民和工商业用户安装分布式光伏发电项目具有较好的经济效益［邱寿丰等（2016）］。分布式光伏发电定额补贴标准的取消会影响其经济效益，降低投资主体安装应用分布式光伏发电的积极性［温泽坤等（2018）］。因此，需要深入探究居民和工商业用户分布式光伏发电的经济效益问题。

在京津冀协同发展下，京津冀地区在光照条件、经济基础和产业政策等方面具备大力发展分布式光伏发电系统的条件。因此，本节以京津冀为研究对象，利用 PVsyst 光伏系统软件，模拟京津冀光伏发电项目的年发电量，计算项目全生命周期内的成本和收益，并应用净现值、动态投资回收期、内部收益率三种指标，分析定额补贴标准退减直至取消时，用户在不同运营模式下的分布式光伏发电项目的经济效益。

一、文献综述

随着分布式光伏发电产业的发展，国内外众多学者对分布式光伏发电的经济效益及其影响因素等展开了深入的研究，取得丰硕的学术成果。

（一）分布式光伏发电项目的经济效益研究

关于分布式光伏发电项目经济效益的研究主要集中在以下三个方面：

第一，从居民和工商业用户［邵汉桥等（2014）］以及能源投资商［薛金花等（2017）］等投资主体的角度对分布式光伏发电项目进行了经济效益研究。例如，邵汉桥等（2014）通过测算发现所选 6 个地区的居民和工商业用户安装的分布式光伏的内部收益率能达到 8% 以上，静态投资回收期为 5 ~ 11 年，项目具有良好的经济性。薛金花等（2017）选择净现值、内部收益率和动态投资回收期三种指标，分别研究能源投资商和用户投资分布式光伏发电项目的收益，通过计算发现，能源投资商的投资回报期比用户短，为 5 ~ 7 年；能源投资商的内部收益率比用户更大，为 11% ~ 18%。

第二，从"自发自用，余量上网"和"全额上网"等运营模式入手对分布式光伏发电项目进行经济效益分析［马溪原等（2018）、苏剑等（2013）、邱腾飞等（2017）］。其中，邱腾飞等（2017）建立了分布式光伏全寿命周期成本效益模型，并应用算例法比较分析项目在两种运营模式下的经济效益，结果表明，

"自发自用，余量上网"模式下的经济效益优于"全额上网"模式。

第三，从全国〔Wang 等（2021）、Yang 等（2020）、柳君波等（2019）、孙艳伟等（2011）〕和区域〔Zhao 等（2019）、陈梓毅等（2018）、Rodrigues 等（2017）〕等层面研究分析分布式光伏发电项目的经济效益。例如，Yang 等（2020）计算了无电价补贴时，我国 344 个地级市分布式光伏投资的盈利情况，得出全国 21.80%的城市具有高回报、44.19%的城市具有中等回报、36.63%的城市具有低回报的结论。柳君波等（2019）评估分析了我国全部城市分布式光伏发电项目的经济绩效，认为由于不同城市太阳能资源条件和经济条件不同，光伏发电经济性存在明显的地域性差异。而 Zhao 等（2019）从太阳能资源区入手，利用平准化度电成本和内部收益率两种方法，分析我国分布式光伏发电项目的经济效益；结果表明，三类太阳能资源区中的光伏发电项目均具有较高的投资价值，光伏发电自用比例高的项目经济效益较好。Rodrigues 等（2017）对比分析了我国五个不同城市中 1 千瓦、3 千瓦、5 千瓦装机容量的光伏发电项目的盈利能力，发现五个城市在发电量自用比例 100%的情况下，投资回收期的时间最短、净现值最大。

（二）有关光伏发电项目经济效益的影响因素研究

国内外学者对分布式光伏发电项目经济效益的影响因素进行了深入研究。一些学者认为分布式光伏发电量的年利用小时数〔昌敦虎等（2020）〕、发电量自用比例和上网电价〔Lang 等（2016）〕、当地太阳能资源条件〔Crago（2018）〕、经济发展水平〔Tang 等（2021）〕、金融发展水平〔刘雪飞等（2021）〕、电力消纳量等对项目经济效益具有正向影响。例如，昌敦虎等（2020）采用平准化度电净现值（LNPVE）模型研究发现，年利用小时数是影响光伏发电项目经济效益的首要因素。Lang 等（2016）运用内部收益率方法分析小型住宅、大型住宅和大型写字楼三种类型的屋顶光伏发电的经济效益，发现发电量自用比例越大，上网电价越高，建筑屋顶的经济性越好。Crago（2018）认为太阳能资源条件是影响光伏发电项目经济效益的关键因素，太阳能资源越丰富，光伏发电量越高，光伏发电项目的经济效益越好。Tang 等（2021）研究发现，补贴政策对分布式光伏安装的积极影响取决于经济发展水平；在经济发展水平高的地区，补贴对分布式光伏发电装机容量具有积极影响；但在贫困地区过，高补贴不仅不能提高分布式光伏发电的装机容量，还会导致财政赤字。刘雪飞等（2021）认为，我国普惠金融发展水平对光伏装机容量具有显著的支持作用。梅应丹等（2022）基于调查问卷发现，网络效应对我国家庭安装光伏发电影响显

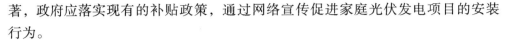

著，政府应落实现有的补贴政策，通过网络宣传促进家庭光伏发电项目的安装行为。

　　还有一些学者认为，建设成本、运营维护成本、贷款利率［Zhao 等（2019）］、单位装机成本、光伏组件衰减率［孙建梅等（2018）］对光伏发电项目经济效益具有负向影响。例如，Zhao 等（2019）应用平准化度电成本（LCOE）方法分析发现，工商业屋顶光伏发电建设成本、运营维护成本和贷款利率增加 5% 时，LCOE 值平均分别增加 0.0138 元/千瓦时、0.0023 元/千瓦时、0.0067 元/千瓦时，即三者的增加显著提高了 LCOE 值，不利于工商业屋顶的经济效益。孙建梅等（2018）研究认为，光伏系统单位装机成本和组件衰减率与项目的 LCOE 值呈正相关关系，单位装机成本和组件衰减率的下降可以有效地降低光伏度电成本。

　　综上所述，已有文献多数是从投资主体［邵汉桥等（2014）、薛金花等（2017）］、运营模式［马溪原等（2018）、苏剑等（2013）、邱腾飞等（2017）］以及全国［Wang 等（2021）、Yang 等（2020）、柳君波等（2019）、孙艳伟等（2011）］和不同区域［Zhao 等（2019）、陈梓毅等（2018）、Rodrigues 等（2017）］的角度出发；应用不同方法分析单个光伏发电项目或不同装机规模的分布式光伏发电系统的经济效益，然后通过敏感性分析，研究不同影响因素对项目经济效益的影响［昌敦虎等（2020）、Lang 等（2016）、Crago（2018）、Tang 等（2021）、刘雪飞等（2021）、Zhao 等（2019）、孙建梅等（2018）］。学者们的研究主要集中在比较分析不同城市光伏发电项目的经济效益，但对区域的分布式光伏发电项目经济效益的研究较少。Bai 等（2021）从经济和环境角度计算我国不同省份光伏系统的获利能力，认为长江三角洲、天津、北京和广东等发达地区更适合部署工商业分布式光伏发电系统。因此，本节以京津冀为对象研究不同用户类型分布式光伏发电项目的经济效益。

　　以上文献都是对当年定额补贴标准下的光伏发电项目经济性所进行的研究，缺乏自 2018 年以来定额补贴标准下降直至取消对光伏发电项目经济效益变化的动态分析。另外，从 2021 年开始，光伏发电实施无补贴平价上网，因此，需要探究在新政策下我国分布式光伏发电项目的经济效益。本节使用净现值、动态投资回收期、内部收益率三种指标，研究 2017—2021 年京津冀地区居民和工商业用户在不同运营模式下的经济效益及其影响效应，探讨电价定额补贴政策变动对分布式光伏发电项目经济效益的影响，并为京津冀地区大规模发展分布式光伏发电提出对策建议。

二、数据来源与研究方法

（一）数据来源与京津冀分布式发电量模拟

1. 数据来源

为了探究京津冀居民和工商业用户分布式光伏发电项目在不同运营模式下的经济效益变动及影响，本节收集和整理了 2017—2022 年京津冀三地分布式光伏发电定额补贴标准、燃煤标杆上网电价、光伏标杆上网电价、销售电价和发电成本等数据。河北省由冀北电网和河北电网进行输配电，而这两个电网的指标数值不同，因此，本节将河北省划分为冀北和冀南两个区域进行分析。我国居民用户实行阶梯电价，本节根据京津冀地区的三档电价来确定居民用户的销售电价[①]。工商业用户按照电压等级确定销售电价，本节选取工商业用户的装机容量为 160 千瓦，其电压等级为 380 伏，依据一般工商业在不满一千伏电压等级下的尖峰、高峰、平段、低谷四个时段的电价平均值作为工商业用户的销售电价。本节所涉及的数据主要来源于 2017—2022 年的中国电力行业年度发展报告、国家能源局网站，以及北京、天津、河北的发展和改革委员会官网。分布式光伏发电成本数据来源于中国光伏工业协会发布的 2017—2022 年《中国光伏产业发展路线图》。

2. 京津冀分布式光伏发电量模拟

在研究分布式光伏发电项目经济效益时需要分布式光伏发电量数据，本节使用 PVsyst 软件模拟光伏发电量［柳君波等（2019）、孙艳伟等（2011）］。PVsyst 光伏模拟软件在国际光伏工程上广泛使用，其模拟获得的发电量比理论计算得到的发电量更准确。因此，本书采用 PVsyst 软件模拟京津冀分布式光伏发电量。

假设工商业用户平面屋顶面积为 1000 平方米，用 PVsyst 软件模拟 1000 平方米的屋顶面积，可以安装 160 千瓦光伏发电，因此，本书选取工商业用户安装分布式光伏的装机容量为 160 千瓦；居民用户光伏发电系统一般以 220 伏并网电压等级为准安装 8 千瓦光伏发电，本书选取居民用户安装分布式光伏的装机容量为 8 千瓦。通过 Meteonorm 7.1 软件可获取京津冀的平均日照辐射量、散射光量等数据；将这些数据输入到 PVsyst 软件，并在软件中设置太阳能电池板间距为 3 米、电池板倾斜角度为 35°，可模拟得到京津冀居民和工商业用户分布式光伏发

---

① 北京阶梯电价为第一档 1~240 度、第二档 241~400 度、第三档 400 度以上；天津阶梯电价为第一档 1~220 度、第二档 221~400 度、第三档 400 度以上；河北阶梯电价为第一档 1~210 度、第二档 211~400 度、第三档 400 度以上。

电的年发电量。考虑到光伏发电系统组件的老化衰减问题，本节假设光伏发电系统的年衰减率为0.8%［昌敦虎等（2020）］。京津冀地区的太阳能资源条件决定了三地的年发电量规模，从表7-1模拟结果可以看出北京地区太阳能资源最丰富，因此北京的居民和工商业用户年发电量最高；其次是天津；河北地区的年发电量最低。

表 7-1　京津冀居民和工商业用户分布式光伏发电机的年发电量

单位：千瓦时

地区	北京		天津		河北	
用户类型	居民	工商业	居民	工商业	居民	工商业
全年发电量	10847	216937	10314	206288	10034	200680

注：本节选取居民用户光伏发电机装机容量为8千瓦；工商业用户发电机装机容量为160千瓦。

（二）研究方法

学者们大多采用全寿命周期收益/成本（Benefit/Cost，B/C）［苏剑等（2013）］、平准化度电成本（LCOE）［昌敦虎等（2020）、Zhao等（2019）、孙建梅等（2018）］和净现值、投资回收期、内部收益率［Holdermann等（2014）、Senatla等（2020）］等指标研究分布式光伏发电项目的经济效益。苏剑等（2013）提出了一种B/C方法评价分布式光伏的经济性，并以实际案例验证了B/C方法的有效性。该方法虽然可直接得到项目的盈亏情况，但无法计算出收回全部初始投资额所需的具体时间。LCOE模型是国际上通用的评估不同区域、不同规模、不同投资额、不同发电技术的发电成本的方法，但多用于对具体项目的成本测算、燃煤发电成本与上网电价的比较研究。净现值、内部收益率、投资回收期是评估项目盈利能力的常用经济指标。Holdermann等（2014）、Senatla等（2020）选取净现值、内部收益率和投资回收期三个指标，分别对巴西居民和工商业用户的小型光伏发电系统、南非城市居民屋顶光伏系统进行经济效益分析，通过这三个指标准确地评估了光伏发电的成本和收益，为计算经济效益方法提供了理论依据。动态投资回收期因考虑现金流的时间价值，得出的结果常高于静态投资回收期，能更完整、更客观地对项目的经济效益进行科学评估。因此，本节采用净现值、内部收益率、动态投资回收期三个指标，分析京津冀居民和工商业用户在"全额上网"和"自发自用，余量上网"两种运营模式下分布式光伏发电项目的经济效益。

1. 净现值（NPV）

由于资金存在时间价值，分布式光伏发电的年现金流入量根据项目生命周期的长短体现不同的价值。将光伏发电项目生命周期内的所有年现金流入量通过折现率折现后，计算这些现金流入量的现值之和，其与初始投资成本金额之差就是净现值。净现值若大于0，则表示该投资可行；若小于0，则表示该投资不可行。净现值经济指标的计算公式如下：

$$NPV = \sum_{t=1}^{T} \frac{CF_t}{(1+r)^t} - C_0 \tag{7-1}$$

其中，NPV 为净现值；CF_t 为项目生命周期内年现金流入量，其等于项目的年收益 B_{total} 减去年运维成本 C_1；C_0 为初始投资成本；r 为折现率，根据国家发展和改革委员会对建设项目财务基准收益的有关规定，折现率 r 取 8.5%；t 是投资的期数，以分布式光伏系统的设计寿命25年为准，即 $t=25$。

2. 动态投资回收期

投资回收期是用于衡量一项投资从初期到收回全部投资成本所需要的时间。从分布式光伏发电项目的角度来说，即计算分布式光伏发电项目累计净现金流量现值为0的时间。动态投资回收期的计算公式如下：

动态投资回收期=（累计净现金流量现值出现正值年数-1）+上一年累计净现金流量现值绝对值/出现正值年份净现金流量的现值 (7-2)

3. 内部收益率（IRR）

内部收益率是指每一年现金流入量折现后的总和等于初始投资成本时的收益率，即当 $NPV=0$ 时的收益率。当内部收益率大于或等于行业标准的收益率8.5%时，分布式光伏发电项目则具有经济可行性。内部收益率（IRR）公式如下：

$$\sum_{t=1}^{T} \frac{CF_t}{(1+IRR)^t} - C_0 = 0 \tag{7-3}$$

三、分布式光伏发电成本与收益分析

（一）成本模型的构建

分布式光伏发电总成本（C）主要包括建设期的初始投资成本（C_0）和经营期的系统运维成本（C_1）。分布式光伏发电成本模型如下：

$$C = (C_0 + C_1) = w \times (c_0 + c_1) \tag{7-4}$$

其中，w 为分布式光伏发电项目的装机容量，c_0 为单位投资成本，c_1 为单位运维成本。随着光伏组件技术水平的提升，单位投资成本和运维成本持续下降。

从表7-2中可以看出，2017—2022年分布式光伏发电项目的单位投资成本和运维成本呈现下降趋势。

表7-2　分布式光伏发电项目成本　　　　　　　单位：元/瓦

年份	单位投资成本	单位运维成本
2017	4.180	0.060
2018	4.180	0.060
2019	3.840	0.055
2020	3.380	0.054
2021	3.240	0.054
2022	3.200	0.048

资料来源：中国光伏工业协会发布的2017—2022年《中国光伏产业发展路线图》。

（二）分布式光伏发电收益模型构建

分布式光伏发电的收益主要包括居民和工商业用户自发自用的节能收入（B_{save}）、余量上网或全额上网的电费收入（$B_{feed-in}$）和政府给予的电价补贴收入（$B_{subsidy}$）。分布式光伏的运营模式主要有"全额上网"和"自发自用，余量上网"等，不同运营模式中分布式光伏发电收益的组成部分不同，分布式光伏发电收益模型如下：

"全额上网"运营模式下的收益模型：

$$B_{total} = B_{feed-in} \tag{7-5}$$

"自发自用，余量上网"运营模式下的收益模型：

$$B_{total} = B_{feed-in} + B_{subsidy} + B_{save} \tag{7-6}$$

其中，B_{total} 为分布式光伏发电年收益额；$B_{feed-in}$ 为分布式光伏发电售电收入；$B_{subsidy}$ 为分布式光伏发电补贴收入；B_{save} 为通过自发自用节省的电费收入。

在"全额上网"模式下，用户投资的光伏发电项目产生的全部发电量由电网企业按照当地光伏电站所在资源区的光伏标杆上网电价收购。因此，该模式下光伏发电项目售电收入 $B_{feed-in}$ 等于年发电量乘以光伏标杆上网电价。在"自发自用，余量上网"模式下，用户通过自发自用省下的电费按照销售电价进行计算，即节省的电费收入 B_{save} 等于自用电量乘以销售电价，而剩余电量由电网企业按照当地燃煤标杆上网电价进行收购，即售电收入 $B_{feed-in}$ 等于上网电量乘以燃煤标杆上网电价。为鼓励"自发自用，余量上网"分布式光伏的发展，政府对采用该运营模式的用户实行全电量补贴政策①，即对光伏发电项目产生的全部发电量进行补贴。因此，式（7-6）中光伏发电项目补贴收入 $B_{subsidy}$ 等于年发电量乘以分布式光伏发电定额补贴标准。

2017—2021 年分布式光伏发电定额补贴标准数据以及京津冀燃煤标杆上网电价、光伏标杆上网电价和销售电价数据见表 7-3 和表 7-4。

表 7-3　2017—2021 年定额补贴标准、燃煤标杆上网电价和光伏标杆上网电价

单位：元/千瓦时

年份	定额补贴标准		燃煤标杆上网电价				光伏标杆上网电价			
	工商业	居民	北京	天津	冀北	冀南	北京	天津	冀北	冀南
2017	0.4200	0.4200	0.3598	0.3655	0.3720	0.3720	0.7500	0.7500	0.7500	0.8500
2018	0.3200	0.3200	0.3598	0.3655	0.3720	0.3644	0.6000	0.6000	0.6000	0.7000
2019	0.1000	0.1800	0.3601	0.3655	0.3720	0.3644	0.4500	0.4500	0.4500	0.5500
2020	0.0500	0.0800	0.3601	0.3655	0.3720	0.3644	0.4000	0.4000	0.4000	0.4900
2021	0.0000	0.0300	0.3601	0.3655	0.3720	0.3644	0.3582	0.3626	0.3698	0.3622

表 7-4　2017—2021 年京津冀居民和工商业用户销售电价

单位：元/千瓦时

年份	北京			天津			冀北			冀南		
	居民阶梯电价		工商业	居民阶梯电价		工商业	居民阶梯电价		工商业	居民阶梯电价		工商业
2017	一档	0.4855	1.0448	一档	0.4900	0.8346	一档	0.5200	0.7441	一档	0.5200	0.7757
	二档	0.5355		二档	0.5400		二档	0.5700		二档	0.5700	
	三档	0.7855		三档	0.7900		三档	0.8200		三档	0.8200	
2018	一档	0.4883	1.0273	一档	0.4900	0.8206	一档	0.5200	0.6694	一档	0.5200	0.6978
	二档	0.5383		二档	0.5400		二档	0.5700		二档	0.5700	
	三档	0.7883		三档	0.7900		三档	0.8200		三档	0.8200	

---

①　资料来源：《国家发展改革委关于发挥价格杠杆作用促进光伏产业健康发展的通知》（发改价格〔2013〕1638 号）。

续表

年份	北京			天津			冀北			冀南		
	居民阶梯电价		工商业	居民阶梯电价		工商业	居民阶梯电价		工商业	居民阶梯电价		工商业
2019	一档	0.4883	0.9138	一档	0.4900	0.7042	一档	0.5200	0.6107	一档	0.5200	0.6455
	二档	0.5383		二档	0.5400		二档	0.5700		二档	0.5700	
	三档	0.7883		三档	0.7900		三档	0.8200		三档	0.8200	
2020	一档	0.4883	0.9441	一档	0.4900	0.7042	一档	0.5200	0.6107	一档	0.5200	0.6455
	二档	0.5383		二档	0.5400		二档	0.5700		二档	0.5700	
	三档	0.7883		三档	0.7900		三档	0.8200		三档	0.8200	
2021	一档	0.4883	0.9441	一档	0.4900	0.7042	一档	0.5200	0.6107	一档	0.5200	0.6455
	二档	0.5383		二档	0.5400		二档	0.5700		二档	0.5700	
	三档	0.7883		三档	0.7900		三档	0.8200		三档	0.8200	

资料来源：2017—2021 年《中国电力行业年度发展报告》、国家能源局发布的 2021 年全国电力工业统计数据、国家能源局网站，以及北京、天津、河北的发展和改革委员会官网。

2013 年，国家发展和改革委员会对采用"自发自用，余量上网"运营模式的用户实行全电量补贴政策，分布式光伏发电定额补贴标准为每千瓦时 0.42 元[①]；2013—2017 年补贴标准未发生变动。由表 7-3 可知，2018—2021 年，定额补贴标准持续下调，2021 年工商业用户补贴标准调整为 0 元/千瓦时，即不再补贴；2021 年居民用户补贴标准调整为 0.03 元/千瓦时；2022 年将不再对新建居民用户分布式光伏进行补贴。

表 7-4 显示了京津冀居民和工商业用户的销售电价。2017—2021 年京津冀居民用户销售电价基本保持不变，而工商业用户的销售电价有所下降，其中居民用户销售电价由高到低的顺序为"冀北＝冀南＞天津＞北京"，而工商业用户的销售电价由高到低的顺序为"北京＞天津＞冀南＞冀北"。

---

① 资料来源：《国家发展改革委关于发挥价格杠杆作用促进光伏产业健康发展的通知》（发改价格〔2013〕1638 号）。

四、结果分析

（一）经济效益结果分析

本节从运营模式和地区两个角度出发，比较分析京津冀地区居民和工商业用户分布式光伏发电项目的经济效益，确定用户上网的最优运营模式，以及光伏标杆上网电价、年发电量、燃煤标杆上网电价、销售电价等多种因素对项目经济效益的影响。其中，在"自发自用，余量上网"模式下，本节分别计算发电量自用比例从10%到100%依次递增10%的10种情形下光伏发电项目的经济效益，核算项目净现值、动态投资回收期和内部收益率。本节选取发电量自用比例为50%和100%两种情形为代表，显示在表7-5、表7-6和表7-7中。由式（7-2）、式（7-3）可知，在"全额上网"模式下，分布式光伏发电项目的动态投资回收期和内部收益率与光伏标杆上网电价、单位运维成本和单位初始投资成本有关，以上三个指标居民和工商业用户相同，所以居民和工商业用户的动态投资回收期和内部收益率相等，本节不再重复列出，计算结果见表7-5、表7-6、表7-7。

表7-5　京津冀地区不同运营模式下分布式光伏发电项目净现值

单位：万元

用户	年份	全额上网				自发自用，余量上网							
						50%自用、50%上网				100%自用			
		北京	天津	冀北	冀南	北京	天津	冀北	冀南	北京	天津	冀北	冀南
居民	2017	3.98	3.60	3.39	4.36	9.11	8.42	8.33	8.36	13.94	12.90	12.92	12.92
	2018	2.42	2.11	1.95	2.91	8.07	7.43	7.37	7.36	12.89	11.90	11.95	11.95
	2019	1.17	0.94	0.82	1.78	6.93	6.36	6.33	6.33	11.75	10.83	10.92	10.92
	2020	1.02	0.82	0.71	1.58	6.17	5.65	5.65	5.64	11.08	10.21	10.33	10.33
	2021	0.70	0.56	0.53	0.46	5.71	5.22	5.24	5.23	10.67	9.83	9.96	9.96
	2022	0.65	0.51	0.48	0.41	5.49	4.99	5.06	5.02	10.31	9.48	9.61	9.62
工商业	2017	79.63	71.95	67.91	87.19	157.23	125.48	111.31	111.49	228.62	171.97	147.76	153.85
	2018	48.36	42.22	38.98	58.27	134.56	104.27	84.83	87.40	204.13	149.37	114.07	119.55
	2019	23.35	18.75	16.32	35.60	83.16	55.39	43.01	61.63	140.87	88.95	66.59	73.30
	2020	20.45	16.36	14.21	31.56	83.42	53.00	40.89	49.87	144.29	86.57	64.47	71.18
	2021	13.98	11.19	10.62	9.16	75.24	45.32	34.06	42.47	136.11	78.89	57.07	63.78

表7-6　京津冀地区不同运营模式下分布式光伏发电项目动态投资回收期

单位：年

年份	全额上网				自发自用，50%上网								自发自用，余量上网							
					50%自用，50%上网								100%自用							
					居民				工商业				居民				工商业			
	北京	天津	冀北	冀南	北京	天津	冀北	冀南	北京	天津	冀北	冀南	北京	天津	冀北	冀南	北京	天津	冀北	冀南
2017	4.43	4.68	4.83	4.21	2.56	2.71	2.73	2.72	2.88	3.36	3.63	3.56	1.83	1.95	1.95	1.94	2.18	2.70	3.01	2.93
2018	5.66	5.98	6.18	5.25	2.79	2.96	2.97	2.98	3.21	3.79	4.28	4.21	1.94	2.07	2.06	2.06	2.38	2.99	3.58	3.47
2019	7.10	7.52	7.77	6.19	2.92	3.10	3.11	3.11	4.12	5.12	5.74	5.57	1.96	2.24	2.00	2.07	2.93	3.96	4.66	4.43
2020	7.11	7.38	7.79	6.17	2.87	3.04	3.04	3.04	3.81	4.91	5.55	5.37	1.85	1.97	2.00	1.95	2.63	3.72	4.43	4.19
2021	7.74	8.09	8.36	8.37	2.95	3.13	3.01	3.12	3.95	5.19	5.92	5.71	1.84	1.96	1.94	1.94	2.66	3.84	4.62	4.35
2022	7.85	8.22	8.30	8.51	3.04	3.24	3.21	3.23	3.95	5.19	5.92	5.71	1.89	2.01	1.99	1.99	2.66	3.84	4.62	4.35

表7-7　京津冀地区不同运营模式下分布式光伏发电项目内部收益率

单位：%

年份	全额上网				自发自用，50%上网								自发自用，余量上网							
					50%自用，50%上网								100%自用							
					居民				工商业				居民				工商业			
	北京	天津	冀北	冀南	北京	天津	冀北	冀南	北京	天津	冀北	冀南	北京	天津	冀北	冀南	北京	天津	冀北	冀南
2017	21.91	20.69	20.03	23.11	38.38	36.22	35.95	36.03	34.12	29.15	26.94	27.49	53.85	50.60	50.70	50.70	45.25	36.42	32.64	33.59
2018	16.87	15.86	15.31	18.48	35.11	33.10	32.93	32.88	30.57	25.81	22.75	23.15	50.59	47.49	47.68	47.68	41.43	32.89	27.36	28.22
2019	13.04	12.17	11.71	15.28	33.47	31.52	31.46	31.41	23.64	18.81	16.62	17.18	50.33	43.84	47.53	47.53	33.51	24.64	20.77	21.94
2020	13.02	12.14	11.67	15.32	34.14	32.11	32.15	32.09	25.65	19.66	17.24	17.88	53.32	49.97	50.46	50.46	37.43	26.26	21.93	23.25
2021	11.76	11.13	10.99	10.66	33.11	31.12	31.22	31.17	24.69	18.52	16.14	16.70	53.57	50.17	50.74	50.74	36.99	25.43	20.96	22.34
2022	11.54	10.91	10.77	10.43	32.12	30.08	30.39	30.24	24.69	18.52	16.14	16.70	52.12	48.78	49.38	49.38	36.99	25.43	20.96	22.34

1. 从运营模式的角度分析光伏发电项目经济效益

（1）2017—2022年补贴标准下调直至取消，京津冀居民和工商业用户分布式光伏发电项目的净现值和内部收益率逐渐降低，动态投资回收期延长，经济效益下降；但光伏发电项目的净现值仍为正，动态投资回收期为5~9年（低于光伏项目的生命周期），内部收益率均大于8.5%。这表明，在补贴退减背景下，京津冀的居民和工商业用户安装分布式光伏发电仍然可以获取一定的经济效益。

（2）京津冀居民和工商业用户在"自发自用，余量上网"模式下的光伏发电经济性高于"全额上网"模式；且在"自发自用，余量上网"模式下，用户发电量的自用比例越大，项目的经济性越高。

本节针对发电量自用比例从10%到100%依次递增10%，计算了在不同发电量自用比例下的光伏发电项目经济效益，发现用户发电量的自用比例越大，项目的经济效益越好。在表7-5、表7-6和表7-7中仅列出了发电量自用比例为50%和100%时的项目净现值、动态投资回收期和内部收益率。在"100%自用"模式下，光伏发电项目的净现值和内部收益率最高，动态投资回收期最短，光伏发电经济性最高，具有较高的投资价值；在"50%自用、50%上网"模式下，光伏发电经济性居中；若用户发电量自用比例为0，即"全额上网"模式下，项目的净现值和内部收益率最小，动态投资回收期最长，光伏发电经济性最低。

（3）发电量自用比例越高，分布式光伏发电定额补贴标准的取消对居民和工商业用户的影响越小。

若取消居民和工商业用户定额补贴标准，在"自发自用，余量上网"模式下，自用比例越小，对项目经济效益的负面影响越大，即在"全额上网"模式下，项目经济效益受到的负面影响最大。从表7-5、表7-6和表7-7中可以看出，2021年京津冀工商业用户无定额补贴标准时，"全额上网"模式下项目的净现值和内部收益率下降幅度较大，动态投资回收期为7~9年；但在"50%自用、50%上网"和"100%自用"模式下，净现值和内部收益下降幅度较小，动态投资回收期分别为3~6年和2~5年。京津冀居民和工商业用户在"全额上网"模式下的经济效益低于在"自发自用，余量上网"模式下的经济效益。并且，在"自发自用，余量上网"模式下，随着发电量自用比例的增大，净现值和内部收益率上升，而动态投资回收期下降。这表明在"自发自用，余量上网"模式下，用户发电量的自用比例越大，项目的经济效益越好。

（4）从2020年到2021年，京津冀地区工商业用户在"50%自用、50%上网"模式下的净现值和内部收益率平均下降13.95%、5.63%，动态投资回收期

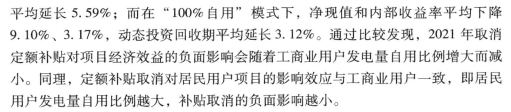

平均延长 5.59%；而在"100%自用"模式下，净现值和内部收益率平均下降
9.10%、3.17%，动态投资回收期平均延长 3.12%。通过比较发现，2021 年取消
定额补贴对项目经济效益的负面影响会随着工商业用户发电量自用比例增大而减
小。同理，定额补贴取消对居民用户项目的影响效应与工商业用户一致，即居民
用户发电量自用比例越大，补贴取消的负面影响越小。

2. 从地区的角度分析光伏发电项目经济效益

北京地区分布式光伏发电项目的经济效益相对较高，其次是天津，河北相对
较低。从表 7-5、表 7-6 和表 7-7 中可以看出，在"全额上网"、"50%自用、
50%上网"和"100%自用"运营模式下，北京地区居民和工商业用户的净现值
和内部收率均高于天津、冀北和冀南地区；动态投资回收期均短于天津、冀北和
冀南地区。其中，对于居民用户，项目经济效益从大到小的顺序为"北京>河
北>天津"，而对于工商业用户，项目经济效益从大到小的顺序为"北京>天津>
河北"。在"全额上网"运营模式下，由于冀南属于三类太阳能资源区，其光伏
标杆上网电价高于二类太阳能资源区的北京、天津、冀北，2017—2020 年，冀
南地区居民和工商业用户分布式光伏发电项目经济性最好，项目经济效益从大到
小的顺序为"冀南>北京>天津>冀北"。但是，2021—2022 年先后取消工商业和
居民用户的光伏发电定额补贴，冀南地区上网电价的优势消失，此时项目经济效
益从大到小的顺序为"北京>天津>冀北>冀南"。北京由于光照条件好、年发电
量大，光伏发电经济性高于其他地区。

（二）经济效益影响因素敏感性分析

由以上分析可以发现，在京津冀三地分布式光伏发电的年发电量、上网电
价、销售电价的影响下，居民和工商业用户在不同运营模式下的经济效益存在着
差异。为探究在不同运营模式下京津冀三地居民和工商业用户项目经济效益的关
键影响因素及其影响效应，本节采用控制变量法对 2021 年三地项目经济效益的
影响因素进行敏感性分析。

1. "全额上网"模式下经济效益影响因素敏感性分析

根据分布式光伏发电收益模型式（7-5），在"全额上网"模式下，分布式
光伏发电项目经济效益的影响因素是年发电量和光伏标杆上网电价。以京津两地
为例，研究它们的年发电量和光伏标杆上网电价对京津两地光伏发电项目经济效
益的影响效应。以北京作为参考基准，如果控制天津光伏标杆上网电价不变，假
设天津年发电量等于北京年发电量时计算项目的经济效益，并与原天津项目经济
效益作比较，发现天津光伏发电项目的经济效益提高了 5.89%。同理，假设天津

年发电量不变，当天津光伏标杆上网电价等于北京光伏标杆上网电价时，通过计算可知天津光伏发电项目的经济效益下降了 1.38%。若以天津为参考基准，假设北京光伏标杆上网电价不变，当北京年发电量等于天津年发电量时，北京光伏发电项目经济效益下降了 5.57%；而北京年发电量不变，当北京光伏标杆上网电价等于天津光伏标杆上网电价时，北京光伏发电项目的经济效益增加了 1.39%（见表 7-8）。通过比较发现，相较于光伏标杆上网电价，年发电量对京津两地项目经济效益的影响更大。因此，在"全额上网"模式下，年发电量是影响分布式光伏发电项目经济效益大小的主要因素。

表 7-8 "全额上网"模式下京津冀居民和工商业用户经济效益变动率

单位:%

基准地区	北京		天津		冀北		冀南	
影响因素	年发电量	光伏标杆上网电价	年发电量	光伏标杆上网电价	年发电量	光伏标杆上网电价	年发电量	光伏标杆上网电价
北京	0	0	-5.57	1.39	-8.54	3.67	-8.54	1.27
天津	5.89	-1.38	0	0	-3.14	2.26	-3.14	-0.13
冀北	9.30	-3.58	3.23	-2.22	0	0	0	-2.35
冀南	9.32	-1.26	3.20	0.13	0	2.40	0	0

随后，本节分别计算年发电量和光伏标杆上网电价对京津冀两两地区之间项目经济效益的影响效应，均发现年发电量对项目经济效益的影响效应大于光伏标杆上网电价（见表 7-8）。因此，在"全额上网"模式下，年发电量是京津冀三地分布式光伏发电项目经济效益的最大影响因素；其次是光伏标杆上网电价。

2. "自发自用，余量上网"模式下经济效益影响因素敏感性分析

根据分布式光伏发电收益模型式（7-6），在"自发自用，余量上网"模式下，影响项目经济效益的因素是年发电量、销售电价和燃煤标杆上网电价。本节分别核算了用户从 10% 至 100% 不同发电量自用比例下，年发电量、销售电价和燃煤标杆上网电价对光伏发电项目经济效益的影响效应。其中，表 7-9 和表 7-10 仅展示了发电量自用比例为 50% 和 100% 时项目经济效益的变动率。

表 7-9 "50%自用、50%上网"模式下京津冀居民和工商业用户经济效益变动率

单位:%

基准地区		北京			天津			冀北			冀南		
影响因素		年发电量	销售电价	燃煤标杆上网电价	年发电量	销售电价	燃煤标杆上网电价	年发电量	销售电价	燃煤标杆上网电价	年发电量	销售电价	燃煤标杆上网电价
居民	北京	0	0	0	-6.78	0.63	0.34	-10.39	4.86	0.75	-10.37	4.86	0.27
	天津	7.26	-0.63	-0.34	0	0	0	-4.20	3.87	0.41	-4.20	3.87	-0.07
	冀北	11.95	-4.28	-0.37	4.39	-3.67	-0.04	0	0	0	0	0	-0.11
	冀南	11.50	-4.70	-0.26	4.02	-4.04	0.07	0	0	0.47	0	0	0
工商业	北京	0	0	0	-5.25	-19.67	0.40	-8.02	-27.34	0.98	-8.02	-24.49	0.35
	天津	5.63	24.47	-0.55	0	0	0	-2.97	-9.54	9.31	-2.97	-5.99	-0.11
	冀北	8.93	37.42	-1.34	3.08	10.49	-0.73	0	0	0	0	17.82	-0.85
	冀南	8.91	32.52	-0.47	3.07	6.39	-0.47	0	-3.70	0.83	0	0	0

表 7-10 "100%自用"模式下京津冀居民和工商业用户经济效益变动率

单位:%

基准地区		北京		天津		冀北		冀南	
影响因素		年发电量	销售电价	年发电量	销售电价	年发电量	销售电价	年发电量	销售电价
居民	北京	0	0	-7.09	0.79	-10.86	6.09	-10.86	6.09
	天津	7.62	-7.09	0	0	-4.06	4.21	-4.06	4.21
	冀北	12.12	-5.79	4.50	-4.20	0	0	0	0
	冀南	12.12	-5.79	4.50	-4.20	0	0	0	0
工商业	北京	0	0	-5.14	-26.61	-7.85	-36.98	-7.85	-33.12
	天津	5.51	36.37	0	0	-2.90	-14.18	2.90	-8.90
	冀北	8.76	59.03	3.02	16.55	0	0	0	6.16
	冀南	8.72	49.80	3.01	9.79	0	-5.80	0	0

在"50%自用、50%上网"模式下,本节以京津两地为例,研究年发电量、销售电价、燃煤标杆上网电价对京津两地光伏发电项目经济效益的影响效应。以北京作为参考基准,通过控制天津的年发电量、销售电价、燃煤标杆上网电价中的两个变量不变,假设剩余变量值等于北京的参考值时计算项目经济效益,并与原天津项目经济效益作比较,发现年发电量、销售电价、燃煤标杆上网电价对经

济效益的影响效应如下：对于居民用户，天津光伏发电项目经济效益分别上升7.26%、下降0.63%、下降0.34%，表明年发电量对居民用户项目经济效益的影响效应大于销售电价和燃煤标杆上网电价；对于工商业用户，天津光伏发电项目经济效益分别上升5.63%、上升24.47%、下降0.55%，表明销售电价对工商业用户项目经济效益的影响效应大于年发电量和燃煤标杆上网电价。对京冀、津冀两地居民和工商业用户经济效益变动率核算后也得到相同结论。

在"100%自用"模式下，燃煤标杆上网电价不影响居民和工商业用户项目的经济效益，因此，在表7-10中影响京津冀居民和工商业用户经济效益的只有年发电量、销售电价。在"100%自用"模式下，年发电量、销售电价对居民和工商业用户项目经济效益的影响效应与"50%自用、50%上网"模式一致，即年发电量对居民用户项目经济效益的影响效应大于销售电价，销售电价对工商业用户项目经济效益的影响效应大于年发电量。比较表7-9和表7-10可以发现，随着发电量自用比例的增加，居民和工商业用户的销售电价对项目经济效益的影响效应的变动幅度变大。例如，以北京为参考基准，在"50%自用、50%上网"模式下销售电价对天津工商业用户项目经济效益的影响效应为24.47%，但在"100%自用"模式下则提高至36.37%。

因此，在"自发自用，余量上网"模式下，年发电量对居民用户光伏发电项目经济效益的影响最显著，其次是销售电价；而对工商业用户来说，销售电价对光伏发电项目经济效益的影响最显著，其次是年发电量和燃煤标杆上网电价，且随着发电量自用比例的增大，居民和工商业用户的销售电价对项目经济效益的影响效应增强。

五、结论和建议

（一）研究结论

在光伏发电电价补贴和定额补贴标准下降直至取消的大趋势下，本节对京津冀居民和工商业用户在"全额上网"和"自发自用，余量上网"运营模式下分布式光伏发电项目经济效益进行了实证分析，得到以下结论：

第一，分布式光伏发电定额补贴标准下调直至取消对项目经济效益具有负面影响，但用户投资安装分布式光伏发电仍具有一定的经济性。本节通过实证分析发现，2017—2021年补贴标准持续下调，居民和工商业用户分布式光伏发电项目的经济效益逐年下降。虽然分布式光伏发电项目具有经济可行性，但是用户投资分布式光伏发电项目的利润空间较小。

第二，京津冀居民和工商业用户安装分布式光伏发电的最优模式是"自发自用，余量上网"。在该模式下，居民和工商业用户发电量的自用比例越大，补贴的退减对项目经济效益的负面影响越小，项目的经济效益越好。在"全额上网"模式下，由于定额补贴标准的下调导致光伏标杆上网电价下降，致使项目的经济效益低于"自发自用，余量上网"模式下的项目经济效益。由于随着用户发电量的自用比例提升，分布式光伏发电的经济性越大，项目的投资价值越高。因此，为获取最大的经济效益，政府应推广新增用户选择"自发自用，余量上网"的运营模式，并根据实际的用电需求提高发电量的自用比例。

第三，2022年分布式光伏发电定额补贴标准全面取消，因不同运营模式下发电量自用比例不同而对项目经济效益的影响不同。对于"自发自用，余量上网"模式，用户的发电量自用比例越小，即上网的比例越大，项目经济效益下降幅度越大；对于"全额上网"模式，项目的经济效益下降幅度最大。因此，"全额上网"模式的用户可以通过变更上网运营模式来提高用户投资收益，即增大发电量自用比例。

第四，京津冀地区项目经济效益由大到小的顺序为"北京>天津>河北"。从以上实证分析结果可知，北京地区因太阳能资源最丰富，分布式光伏发电项目的经济效益最好；若津冀两地投资主体选择合适的运营模式，分布式光伏发电项目也可获得较好的投资收益。分布式光伏发电的大规模安装应用，可有效解决用户剩余电量的问题，对我国实现"双碳"目标至关重要。因此，京津冀三地可在京津冀电网架构的基础上建立分布式光伏发电区域系统，在实现光伏发电自给自足时，将剩余电量跨地区交易，以推动京津冀区域光伏发电协同发展。

第五，年发电量和销售电价是影响京津冀三地居民和工商业用户分布式光伏发电项目经济效益的主要因素。在"全额上网"模式下，影响居民和工商业用户项目经济效益的首要因素是年发电量，其次是光伏标杆上网电价。在"自发自用，余量上网"模式下，影响居民用户项目经济效益的首要因素是年发电量，其次是销售电价、燃煤标杆上网电价；影响工商业用户项目经济效益的首要因素是销售电价，其次是年发电量、燃煤标杆上网电价；且随着居民和工商业用户发电量自用比例提升，销售电价对项目经济效益的影响幅度增大。京津冀地区的太阳能资源条件既定，销售电价变动空间有限，因此，未来要提升分布式光伏发电项目的经济效益和投资性价比，应通过推进光伏发电技术进步，提高太阳能的利用水平和发电量的转换效率，进而增加光伏发电的年发电量。

（二）对策建议

基于以上对京津冀地区分布式光伏发电项目经济效益的分析，本节提出以下对策建议：

1. 构建京津冀分布式光伏发电区域系统，推动京津冀光伏发电协同发展

京津冀三地可通过优势互补开展分布式光伏投资区域合作，北京可在资金、技术上给予津冀两地支持，在京津冀电网架构的基础上建立分布式光伏发电区域系统。通过光伏发电跨地区交易，提高北京和天津的绿电消纳占比，推动京津冀光伏发电和经济的协同发展。津冀两地应发挥各自的资源优势，利用其产业和广阔的土地资源建设分布式光伏，推进光伏发电和储能协同发展，提升光伏发电的消纳水平和利用效率。政府应鼓励津冀两地用户选择"自发自用，余量上网"的运营模式，基于实际的用电需求提高自用比例，并配置一定比例的储能设施。对于用电量大的用户可建立局部微电网，基于微电网将其他用户自用后多余的电量通过小型储能系统或电动汽车存储，在分布式光伏发电过剩时段有序充电，在负荷用电高峰时段放电，提升区域内电力系统灵活调节和稳定供给能力。

2. 鼓励技术和管理创新，提高分布式光伏发电项目经济效益

技术创新是降低分布式光伏发电成本和提升光伏发电系统稳定性的关键。"光伏发电高新技术企业"的税收优惠政策可鼓励光伏发电企业的技术创新和大规模应用，促进企业在材料、生产成本以及运营维护等方面的技术和管理创新，降低硅晶片、太阳能电池等相关材料和组件的成本，以减轻补贴取消对分布式光伏发电投资的影响；通过技术创新提高光伏转化效率，提升光伏发电利用效率，推进光伏发电企业运营维护技术改造，降低设备后期更换频率，提高投资回报率。利用资本市场推动相关储能企业上市，促进储能行业市场化发展，引入社会资本共同投资储能，推进储能技术创新，降低储能安装成本，实现光伏发电和储能协同发展，提升光伏发电的消纳水平和利用效率。基于京津冀三地在光伏发电方面积累的前沿技术、基础研究及人才培养，加大对光伏组件的科研投入力度，提高发电量转换效率，确保用户的投资收益。

3. 提高京津冀太阳能利用水平和发电量转换效率，适时提高用户销售电价

针对京津冀地区居民和工商业用户的分布式光伏发电多采取在屋顶安装光伏设备的方式，政府可推行光伏建筑一体化系统，即在建筑围护结构外表面上铺设光伏阵列，将光伏电板和建筑物相结合。该系统的大规模安装可有效提高太阳能的利用水平，增加投资主体的年发电量，提升用户的经济效益。此外，基于区域经济发展水平，在保障居民和农业基本用电的基础上，扩大市场化电价交易，适当地提高销售电价，提升光伏发电项目的经济效益。

4. 拓宽分布式光伏融资渠道，推动分布式光伏发电市场化交易

为了减轻用户和发电企业的资金压力，提高分布式光伏发电的经济效益，银

行等相关金融机构可推出关于光伏产品贷款优惠，如扩大贷款规模、延长贷款期限、优惠贷款利率；鼓励保险公司结合太阳能发电不稳定的特点推行绿色保险，在太阳辐射等自然条件较差时为分布式光伏发电企业和用户的收益提供保障。光伏发电企业可以在金融市场发行有价证券，实现光伏电站资产证券化。还可以用补贴应收账款为基础申请发行绿色债券进行融资。在京津冀地区进行分布式光伏发电市场化交易试点项目，应由政府主导、统筹确定分布式发电市场化交易项目的过网费、系统备用容量费、分摊交叉补贴等规则，确保用户、电网企业等相关利益者获得收益，推进分布式光伏发电的规模化发展。

第二节　我国分散式风电经济效益研究

相对于集中式可再生能源电力，分布式可再生能源电力在安全性、经济性方面更具有优势。在"双碳"目标以及构建以可再生能源电力为主体的新型电力系统背景下，我国出台了相关政策鼓励分布式光伏发电和分散式风电等分布式可再生能源建设。2019 年，我国分散式风电新增装机容量 30 万千瓦，累计装机容量 93.5 万千瓦；而分布式光伏发电新增装机容量 1220 万千瓦，累计装机容量达到 6263 万千瓦。我国分布式光伏发电已基本实现规模化安装，而分散式风电仅在起步阶段，未来开发建设空间较大。但是，《国家发展改革委关于 2021 年新能源上网电价政策有关事项的通知》（发改价格〔2021〕833 号）明确要求新核准的陆上风电项目执行平价上网，不再进行补贴，该政策严重影响了投资主体投资分散式风电项目的积极性。同时，2021 年全国碳交易市场正式启动，风电企业可通过碳交易行为获取碳减排收益。风电平价上网政策和碳交易机制的实施将对分散式风电项目经济效益产生深远影响。那么，其对分散式风电项目经济效益将产生多大影响？影响效应如何？这是需要深入研究的问题。在此背景下，本节研究分析分散式风电项目经济效益变动及其影响情况，这些研究对我国风电可持续发展和促进电力能源结构优化具有现实意义。

一、文献综述

国内外学者从经济效益、环境效益、风电产业支持政策的实施效果以及碳交易机制对风电项目经济效益影响等方面对风电项目展开了深入研究，相关研究主

要体现在以下三个方面：

（一）风电项目经济和环境效益研究

关于风电项目经济效益的研究，一些学者从生产端的成本角度，详细分析了风电企业建设投资成本和生产成本结构［李志学等（2017）］；也有学者综合考虑成本和收益，计算不同城市风电项目的经济效益［贺婷婷等（2019）、熊敏彭等（2016）、张垚等（2019）］。例如，贺婷婷等（2019）采用全生命周期法和动态平直供电成本法，详细分析了风电项目在融资建设期、运营维护期、回收报废期三个阶段的成本和收益，研究发现张家口风电项目大规模上网具有较好的经济效益。熊敏彭等（2016）采用内部收益率方法，对我国"三北"和东部、中部地区部分省份的风电项目进行经济性分析，发现"三北"地区风电项目经济效益较差，其中新疆、甘肃和吉林的内部收益率分别为-0.54%、-8.06%和8.24%；东部、中部地区风电项目经济效益较好，其中云南、福建和四川的内部收益率分别为 15.17%、14.39% 和 13.32%，高于基准收益率 8%。张垚等（2019）使用平准化发电成本方法（LCOE）和内部收益率方法（IRR），计算了浙江金华、江西都昌、湖北襄阳分散式风电和分布式光伏发电项目的经济效益，发现在分散式风电采用全额上网模式、分布式光伏发电采用100%自发自用模式时，两类项目的盈利水平相当，都具有很好的经济前景。

还有学者通过计算大气污染物的排放量分析风电项目的环境效益。例如，Li 等（2021）与向宁等（2021）都使用生命周期评估（LCA）法对风电系统在设备制造、运输、安装、运行、废弃等环节中的温室气体排放量进行了研究，发现温室气体排放主要集中在整个生命周期的制造阶段。其中，向宁等（2021）还对比研究了海上和陆上风电系统，得到海上风电场温室气体和污染物的排放量小于陆上风电场，对环境更为友好。

为了有效提高风电项目的经济效益，一些学者对风电项目的选址和最优装机容量的规划问题进行了研究［Rediske 等（2021）和刘文霞等（2015）］。学者们除了研究投资主体投资风电项目的经济效益，还探讨了风电项目的发展对区域和国家的经济影响，例如，Xia 等（2017）发现发展风电项目可以提高人均国内生产总值，对地方经济产生积极影响；Shoeib 等（2019）研究发现，发展风电项目可以改善美国社区服务，降低居民的生活成本。

（二）风电产业支持政策对风电项目经济效益的影响

我国高度重视风力发电，从中央政府到地方政府都颁布了一系列政策支持风力发电产业发展，政策中风电固定电价政策和电价补贴政策有力地促进了风电的发展［Li 等（2018）］。学者们从政策实施效果的角度，研究分析风电产业支持政策对风电项目成本和收益的影响。例如，李庆等（2016）在上网电价和发电成本不确定的情况下，建立风电固定上网电价政策的期权模型，证明了风电最优投资电价与上网电价波动率成正比，即促进风电发电项目投资的最优策略是逐渐降低风电上网电价水平。曾鸣等（2012）利用实物期权理论，研究了风电电价补贴水平、风电电价补贴有效期和上网电价波动率等对投资决策的影响，认为提高风电电价补贴水平和延长风电电价补贴期限都将降低风电项目的投资门槛。杨帅等（2013）对补贴政策的福利效应进行了分析，发现贴息贷款的补贴政策对风电项目平均成本影响显著，50%的贴息政策将使风电平均成本下降 3.81%。

随着技术进步，风电初始投资成本逐渐降低，我国政府逐步下调风电标杆上网电价，实现平价上网，让风电等可再生能源发电替代燃煤发电。有学者探讨了风电发电项目何时实现平价上网［Tu 等（2019）、Xu 等（2020）］以及研究了标杆上网电价的下降对风电项目盈利能力的影响。Tu 等（2019）利用学习曲线法估算了 2016—2025 年陆上风电项目的平均度电成本（LCOE），通过将 LCOE 与燃煤上网电价比较，发现 2019 年我国可以实现陆上风电的平价上网，且随着碳价格的上涨，平价上网将更早实现。

（三）碳交易机制对风电项目经济效益的影响

2017 年，我国启动碳排放权交易试点，风电投资者可以在碳交易市场出售碳排放权，获得碳减排收益。在此背景下，一些学者基于碳交易机制，研究碳价波动对投资者投资时机的影响，发现碳价波动性越高，项目投资期权的价值就越高，企业选择投资的时间就越晚［公丕芹等（2017）、Li 等（2018）］。还有一些学者研究了碳交易收益对风电项目经济效益的影响，认为碳交易有效提高了风电项目的盈利能力［Lo 等（2017）］。此外，也有学者将风电标杆上网电价与碳交易两者结合起来［Tu 等（2019）］，研究发现风电项目在碳市场上获得的碳减排收益仅能部分补偿因标杆上网电价下降而造成的收益损失，若要弥补全部收益损失，需保证碳价格达到 41 美元/吨。

综上所述，众多学者对中国风电的经济效益［李志学等（2017）、贺婷婷等（2019）、熊敏彭等（2016）、张垚等（2019）］、环境效益［Li 等（2021）、向宁等（2021）］以及上网电价的持续下调［Tu 等（2019）、Xu 等（2020）］和实施碳交易机制对风电项目经济效益的影响［Li 等（2018）、Lo 等（2017）］进行了研究，但研究的对象主要为集中式风电项目，关于分散式风电项目经济效益的研究较少。2021 年，风电实行无补贴平价上网，当前缺少在无补贴平价上网和碳交易的背景下分析我国分散式风电项目经济效益的研究。因此，本书在我国四类风能资源区中选取四个代表性城市作为研究对象，采用平准化度电成本（LCOE）方法和内部收益率方法研究分散式风电项目的经济效益。在有补贴和无补贴两种情况下，实证分析四个城市分散式风电项目的经济效益；然后，在无补贴情况下，将社会和环境效益的正外部性加入风电项目的经济收益，探讨分散式风电项目获得碳减排收益前后风电项目经济效益的变动情况。本书的研究对我国分散式风电规模化发展和"双碳"目标的实现具有重要的指导意义。

二、数据来源及说明

（一）数据来源

中国"三北"地区地形平坦，风能资源丰富，有利于大规模开发建设分散式风电。根据中国四类陆上风能资源区的划分标准，Ⅰ类、Ⅱ类、Ⅲ类、Ⅳ类资源区分别选取西北地区的新疆乌鲁木齐，华北地区的内蒙古通辽，东北地区的吉林白城、辽宁辽阳四个城市中的分散式风电项目进行经济效益分析。本节利用2020年和2021年四个城市燃煤标杆上网电价、风电标杆上网电价、年利用小时数以及碳交易价格计算风电项目的上网电价收益和碳减排收益。本节所涉及的数据主要来源于国家能源局网站、《国家能源局关于2020年度全国可再生能源电力发展监测评价结果的通报》（国家发新能〔2021〕31号）和中国碳交易网站。

（二）分散式风电发电量

分散式风电项目的年发电量是经济效益分析的重要指标，通过查询《国家能源局关于2020年度全国可再生能源电力发展监测评价结果的通报》可以得到新疆乌鲁木齐、内蒙古通辽、吉林白城和辽宁辽阳的年实际利用小时数分别为2616小时、2378小时、2302小时和2243小时。假设在四个城市安装10兆瓦装机容量的分散式风电项目，其项目的年发电量等于年实际利用小时数乘以装机容量（见表7-11）。其中，Ⅰ类资源区的新疆乌鲁木齐的年发电量最高，其后依次是辽宁辽阳、吉林白城和内蒙古通辽。

表7-11　10兆瓦分散式风电项目2020年年发电量　单位：万千瓦时

地区	新疆乌鲁木齐	内蒙古通辽	吉林白城	辽宁辽阳
风能资源区	Ⅰ类	Ⅱ类	Ⅲ类	Ⅳ类
2020年发电量	2616	2378	2302	2243

（三）碳交易价格和二氧化碳减排系数

2011年，国家发展和改革委员会批准在七个省份，即北京、上海、天津、重庆、湖北、广东和深圳开始进行碳交易试点工作，2016年在福建启动第八个碳排放权交易试点单位。截至2020年底，八个碳交易试点单位累计配额成交二氧化碳当量4.45亿吨，累计成交额达到104.31亿元，我国也已成为累计配额成交量规模全球第二大碳市场。

2021年7月16日，全国碳排放权交易正式开始，直至2021年9月16日，中国碳排放交易市场成交总量达845.13万吨，累计成交总金额为4.16亿元，成交平均价格为49.25元/吨。与《2020年中国碳价调查报告》中预计的全国碳交易市场建立之初的碳价格49元/吨相差不大。随着全国碳排放交易市场的实施，风电项目的投资者可以出售碳排放权，将风电项目环境效益的正外部性体现在碳交易价格上，获得碳减排收益。在分散式风电项目中，碳减排收益能抵消风电企业部分发电成本，提高风电项目的经济效益。本节根据碳排放权交易上市两个月的平均成交价格49.25元/吨和二氧化碳减排系数0.8615千克标准煤/千瓦时计算分散式风电项目的碳减排收益。

三、分散式风电成本收益模型

（一）分散式风电的成本模型

分散式风电总成本（Costs_n）主要包括建设期的初始投资成本（C_0）、经营期项目的运维成本（C_1）和投资主体向银行贷款的年还款金额（C_2）。分散式风电成本的计算公式如下：

$$\mathrm{Costs}_n = (C_0 + C_1 + C_2) = Q_n(c_0 + c_1) + C_2 \tag{7-7}$$

式中，Q_n为分散式风电的装机容量，c_0为单位投资成本，c_1为单位运维成本。参考当前市场价格和"三北"地区分散式风电项目各项成本的发展趋势，本节假设2020年新疆乌鲁木齐、内蒙古通辽、吉林白城和辽宁辽阳的单位初始投资成本分别为6000元/千瓦、6200元/千瓦、6500元/千瓦和6500元/千瓦；2021年，四个城市单位初始投资成本分别为5500元/千瓦、5700元/千瓦、6000元/千瓦和6000元/千瓦。分散式风电项目的运维成本主要包括保险费、修理费、职工工资。本节参考熊敏佳等（2016）和张垚等（2019）的研究，假设保险费率、修理费率分别为初始投资成本的0.25%和2%，10兆瓦分散式风电项目配置1名员工，职工平均年薪为60000元/年，工资年均增长率6%，五险一金缴费比例为45%。

10 兆瓦的分散式风电项目初始投资总成本为 5500 万～6500 万元，投资主体很难以 100% 自有资金进行投资，多数投资主体需要获得银行或者其他金融机构的贷款，本节假设投资主体以 30% 自有资金和 70% 银行贷款资金投资 10 兆瓦分散式风电项目，其中银行贷款年利率为 4.9%，贷款年限为 15 年。分散式风电项目各项成本组成数据见表 7-12。

表 7-12　分散式风电系统成本

单位初始投资成本（元/千瓦）	2020 年	6000～6500
	2021 年	5500～6000
运维成本	保险费率（%）	0.25
	修理费率（%）	2
	职工工资（元/年）	60000
	职工工资增长率（%）	6
	养老保险（%）	20
	医疗保险（%）	9
	失业保险（%）	2
	工伤保险（%）	1
	生育保险（%）	1
	公积金（%）	12
	厂用电率（%）	2

（二）分散式风电的收益模型

分散式风电项目的收益包括上网电价收益和碳减排收益。分散式风电项目的收益公式为：

$$Benefits = P_g E_n + P_c \eta E_n = (P_g + P_c \eta) Q_n H_n \tag{7-8}$$

式中，P_g 为风电标杆上网电价，P_c 为碳交易价格，η 为单位发电量的二氧化碳减排系数，E_n 为年发电量，Q_n 为装机容量，H_n 为年实际利用小时数。上网电价收益等于风电标杆上网电价 P_g 乘以年发电量 E_n，碳减排收益等于碳交易价格 E_n 乘以单位发电量的二氧化碳减排系数 η 乘以年发电量。年发电量 E_n 等于装机容量 Q_n 乘以年实际利用小时数 H_n。

为促进风电的可持续发展，我国从 2009 年开始实施区域化标杆上网电价政策，风电标杆上网电价与燃煤标杆上网电价的差额，由国家进行补贴。随着技术的进步和风电成本的降低，政府不断下调风电标杆上网电价，前文表 5-1 中显示了我国自 2009 年以来四类风能资源区标杆上网电价数据，可以发现标杆上网电价呈下降趋势，风电补贴持续减少。2021 年，中国取消标杆上网电价机制，煤电实行"基准价+上下浮动"的市场化价格机制，而风电标杆上网电价改为风电指导价，并对 2021 年新核准的陆上风电项目不再进行补贴。2021 年，新疆乌鲁木齐、内蒙古通辽、吉林白城和辽宁辽阳的风电指导价分别为 0.2423 元/千瓦时、0.2985 元/千瓦时、0.3719 元/千瓦时、0.3731 元/千瓦时，度电补贴为 0 元/千瓦时（见表 7-13）。

表 7-13　2020—2021 年四个代表性城市风电上网电价和补贴

单位：元/千瓦时

年份		2020			2021		
省份	城市	燃煤标杆上网电价	风电标杆上网电价	度电补贴	燃煤基准价	风电指导价	度电补贴
新疆	乌鲁木齐	0.2500	0.2900	0.0400	0.2595	0.2423	0
内蒙古	通辽市	0.3035	0.3400	0.0365	0.3035	0.2985	0
吉林	白城市	0.3731	0.3800	0.0069	0.3731	0.3719	0
辽宁	辽阳市	0.3749	0.4700	0.0951	0.3757	0.3731	0

四、分散式风电经济效益分析

本节利用平准化度电成本（LCOE）和内部收益率（IRR）方法对分散式风电项目进行经济效益研究，计算分析四个代表性城市从 2020 年有电价补贴到 2021 年无电价补贴的分散式风电项目经济效益；并在 LCOE 模型中引入碳减排收益，分析碳交易机制对分散式风电项目的经济效益的影响。

（一）经济效益计算方法

1. 内部收益率（IRR）

内部收益率是指每一年现金流入量折现后的总和等于初始投资成本时的收益率。内部收益率（IRR）公式如下：

$$\sum_{t=1}^{T} \frac{CF_t}{(1+IRR)^t} - C_0 = 0 \tag{7-9}$$

式中，CF_t 为项目生命周期内年现金流入量，其等于分散式风电项目的年收益 Benefits 减去年运维成本 C_1 和银行贷款的年还款金额 C_2；C_0 是初始投资成本；t 是投资的期数，以分散式风电系统的设计寿命 20 年为准，即 $t=20$。根据国家发展和改革委员会对建设项目财务基准收益的有关规定，本节选取行业标准收益率 8%，即：当内部收益率大于或等于行业标准的收益率 8% 时，分散式风电项目具有经济可行性；否则，该分散式风电项目没有经济可行性。

2. 平准化度电成本（LCOE）

LCOE 方法被广泛用于评估可再生能源发电项目的经济效益。LCOE 是项目整个生命周期内净现值为零时所有投入成本折现值之和与能源产出折现值之和的比值，即单位发电成本。由于 LCOE 是项目成本等于收益时的度电成本，因此收益可以表示为 LCOE 与年发电量的乘积。假设在整个项目寿命期内 LCOE 为常数，可以得到：

$$\sum_{n=0}^{N} \frac{Revenues_n}{(1+r)^n} = \sum_{n=0}^{N} \frac{Costs_n}{(1+r)^n} \tag{7-10}$$

若上网电价为 LCOE 值时，分散式风电项目的收益为 $Revenues_n$：

$$Revenues_n = (LCOE + P_c\eta)Q_nH_n \tag{7-11}$$

由式（7-10）、式（7-11）得到：

$$\sum_{0}^{N} \frac{(LCOE + P_c\eta)E_n}{(1+r)^n} = \sum_{0}^{N} \frac{Costs_n}{(1+r)^n} \tag{7-12}$$

LCOE 值为常数，则 $LCOE$ 为：

$$LCOE = \left(\sum_{n=0}^{N} \frac{Costs_n - P_c\eta E_n}{(1+r)^n}\right) \Big/ \left(\sum_{n=0}^{N} \frac{E_n}{(1+r)^n}\right) \tag{7-13}$$

最后可以得到 $LCOE$ 公式为：

$$LCOE = \left(C_0 + \sum_{n=0}^{N} \frac{C_1 - P_c\eta Q_nH_n}{(1+r)^n}\right) \Big/ \left(\sum_{n=0}^{N} \frac{Q_nH_n}{(1+r)^n}\right) \tag{7-14}$$

（二）经济效益计算结果分析

1. 有电价补贴与无电价补贴分散式风电项目经济效益分析

图 6-1 显示了乌鲁木齐、通辽、白城和辽阳在 2020 年有电价补贴和 2021 年无电价补贴两种情况下分散式风电项目的 IRR 和 LCOE 值。

通过对图 7-1 进行分析可以得到以下两点：

（1）除了白城以外，乌鲁木齐、通辽和辽阳分散式风电项目在 2020 年有电价补贴的 IRR 高于 2021 年无电价补贴的 IRR。2021 年，由于白城单位投资成本下降幅度大于风电上网电价下降幅度，导致其分散式风电项目 IRR 高于 2020 年。在 2020 年有电价补贴时，四个城市分散式风电项目的 IRR 分别为 11.57%、12.87%、14.25% 和 23.12%，均高于行业标准收益率（8%），具有经济可行性。

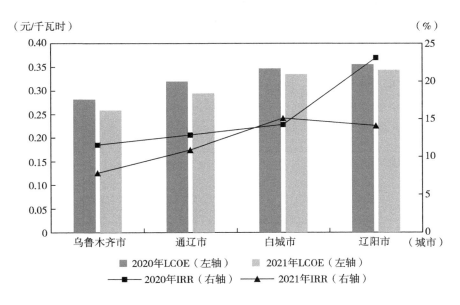

图 7-1　2020—2021 年四个城市分散式风电项目的 IRR 和 LCOE 值

但在 2021 年无电价补贴时，除白城外，其余三个城市分散式风电项目的 IRR 都有所下降。其中，乌鲁木齐风电项目的 IRR 下降至 7.86%，低于 8%，此时投资主体安装建设分散式风电项目不再具有经济可行性；而通辽和辽阳分散式风电项目的 IRR 分别下降至 10.91% 和 14.09%，虽高于行业标准收益率（8%），具有经济可行性，但与 2020 年有电价补贴的风电项目经济效益相比，无电价补贴时项目的经济效益相对较差。

　　（2）四个城市分散式风电项目在 2021 年无电价补贴时的 LCOE 值均低于2020 年有电价补贴时的 LCOE 值。影响分散式风电项目 LCOE 值的因素有初始投资成本、运维成本和年发电量，2020—2021 年，风电项目的初始投资成本和运维成本下降，在项目的年发电量不变的情况下，项目的 LCOE 值呈下降趋势。通过比较 2020—2021 年分散式风电项目的 LCOE 值和风电上网电价，发现 2020 年四个城市和 2021 年除新疆乌鲁木齐以外其余三个城市的分散式风电项目的 LCOE 值均低于风电上网电价，即风电项目的发电成本低于上网电价，表明分散式风电项目可以获得净利润。

　　2. 有碳减排收益和无碳减排收益分散式风电项目的经济效益分析

　　2021 年，风电平价上网，本节将环境正外部性即碳减排收益加入分散式风电项目经济效益，分析 2021 年四个城市无电价补贴的背景下，碳减排收益对分散式风电项目经济效益的影响。如图 7-2 所示，2021 年的 IRR 和 LCOE 分别代表 2021 年无电价补贴、无碳减排收益时分散式风电项目的 IRR 和 LCOE 值；2021 年的 IRR* 和 LCOE* 分别代表 2021 年无电价补贴、有碳减排收益时项目的 IRR 和 LCOE 值。

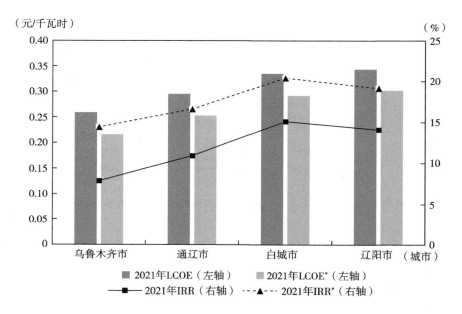

图 7-2　2021 年碳减排收益对分散式风电项目经济效益的影响

通过对图 7-2 进行分析可以得到以下两点：

（1）2021 年风电无电价补贴时，四个城市分散式风电项目在有碳减排收益的 IRR 均高于无碳减排收益的 IRR。四个城市分散式风电项目的 IRR 在有碳减排收益的情况下，分别从 7.86%、10.91%、15.11% 和 14.09% 提高到 14.4%、16.61%、20.42% 和 19.14%，均高于行业标准收益率 8%，项目具有经济可行性。因此，将碳减排收益加入分散式风电项目经济效益，可以提高四个城市分散式风电项目的 IRR，增加投资主体的投资收益。针对 2021 年政府取消电价补贴，风电企业可以主动加入碳交易市场，通过出售碳排放权获取碳减排收益，以此来弥补风电项目因风电标杆上网电价下降而减少的收益。

（2）四个城市分散式风电项目在 2021 年有碳减排收益时的 LCOE 值低于无碳减排收益的 LCOE 值。由此可知，增加碳减排收益后，分散式风电项目的 LCOE 值下降。2021 年有碳减排收益的四个城市风电项目的 LCOE 值均低于风电

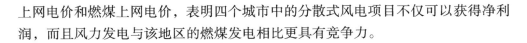

上网电价和燃煤上网电价，表明四个城市中的分散式风电项目不仅可以获得净利润，而且风力发电与该地区的燃煤发电相比更具有竞争力。

五、结论和建议

（一）研究结论

本节计算分析了2020—2021年新疆乌鲁木齐、内蒙古通辽、吉林白城和辽宁辽阳四个城市在有电价补贴和无电价补贴、有碳减排收益和无碳减排收益情况下，分散式风电项目经济效益的变动情况，得到以下三个结论：

第一，风电无补贴平价上网导致分散式风电项目经济效益下降。2020年有电价补贴时，乌鲁木齐、通辽、白城和辽阳风电项目的IRR均高于行业标准收益率（8%），项目具有经济可行性。2021年无电价补贴时，除白城外，其余三个城市的IRR都有所下降。其中，乌鲁木齐风电项目的IRR低于8%，不具有经济可行性；与2020年有电价补贴的相比，无电价补贴时其余三个城市的分散式风电项目的经济效益相对较差。

第二，随着初始投资成本和运维成本的下降，2020—2021年四个城市分散式风电项目的LCOE值下降，风电企业的度电成本降低，且低于当年风电上网电价，从而提高了分散式风电项目的竞争力。因此，应加大对风电核心技术的投入，提升风电项目年利用小时数和发电量的转换效率，降低风电项目的成本。

第三，将风电项目的环境正外部性加入其项目经济效益中，可以有效提高项目的IRR，降低项目的LCOE值。这表明碳交易机制可为分散式风电项目提供额外的碳减排的收益，降低风电项目的度电成本，提高项目的经济效益。随着我国碳交易市场的持续推进，碳交易价格逐渐上涨，风电项目的LCOE值也将不断降低，经济效益持续增大，因此，应积极推进碳交易市场的健康发展，完善碳交易机制，提升分散式风电市场的竞争力，促进风电的规模化发展。

（二）对策建议

1. 大力发展碳交易市场，在风电收益中体现环境效益

通过上文实证分析，将隐性的碳减排收益加入风电项目的总收益中，可有效提升风电项目的盈利能力。因此，政府应鼓励更多的风电等能源企业自愿加入碳市场中。积极推进碳市场交易发展，在碳交易市场运用碳远期、碳期货等金融工具获取准确的碳价格信号，建立有效的碳定价机制；在行业间公平分配碳交易配额，以确定合理碳交易价格；将环境的正外部性准确地体现在风电收益中，通过碳交易行为提高风电发电项目的经济效益，以激发投资主体的积极性，通过碳交

易市场的发展促进风电的市场化发展。

2. 促进风电技术创新，有效降低风电项目度电成本

为了降低风电项目的度电成本，政府可以将电价补贴转换为技术补贴，鼓励风电设备制造企业和关键零部件企业提高技术研发能力，以提升风电设备的关键零部件质量和减少设备后期更换频率，降低运维成本和人工成本。同时，政府要加大对风电技术的研发投入，大力发展转化率更高的风电技术，提升机组转换效率，增加项目的年利用小时数，进而提高风电项目的年发电量，提升风电项目的经济效益。为了提高风电的消纳水平，政府应鼓励企业和研究机构共同建设储能技术研发中心，推进储能技术创新，降低储能安装成本，在分散式风电项目附近安装配套储能设备，推进"分散式风电+储能"模式；风电企业和储能企业共同出资、共同经营、利益共享，通过风电和储能协同发展促进分散式风电企业规模化发展。

3. 创新风电项目融资模式，拓宽风电项目融资渠道

为了减轻发电企业的资金压力，建议银行等相关金融机构推出关于风电项目的贷款优惠，如扩大贷款金额、延长贷款期限、优惠贷款利率等；也可提供以项目售电收费权或资产为质押的贷款服务。鼓励各类企业、社会机构、农村集体经济组织和个人参与投资分散式风电项目，实现投资主体多元化。各类基金、保险、信托等可以与风电产业资本结合，建立分散式风电项目投资基金。风电企业可以在金融市场发行有价证券，实现风电项目资产证券化，拓宽风电项目的融资渠道。

第三节　考虑碳减排收益的分散式风电投资效益研究

分散式风电的规模化发展对于"双碳"目标的实现具有重要的推动作用。然而，全面取消风电补贴政策的施行降低了风电企业投资的积极性。在此背景下，本节研究碳减排收益对分散式风电项目投资效益的影响。

一、引言

在"双碳"目标的背景下，我国作为世界第一工业大国面临巨大的减碳压力。风电等可再生能源的大规模发展有助于我国减碳目标的实现。近年来，我国

风电发展取得了显著成效（见图 7-3）。2021 年，我国总发电装机容量为 23.77 亿千瓦；其中，风电装机容量为 3.28 亿千瓦，占全国总发电装机容量的 13.82%，占可再生能源发电装机容量的 30.87%。我国风力发电现阶段虽主要以集中式为主，但是自 2017 年以来，分散式风电装机容量开始稳步增长。2021 年，国家发展改革委、国家能源局等多部门联合发布《关于印发"十四五"可再生能源发展规划的通知》，提出要积极推动风电分散式就近开发，提升风能利用效率。2021 年，分散式风电的装机容量激增。相对于集中式风电，分散式风力发电具有开发占地面积小、建设周期短、投资规模小等优点，在经济性、灵活性等方面更具有优势，未来发展潜力巨大。

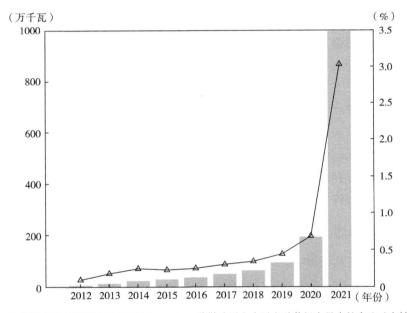

图 7-3 2012—2021 年分散式风电装机容量及占比

为了鼓励分散式风电等清洁型可再生能源项目的规模化发展，政府相继出台了一系列政策（如税收优惠、基金补贴等）①。然而，2021 年国家发展改革委员

---

① 资料来源：《国家能源局关于印发〈分散式风电项目开发建设暂行管理办法〉的通知》，http://www.gov.cn/zhengce/zhengceku/2018-12/31/content_ 5433876. htm。

会发布《关于2021年新能源上网电价政策有关事项的通知》，提出对新核准的陆上风电项目全面取消补贴，实行平价上网。这一政策的出台，导致风电企业出现"迎抢装"现象，分散式风电的装机容量激增（见图7-3）。2021年，分散式风电累计装机容量接近1000万千瓦，同比增长414.6%，新增装机容量达802.7万千瓦，同比大幅增长702%。虽然中国分散式风电项目在2020—2021年出现了投资热潮，但是Wu和Zhang（2022）研究认为补贴削减和取消会降低对风电行业的投资。

为了维持风电投资市场的稳定，政府于2021年正式启动全国碳交易市场，风电企业可以通过碳市场进行交易获得相应的碳减排收益，以此来补偿投资成本，提高企业的经济效益。在全面取消风电补贴、实行平价上网的背景下，需要深入探究考虑碳排放收益的分散式风电项目的投资效益，研究企业所获得的碳减排收益能否弥补风电补贴取消对风电项目的影响。本节就此问题展开研究，分析在全面取消风电补贴、实行平价上网背景下碳减排收益对我国分散式风电项目投资的影响。因此，本节将从以下两个方面开展研究：①在风电项目的投资收益模型中引入了碳减排收益，探索在全面取消风电补贴的情况下，碳减排收益对分散式风电项目投资收益的影响，并为促进分散式风电的规模化发展提供有效的建议。②把实物期权的研究方法应用到分散式风电经济效益的评价上，在研究过程中将风电上网电价和碳交易价格的影响因素引入投资收益模型，该方法可缩小风电项目投资价值的评估误差，从而为分散式风电企业提供更合理的投资依据。

二、文献综述

近年来，有关风电等可再生能源发电项目投资的研究受到了学者们的广泛关注，本节将从以下几个方面对现有文献进行梳理：

（一）有关影响可再生能源发电项目投资的因素研究

我国丰富的可再生资源为电力行业的发展奠定了坚实的基础［程承等（2019）］。但需要注意的是，可再生能源发电项目的投资成本较高，投资主体在制定投资策略时要衡量企业的投资效益［Zhang等（2022）］。此外，政府的各项激励政策（如价格激励、成本激励等）、市场、环境等方面的变化也会影响投资主体的决策［Wang等（2022）］。

部分学者从可再生能源发电项目投资效益［Zhang等（2019）、Zhang等（2020）、Ofori等（2021）］的角度出发，分析投资主体的最优投资时机、最优投资策略等。例如，Zhang等（2020）基于拓展的"三叉树"模型，研究市场价格、贷款利率等不确定性因素的波动对中国太阳能光伏发电项目投资价值的影响，结果显示持续变动的波动率比固定的波动率更有助于推动可再生能源发电项目的投资。Ofori 等（2021）通过评估加纳可再生能源项目在延迟投资情况下的投资价值及期权价值确定其最优投资时机，研究结果表明，在延迟投资的情况下，当市场、经济、技术等不确定性因素波动最小时，企业将会获得最大的投资效益。

此外，还有学者基于政府的各项激励政策［公丕芹等（2017）、Cheng 等（2017）、Lin 等（2022）］、市场供需关系［孔令丞等（2019）、Pourramezan 等（2023）］、环境规制［谭显春等（2022）］、绿色金融［Abbas 等（2023）、Feng 等（2023）］等因素分析其对可再生能源发电项目投资的影响。如公丕芹等（2017）研究了政府补贴对可再生能源发电项目投资时机的影响，发现政府补贴会促进可再生能源项目投资。孔令丞等（2019）在双边交易模式下，分析可再生能源电力容量的最优投资规模与可再生能源供给水平及用户电力需求水平间的关系；研究发现，二者之间大体上呈正相关关系。谭显春等（2022）研究了命令控制型和市场激励型两种环境规制与可再生能源企业投资水平间的关系，发现二者与可再生能源企业投资力度均存在显著的倒"U"形关系。以上研究对影响可再生能源发电项目的投资效益、激励政策、市场、环境等因素展开了深入分析，研究成果对可再生能源发电项目的投资产生了积极的促进作用。

（二）有关风力发电项目投资的经济效益研究

中国风能资源十分丰富，提高风能利用率、实现风电的规模化发展有助于加速"双碳"目标的实现［Liu 等（2021）］。2018 年 10 月，国家发展和改革委员会、国家能源局在《清洁能源消纳行动计划（2018－2020 年）》中提出了风电消纳的具体目标，即 2019 年确保全国平均风电利用率高于 90%，弃风率低于10%，2020 年确保全国平均风电利用率达到 95%左右的国际先进水平，基本解决清洁能源消纳问题。2020 年 12 月，国务院在《新时代的中国能源发展》白皮书中指出，要全面协调推进风电开发，有序推进风电开发利用和大型风电基地建设。在这些政策的支持下，我国风电持续发展，2021 年，我国风力发电装机容量约占可再生能源发电装机容量的 1/3，风电在我国可再生能源发电中发挥着重要作用。因此，风电项目投资及其投资收益问题成为学者们的研究热点。

我国风电行业主要分为：陆上风电和海上风电；集中式风电和分散式风电。现有文献大多以海上风电、集中式风电为研究对象，探讨风电项目投资的经济效益。例如，刘倩等（2023）从投资成本变动的角度分析海上风电项目投资的经济可行性，研究发现，由于中国目前的投资环境仍无法吸引海上风电项目的投资主体直接投资，可通过提高补贴、推动技术进步等措施来刺激投资。Kim 等（2018）基于实物期权理论研究风速变化对海上风电项目投资经济可行性的影响，发现基于实物期权法所做出的投资管理决策灵活性高，能够有效降低海上风电项目的投资风险，提高企业的长期盈利能力。He 等（2022）从成本和收益的角度构建了考虑货币时间价值的海上风电生命周期成本定价模型，研究发现，未来海上风电的价格将逐渐下降，且具有良好的市场竞争力。

我国集中式风电站的投资成本较高，无法满足中、小型城市用户的用电需求。相对来说，分散式风电的灵活性更高，可以弥补集中式风电受空间、区域等限制的不足。有学者对分散式风电项目投资的经济效益进行了相关研究。例如，黄守军等（2017）构建了在贡献毛益不确定的情况下，分散式风电项目最优投资时机和规模决策的期权定价模型，研究发现，在投资有效期内，分散式风电项目的贡献毛益临界值、最优投资规模，以及期望等待时间均与贡献毛益的期望增长率和波动率呈正相关关系。

（三）有关碳收益对风电项目投资的影响研究

风电企业基于其环境正外部性所获得的经济效益体现在碳交易价格上，碳交易价格的变动影响风电企业的碳减排收益。在我国碳交易市场正式启动的背景下，有学者从碳交易价格的角度研究碳交易价格［Tu 等（2018）、Tu 等（2019）］、碳税［Zhao 等（2019）］等因素对风电项目投资的影响。例如，Tu 等（2019）通过对比有无碳价对风力发电项目平准化度电成本（LCOE）的影响，探讨碳交易价格在中国未来碳交易体系中的作用，研究结果表明我国各碳排放交易试点的碳排放价格普遍偏低，不足以弥补风电企业全部的收益损失。但总体来看，全国性的碳排放交易体系仍然为中国投资可再生能源项目提供了新的经济激励措施。Zhao 等（2019）基于实物期权法研究了碳税和碳排放权交易两种政策对不确定性条件下中国风电项目投资价值的影响，研究发现两种政策在促进未来风力发电项目的投资及可再生能源的发展方面均发挥着正向的激励作用；但是促进作用十分有限。从现有文献来看，有关碳收益对风电项目投资影响方面的研究仍有进一步完善的空间，目前尚未有学者在全面取消风电补贴的背景下，探究碳收益对风电项目投资的影响。

综上所述，已有文献从投资效益［Zhang 等（2019）、Zhang 等（2020）、Ofori 等（2021）］、政府政策［公丕芹等（2017）、Cheng 等（2017）、Lin 和 Li（2022）］、市场因素［孔令丞等（2019）、Pourramezan 等（2023）］、环境规制

［谭显春等（2022）］、绿色金融［Abbas 等（2023）、Feng 等（2023）］等视角，对影响可再生能源发电项目投资的因素进行了比较全面的分析，为后面的研究提供了丰富的理论参考。但有关风力发电项目投资经济效益的文献较少，且主要集中在海上风电［刘倩等（2022）、Kim 等（2018）、He 等（2022）］和集中式风电，对于分散式风电项目［黄守军等（2017）］的关注不足。此外，在中国碳交易市场正式启动的背景下，尚未有学者研究全面取消风电补贴后，风电企业通过碳交易市场获得的碳减排收益对风电项目投资的影响。因此，本节在现有文献研究的基础上，将碳减排收益引入分散式风电项目的投资收益模型，基于实物期权理论测算分散式风电项目的期权价值，分析风电项目投资主体的最优投资策略。

三、研究方法

本书从我国风电项目投资建设与运行的实际情况出发，构建风力发电项目的投资收益模型；对模型中影响其投资收益的变量进行分析，并对影响因素的路径变化进行模拟。

（一）主要变量描述

1. 风电上网电价

2021 年，我国风电全面取消补贴，实行平价上网。风电上网电价的变化服从用几何布朗运动，可以用式（7-15）描述：

$$dP_t^e = \mu_e P_t^e dt + \sigma_e P_t^e dz_t^e \tag{7-15}$$

式中，P_t^e 为 t 时刻的风电上网电价；μ_e 和 σ_e 为风电上网电价的期望漂移率和波动率；dz_t^e 为标准维纳过程增量，且 $dz_t^e = \varepsilon_e \sqrt{dt}$，其中，$\varepsilon_e$ 为服从标准正态分布的随机变量。

2. 碳交易价格

风电企业通过碳交易市场获得的碳减排收益主要受碳交易价格的影响。碳交易价格的变化也服从几何布朗运动（Liu 等，2022），可以用式（7-16）来描述：

$$dP_t^c = \mu_c P_t^c dt + \sigma_c P_t^c dz_t^c \tag{7-16}$$

式中，P_t^c 为 t 时刻的碳交易价格；μ_c 和 σ_c 分别为碳交易价格的期望漂移率和波动率；dz_t^c 为标准维纳过程增量，且 $dz_t^c = \varepsilon_c \sqrt{dt}$，其中，$\varepsilon_c$ 为服从标准正态分布的随机变量。

3. 风电项目的初始投资成本

风电技术符合"学习曲线模型"［李志学等（2019）、周祎等（2019）］，风电项目的投资成本会随着风电技术的进步而降低。风电项目的初始投资成本可以用式（7-17）来表示：

$$I_t = \theta_i IC e^{-\tau t} \tag{7-17}$$

式中，I_t 为风电项目 t 时刻的初始投资成本；θ_i 为风电项目的单位投资成本；τ 为学习曲线系数。

（二）蒙特卡罗模拟

本节基于最小二乘蒙特卡罗法（Monte Carlo）和反向动态规划算法模拟不确定因素的变化。但该方法的模拟精度在很大程度上受模拟规模（模拟路径的数量 M 与项目投资决策点 N）的影响，模拟路径越多，模拟的效率就越低。为了解决该方法的不足，本节采用对偶变量方差缩减技术，在保证维数不变的前提下，减小数据模拟的波动方差，同时提高模拟的仿真精度。在风险中性测度下，对本节所考虑的风电上网电价和碳交易价格两种不确定因素的离散形式进行路径模拟。假设模拟路径的数量与每条模拟路径上决策点的数量分别为 M 和 N，其中 $N = \dfrac{t_e}{\Delta t}$，$\Delta t$ 为步长。依据伊藤引理，通过蒙特卡罗模拟法得到的样本路径如下：

$$P_{t+\Delta t,j}^e = P_t^e \cdot e^{(\mu_e - \frac{1}{2}\sigma_e^2)\Delta t + \sigma_e \sqrt{\Delta t} \cdot \varepsilon} \tag{7-18}$$

$$P_{t+\Delta t,j}^c = P_t^c \cdot e^{(\mu_c - \frac{1}{2}\sigma_c^2)\Delta t + \sigma_c \sqrt{\Delta t} \cdot \varepsilon} \tag{7-19}$$

式中，路径 j 满足 $0 \leqslant j \leqslant M$。

（三）分散式风电项目的收益函数

基于全生命周期理论构建分散式风电项目的收益函数：

$$\pi_t = R_t - C_t \tag{7-20}$$

式中，π_t 为风电项目 t 时刻的净现金流；R_t 和 C_t 分别为风电项目 t 时刻的发电总收益和发电总成本。

在碳排放权交易的背景下，风电生产商通过在碳交易市场出售碳排放权也可以获得碳减排收益。因此，本书研究的风电项目收益主要包括售电收益和碳减排收益。

$$R_t = ER_t + CR_t = P_t^e Q_t^e + P_t^c Q_t^c \tag{7-21}$$

式中，ER_t 和 CR_t 分别为风电项目 t 时刻的售电收益和碳减排收益；P_t^e 和 P_t^c 分别为风电项目 t 时刻的风电上网电价和碳交易价格；Q_t^e 和 Q_t^c 分别为风电项目 t 时刻的发电量和碳减排量，其中 $Q_t^e = q_t^e IC$，$Q_t^c = \xi Q_t^e$；IC 为风电项目的总装机容量；q_t^e 为风电项目 t 时刻的风机发电小时数；ξ 为碳减排系数。

从风电项目全生命周期的角度分析，其成本主要包括运行维护成本和税收成本，其中税收成本主要指企业增值税和企业所得税。

$$C_t = OMC_t + TC_t \tag{7-22}$$

$$OMC_t = \theta_{om} q_t^e IC \tag{7-23}$$

$$TC_t = TCV_t + TCI_t \tag{7-24}$$

$$TCV_t = (ER_t + CR_t) \times r_v \tag{7-25}$$

$$TCI_t = \left[(ER_t + CR_t) \times (1 - r_v) - OMC_t \right] \times r_i \tag{7-26}$$

其中，OMC_t 为风电项目 t 时刻的运行维护成本，TC_t 为风电项目 t 时刻的税收成本，θ_{om} 为风电项目的单位运行维护成本，TCV_t 和 TCI_t 分别为风电项目 t 时刻的增值税和企业所得税，r_v 和 r_i 分别为增值税税率和企业所得税税率。

（四）分散式风电项目的投资价值

假设风电项目的投资商将在 t_1 时刻进行投资，$t_1 \leq t_e$，t_e 为投资有效期，即风电项目延迟投资的最长时限。由于风电项目的寿命周期为 T，因此该项目的运营时间为 t_1 至 $t_1 + T$。

1. 基于净现值法（NPV）的分散式风电项目投资价值

净现值是指一项投资所产生的未来现金流的折现值与项目投资成本之间的差值。净现值法不仅考虑了货币的时间价值，而且可以反映所投资项目的获利能力和投资效果。在不考虑风电项目投资价值的影响因素随机变动的情况下，学者们一般采用 NPV 法来计算和评估风电项目的投资效益。当风电企业在 t_1 时刻进行投资时，基于 NPV 法的分散式风电项目的投资价值为：

$$NPV_{t_1} = E\left[\sum_{t=t_1}^{t_1+T} \pi_t (1+r)^{-(t-t_1)} - I_{t_1} \right] \tag{7-27}$$

式中，NPV_{t_1} 为 t_1 时刻基于 NPV 法的风电项目投资价值；$E[\cdot]$ 表示期望算子；T 为风电项目的寿命周期；r 为无风险利率。在不考虑不确定因素变化对风电项目投资价值影响的情况下，如果该项目的投资价值为正值，则说明该项目的投资可行；否则，投资商应当放弃投资。

2. 基于实物期权法（RO）的分散式风电项目投资价值

NPV 法仅适用于确定性条件，事实上，能源市场存在高度不确定性。能源价格的波动、上网电价的浮动等均会影响能源项目的投资价值，因此 NPV 法无法准确评估能源项目的投资价值。为了克服 NPV 法的局限性，Myers（1977，1984）首先将期权定价理论应用于项目投资领域，此后，一些学者基于实物期权理论构建了测算项目投资的期权价值模型，并根据投资决策规则做出能源项目的最优投资策略〔谷晓燕（2015）、Wang 等（2022）〕。

风电项目投资价值受风电上网电价、碳交易价格等不确定性因素的影响，若只采用 NPV 法对其进行评估，可能会低估项目的投资价值，使投资主体过早地进行投资。为了弥补 NPV 法的不足、缩小风电项目投资价值的评估误差、为企业提供更合理的投资依据，本书采用 RO 法来测算不确定条件下分散式风电项目的柔性经济价值。基于 RO 法的分散式风电项目投资价值为：

$$ENPV = NPV + ROV \qquad\qquad (7-28)$$

式中，$ENPV$ 为基于 RO 法的风电项目投资价值；ROV 为期权价值，即不确定性因素所带来的柔性经济价值，也称为机会价值。

3. 分散式风电项目投资价值的最优选择

对于分散式风电企业来说，项目投资价值最大化是其首要目标。因此，投资者往往会在项目有效期限内选择最优投资时间，使项目投资价值最大。基于 RO 法，本书可以测算出每一投资时点的项目投资价值，当风电项目价值满足最优的投资条件时，投资者会做出立即投资或延迟投资的决定，即投资者只会在风电项目立即投资的价值大于延迟投资价值的情况下选择立即投资；否则选择延迟投资。分散式风电项目的最优投资选择可以表示为：

$$ENPV_{optimal} = \max ENPV = \max_{0 < t_o < t_e} \left[\max(NPV_{t_o}, 0) \cdot e^{-rt_o}, NPV_{t_o} \right] \qquad (7-29)$$

式中，$ENPV_{optimal}$ 为随机最优投资时机下基于 RO 法的分散式风电项目投资价值；t_o 为风电项目的随机最优投资时机。

分散式风电项目投资的具体决策规则见表 7-14。

表 7-14   分散式风电项目投资的决策规则

基于 NPV 法的投资价值	基于 RO 法的投资价值	投资决策
$NPV>0$	$ENPV>NPV$	延迟投资
$NPV>0$	$ENPV=NPV$	立即投资
$NPV \leqslant 0$	$ENPV>0$	延迟投资
$NPV<0$	$ENPV=0$	放弃投资

四、实证分析

长江三角洲地区（以下简称长三角）是中国分布式能源发展较好的地区，其中最具有代表性的城市是上海。"十三五"时期，上海市风电总装机容量已达到 140 万千瓦，新增装机容量 80 万 ~100 万千瓦[①]。2022 年 4 月 16 日，上海市人民政府还在《上海市能源发展"十四五"规划》中指出：要在上海崇明、浦东、金山等沿江沿海区域因地制宜地推动分散式风电开发，探索实施陆上分散式风电示范试点，力争风电新增规模 180 万千瓦。因此，本节选择长三角的上海市为例，研究分散式风电项目的投资价值。

（一）数据来源及参数设置

1. 风电项目相关参数

根据国家能源局的规定，分散式风电项目是指位于负荷中心附近，不以大规模远距离输送电力为目的，所产生的电力就近接入当地电网进行消纳的风电项目。我国分散式风电项目最大的特点便是规模小、可以实现就近消纳、无需大规模外送，因此，其规模一般在 6~50 兆瓦，单个项目总容量不超过 50 兆瓦。本节相关研究数据来源于国家能源局网站、国家发展和改革委员会网站、中国碳交易网站、Wind 数据库等。

本节以 2022 年上海市新建的一座总装机容量为 10 兆瓦的分散式风电站为研究对象进行算例分析。据 Wind 数据库统计，2017—2021 年上海市风电平均利用小时数 q_t^e 为 2274 小时。根据国家发展和改革委员会规定，2021 年及以后新建风电项目的上网电价按当地燃煤发电基准价执行，因此本节选取 2022 年上海市燃煤发电基准价（0.4155 元/千瓦时）为风电项目的初始上网电价 P_t^e。此外，本节选取风电上网电价的期望漂移率 μ_e 和波动率 σ_e 分别为 0.4% 和 2.7%［刘倩等（2022）］。根据国家相关规定，本节取风力发电项目的增值税税率 r_v 为 8.5%[②]，企业所得税税率 r_i 为 15%[③]。无风险利率是对无信用风险、市场风险的资产进行投资的回报率，本节取无风险利率 r 为 5%［李庆等（2020）］。

一般来说，分散式风电项目的生命周期为 20~30 年，但考虑到机器设备折旧加速等客观因素，本节选取风电项目的寿命周期 T 为 20 年，投资有效期 t_e 为 10 年（风电项目延迟投资的最长时限为 10 年）。此外，本节参照上海市同等规模条件下分散式风电站的实际运营状况，选取分散式风电站的单位运营维护成本 θ_{om} 为 0.1 元/千瓦时，单位投资成本 θ_i 为 6000 元/千瓦，学习曲线系数 τ 为每年 1%［Wesseh 等（2016）］，且不考虑风电设施建设周期和风电设备运行状态间

① 资料来源：《上海市人民政府印发〈上海市能源发展"十三五"规划〉的通知》。
② 中国风电项目增值税享受"即征即退 50%"的优惠政策，按应纳税额减半征收。
③ 风能为清洁型可再生能源，风电技术属于新能源及节能技术。根据《高新技术企业认定管理办法》，使用风力发电技术、风电场配套技术等都属于高新技术企业。按照《中华人民共和国企业所得税法》规定，国家重点扶持高新技术企业，减按 15% 征收企业所得税。

的转化。风电项目投资建设的相关参数见表 7-15。

表 7-15　风电项目相关参数

参数名称	参数符号	参数数值
风电上网电价	P_t^e	0.4155 元/千瓦时
风电上网电价期望漂移率	μ_e	0.4%
风电上网电价波动率	σ_e	2.7%
风机发电小时数	q_t^e	2274 小时
总装机容量	IC	10 兆瓦
增值税税率	r_v	8.5%
企业所得税税率	r_i	15%
单位运行维护成本	θ_{om}	0.1 元/千瓦时
单位投资成本	θ_i	6000 元/千瓦
学习曲线系数	τ	每年 1%
无风险利率	r	5%
风电项目寿命周期	T	20 年
投资有效期	t_e	10 年
步长	Δt	1 年

2. 碳交易市场相关参数

上海碳交易市场是我国八个碳排放权交易试点之一，本节基于上海碳交易市场的碳交易价格进行研究。分散式风电企业基于环境正外部性，所获得的收益主要体现在碳交易价格上，企业通过碳交易市场进行交易获得的碳减排收益能抵消部分发电成本，提高风电项目的经济效益。根据《中国碳市场回顾与展望（2022）》，2021 年度上海试点碳交易市场平均成交价为 39.46 元/吨。本节基于 CSMAR 数据库统计的 2017—2021 年上海碳交易市场的碳交易价格历史数据，参考张明明等（2014）计算期望漂移率和波动率的方法，测算出碳交易价格期望漂移率 μ_c 和波动率 σ_c 分别为 4.91% 和 5.39%。此外，本节参考公丕芹等（2017）对碳减排系数的测算方法，测得碳减排系数 ξ 为 0.8615 千克/千瓦时，以此计算分散式风电项目的碳减排收益；其中，碳交易的初始价格 P_t^c 为 0.0340 元/千瓦时。碳交易市场相关参数见表 7-16。

表 7-16　碳交易价格相关参数

参数名称	参数符号	参数数值
碳交易价格	P_t^c	0.0340 元/千瓦时
碳交易价格期望漂移率	μ_c	4.91%
碳交易价格波动率	σ_c	5.39%
碳减排系数	ξ	0.8615 千克/千瓦时

（二）不确定因素的模拟

本节采用最小二乘蒙特卡罗法，基于风电上网电价及碳交易价格设定的初始值来模拟其变化路径。为了减少模拟数值与实际数据之间的误差，提高预测准确率，本节使用 MATLAB 软件进行了 25 次蒙特卡罗模拟（$M=25$）。通过模拟不确定因素的变化路径，得出上海风电上网电价和碳交易价格的路径图（见图 7-4、图 7-5）。从图 7-4、图 7-5 中可以看出，风电上网电价和碳交易价格的变化均呈上升趋势。为了降低计算误差对分散式风电项目投资价值的影响，本节对上述 25 次模拟取得的数值取算平均值作为风电上网电价和碳交易价格的最终模拟结果。

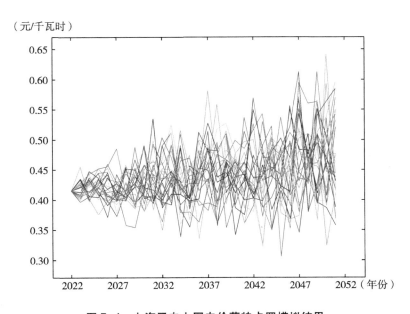

图 7-4　上海风电上网电价蒙特卡罗模拟结果

（元/千瓦时）

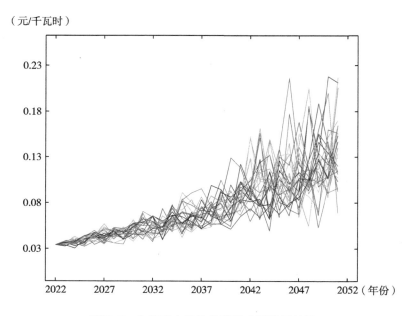

图 7-5　上海碳交易价格蒙特卡罗模拟结果

（三）算例分析

1. 碳收益对分散式风电项目投资价值的影响

本部分将表 7-15、表 7-16 设置的各项参数及蒙特卡罗模拟求出的风电上网电价和碳交易价格算术平均值代入分散式风电项目的投资收益模型，基于 RO 法和 NPV 法测得上海分散式风电项目在投资有效期内的投资价值及期权价值。此外，为了充分体现碳减排收益对分散式风电项目投资价值的影响，本部分还测算了不考虑碳收益的情况并与之进行对比，具体可见图 7-6、图 7-7。

从图 7-6 可以看出，基于 NPV 法和 RO 法测得的上海分散式风电项目投资价值均为正值，因此该项目的投资是可行的。在考虑碳收益的情况下，基于 NPV 法测得的风电项目投资价值从 2022 年的 1885.20 元/千瓦逐年增长，于 2028 年达到最大值 1949.99 元/千瓦，随后开始下降。从其变化趋势来看，投资者应当选择延迟到 2028 年投资，延迟投资会提高企业的经济效益，扩大未来的获利空间。但对比来看，NPV 法忽视了未来不确定性因素变化带来的影响，低估了分散式风电项目的投资影响。本节基于 RO 法测得 2022 年上海分散式风电项目的投资价值为 2133.87 元/千瓦，2022—2031 年风电项目的投资价值呈现逐年上升的变化趋势，并于 2031 年达到最大值 2329.09 元/千瓦，随后呈现下降趋势。

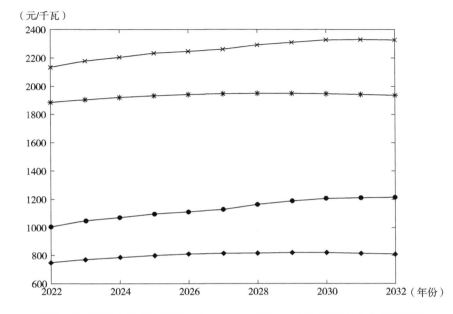

图 7-6 碳收益对上海分散式风电项目投资价值的影响

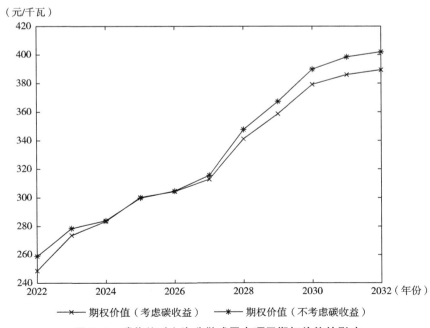

图 7-7 碳收益对上海分散式风电项目期权价值的影响

此外，本节基于 RO 法测得的分散式风电项目期权价值均为正值，且呈现逐年递增的变化趋势（见图 7-7）。根据表 7-14 的决策规则，投资者应当选择延迟投资，且从图 7-6 中可以看出，其延迟投资的最优投资时间为 2031 年。期权价值为正代表未来不确定性因素的变化会带来正向的经济效益，投资者选择延迟投资将会获得更多的机会价值，从而保证投资效益最大化。尽管基于 NPV 法和 RO 法得出的结论一致，投资主体的最优投资策略均为延迟投资，但 RO 法考虑了风电上网电价和碳交易价格变化带来的影响，克服了 NPV 法的局限性，其价值高于 NPV 法，与实际偏差较小，结果可靠性较高。

在全面取消风电补贴、实行平价上网的情况下，分散式风电企业的经济效益下降，经营压力增大。随着中国碳交易市场的逐步完善，分散式风电企业可以通过碳交易市场获得碳减排收益，这在一定程度上弥补了企业的经济效益。图 7-6 显示，在不考虑碳收益的情况下，基于 RO 法和 NPV 法测得 2022 年分散式风电项目的投资价值分别为 1007.92 元/千瓦和 749.09 元/千瓦。与上文考虑碳收益的情况对比可知，考虑碳减排收益会使上海分散式风电项目的投资价值在投资有效期内增加 1125 元/千瓦左右。由此可见，在全面取消风电补贴的情况下，碳交易市场对风电行业的发展起到了重要的支撑作用。

虽然依靠市场化手段在一定程度上弥补了分散式风电企业在全面取消风电补贴情况下减少的经济效益，但对于风电投资主体来说，其最优投资策略仍然是延迟投资。这从侧面说明分散式风电企业获得的碳减排收益不足以弥补全面取消风电补贴给企业带来的经济损失，无法有效激发投资主体的积极性。2022 年，中国碳交易市场的平均碳交易价格为 50~60 元/吨，而上海地区的平均碳交易价格仅为 39.46 元/吨，这表明现阶段上海的碳市场交易价格偏低。Tu 等（2019）研究认为，中国风电碳排放价格较低，需提高碳价来弥补收入损失。根据张希良等（2022）的测算，预计中国"十四五"时期碳交易价格为 68 元/吨二氧化碳，未来碳交易价格将会更高。本书基于历史数据测算的碳交易价格期望漂移率 μ_e 来预测 2025 年碳交易价格为 46 元/吨，上海地区的碳价低于中国平均碳价。通过对比发现，中国碳交易价格的上涨速度相对较慢。因此，尽管碳减排收益对分散式风电项目的投资在一定程度上产生了正向的激励作用，但仍无法有效提高投资主体的积极性。

2. 碳收益对分散式风电项目动态投资回收期的影响

风电项目的动态投资回收期是指在考虑货币时间价值的情况下，分散式风电项目未来现金净流量的现值等于初始投资成本现值时所需要的时间。具体计算公式为：动态投资回收期＝（累计净现金流量现值出现正值的年数－1）＋（上一年累计净现金流量现值的绝对值/出现正值年份净现金流量的现值）。基于该公式，本节分别计算出有无碳收益情况下分散式风电项目的动态投资回收期，如图7-8所示。

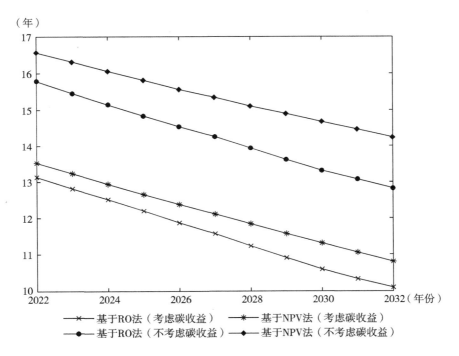

图7-8　碳收益对上海分散式风电项目动态投资回收期的影响

从图7-8可以看出，使用NPV法和RO法测得的分散式风电项目的动态投资回收期均呈现逐年下降的趋势，这表明投资主体延迟投资将会缩短风电项目的动态投资回收期，这也从另一个角度验证了分散式风电投资主体的最优投资策略为延迟投资。在全面取消风电补贴且不考虑碳收益的情况下，本书的研究结果显示，2022—2027年分散式风电项目的动态投资回收期会延长到14～17年。随着碳交易市场的逐步完善，分散式风电企业通过碳交易市场获得的碳减排收益将使风电项目的动态投资回收期缩短2～3年。而李军徽等（2020）认为，在有风电补贴的情况下，风电项目的动态投资回收期为8～10年。与风电补贴效应相比，碳减排收益无法使分散式风电项目的动态投资回收期达到全面取消风电补贴前的水平。

五、结论和建议

(一) 研究结论

在全面取消风电补贴及中国碳交易市场正式启动的背景下，本节基于全生命周期理论和实物期权理论构建了分散式风电项目的投资收益模型，并以上海市某10兆瓦分散式风电项目为算例进行实证研究，分析了有碳收益和无碳收益对分散式风电项目投资价值和动态投资回收期的影响。主要结论如下：

第一，基于NPV法和RO法，本节得出分散式风电项目的投资是可行的，且投资主体的最优投资策略为延迟投资。但是相对而言，RO法考虑了未来不确定性因素（如风电上网电价、碳交易价格）变化带来的影响，能更准确地评估分散式风电项目的投资价值。同时，本节基于RO法测得分散式风电项目延迟投资的最优投资时间为2031年。

第二，在全面取消风电补贴和碳交易市场正式启动的背景下，碳减排收益提高了分散式风电项目的投资价值。与不考虑碳收益的情况相比，基于NPV法和RO法测得的分散式风电项目投资价值在投资有效期内增加了1125元/千瓦左右。但从投资主体的决策来看，当前以上海为代表的长三角地区碳交易价格仍然偏低且上涨速度慢，分散式风电企业获得的碳减排收益不足以弥补取消电价补贴所造成的经济损失，只能在一定程度上体现风电企业的环境正外部性，无法充分调动投资主体的积极性。

第三，分散式风电企业通过碳交易市场获得的碳减排收益在一定程度上弥补了全面取消风电补贴给企业带来的损失，缩短了风电项目的动态投资回收期。但是与风电补贴效应的程度相比，碳减排收益的作用有限。通过对上海市的实证算例分析，发现碳减排收益仅使上海市某分散式风电项目的动态投资回收期缩短了2~3年。因此，碳减排收益给企业带来的补偿对激励分散式风电项目投资的作用有限。

本节是以分散式风电发展较好的地区——上海为例展开研究的，未来随着分散式风电的大规模应用，研究对象可以扩大至其他省份乃至全国。相对于绿证市场，我国碳市场发展较为成熟，因此本节主要探讨了碳减排收益对分散式风电投资效益的影响。目前，我国绿证市场规模较小，未来随着绿证市场的发展，下一步需要综合考虑碳价格和绿证价格对分散式风电投资效益的影响。

(二) 对策建议

基于上述研究结论，本节提出如下对策建议：

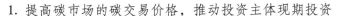

1. 提高碳市场的碳交易价格，推动投资主体现期投资

本节研究发现碳收益对上海分散式风电项目投资价值的影响效应有限，当地政府应当通过完善碳税机制、调整碳税税率等提高碳交易价格的上升速度。同时，政府还要对碳减排收益不足以弥补分散式风电企业延迟投资的期权价值部分给予财政补贴，激励投资主体进行现期投资。此外，通过实施碳市场稳定储备机制（MSR）、促进碳市场投资主体多元化、扩大碳市场交易规模、增加碳交易产品种类等方式，增加碳交易的需求，基于碳排放"限额与交易"原则理顺碳交易价格，从而增加分散式风电企业的投资效益。

2. 降低分散式风电企业的发电成本，提高风电项目的投资效益

从短期来看，分散式风电企业可以协同储能企业共同发展，通过提高风电的消纳能力和风能利用效率，增加分散式风电企业的投资效益。从长期来看，分散式风电企业应当加大对风机关键零部件的研发投入，推进对风电机组的核心技术创新，通过技术进步提升分散式风电企业效率、降低发电成本，促进分散式风电企业的投资，实现规模经济效应。

3. 促进碳金融市场发展，降低分散式风电的投资风险

推动期货、期权等碳金融产品的创新发展，完善碳市场的风险控制体系和碳交易信用体系，通过在全国统一动产融资登记系统中增设碳排放权等环境权益的抵押登记，以及征信系统，来降低分散式风电项目的投资风险，激发投资主体的积极性，促进分散式风电项目的推广和应用，从而实现分散式风电的规模化发展。

第八章　研究结论和对策建议

本书从国内外研究趋势、我国电力能源结构变动及发展、可再生能源发电现状、可再生能源电力消纳、可再生能源发电影响因素、可再生能源电力配储与储能产业发展、我国可再生能源定价机制和支持政策、国外可再生能源政策及其价格机制、我国可再生能源电价机制和电价补贴规模、可再生能源电价补贴优化、可再生能源电价补贴收支平衡研究、补贴退坡下我国可再生能源发电经济效益分析等方面进行了深入研究。在"双碳"目标下，只有大规模发展可再生能源电力，才能实现我国能源发展战略和能源独立。因此，我国要建立以可再生能源电力为主体的智能化新型电力系统，促进可再生能源电力大规模开发和高水平利用，整体提升可再生能源电力消纳和存储能力，保障电力能源的稳定供应，实现可再生能源电力行业的高质量发展。

本书综合研究我国电力能源结构转型、可再生能源定价机制及电价补贴等相关问题，形成促进可再生能源发展的电价机制、电价补贴和支持政策等研究成果，对我国电力能源结构优化和可再生能源发电产业发展具有重要的现实意义。

第一节　研究结论

本书对我国电力能源结构变动和发展进行了深入研究，厘清了我国可再生能源发电影响因素，对我国可再生能源定价机制、市场空间、电价补贴收支平衡、电价补贴方式的优化进行了探索性研究。在电价补贴理论、方法和技术实现等方面的研究成果和结论，对我国电力体制改革和促进电力能源结构转型具有重要的决策参考和借鉴意义。本书对电价机制中的复杂利益关系及其动态演化规律进行了梳理，提出了可再生能源电价补贴动态调整机制，探讨了可再生能源电价理论补贴额和电价附加收入变动，预测分析了可再生能源电价补贴收支平衡，剖析了补贴退出背景下分布式光伏发电和分散式风电的经济效益，提出了可再生能源电力规模化发展的建议和实现路径。本书研究成果对我国能源结构转型和可再生能源电力规模化发展具有重要的指导意义。

研究成果主要观点和方法如下：

（1）我国可再生能源发电要保持适度的新增规模，发电结构需要优化平衡。

本书对我国历年可再生能源电力相关数据和资料进行了统计分析，结果表明，可再生能源电力在我国发电总量中占比较小，2022 年可再生能源发电量在电力发电总量中占比为 30.79%。我国各类可再生能源电力发展不平衡，水电仍然占主体地位，2022 年水电在可再生能源总发电量中的占比为 49.63%，风电、光伏发电等非水可再生能源电力在可再生能源总发电量中的占比为 43.68%。我国还需大力发展风电、光伏发电等非水可再生能源电力。我国可再生能源电力发展方面存在着自主创新不足、生产成本高、电价结构不合理等问题，在电力市场的竞争力有待于进一步提升。由于风电和光伏发电等受到环境制约，电网架构等配套建设不足，可再生能源发电可利用小时数偏低，经济效益难以保证。要实现我国能源中长期发展目标，必须保持可再生能源电力适度的新增规模，通过市场机制和政府调控来解决可再生能源电力的正外部性，提高可再生能源发电效率，缓解局部地区产能过剩，促进可再生能源电力规模化发展。

（2）我国可再生能源发电市场潜力大，火电可适当为其释放发电空间。

本书探析了我国可再生能源发电市场空间，提出未来可再生能源电力增长所引起的电价补贴由城乡居民生活用电承担的可能性，为可再生能源电价补贴资金来源提供了新视角。

针对弃水弃风弃光和可再生能源电力消纳难等问题，本书基于灰色预测模型探析了可再生能源发电市场空间。通过构建 GM（1，1）模型预测了我国总发电量、火力发电量、可再生能源发电量和四类可再生能源发电装机容量供给情况，发现按照当前可再生能源发电的增长速度，未来我国可再生能源发电可以满足全社会用电需求，火电可以作为应急调峰储备电源支持可再生能源发电。假设 2020—2025 年火力发电装机规模不变，在"十三五"规划对火电装机容量约束下，研究发现，到 2025 年，火力发电可以释放 11287 亿千瓦时的空间给可再生能源电力，因此，我国要加大可再生能源发电的力度，来应对社会用电需求的不断增长。

通过对我国电力数据的实证分析，本书认为在经济新常态下我国现有装机容量增长率可以满足电力增长需求；按照当前可再生能源发电装机容量的增量和增长速度，能够满足我国 GDP 增长所对应的电力装机容量增长需要。可以适当减少火电装机容量较小机组的发电量调度，提高现有大容量火电发电机组设备利用小时数，从而提升火力发电企业效益。如果将可再生能源发电增长所引起的电价补贴额都由城乡居民生活用电承担，本书测算出每千瓦时需要增加 0.038 元和 0.051 元。按照当前我国的居民生活水平和收入增长速度来说，是可以承受的。在居民用电价格调整上，可适当提高第二、三档用电价格，使整体电价包含可再生能源电价补贴，减轻国家财政补贴压力，推进可再生能源的持续增长。

（3）建立促进可再生能源电力消纳的市场机制和政策措施是我国实现能源发展战略的关键。

可再生能源电力将逐步成为电力供应增量的主体，我国要从根本上解决可再生能源电力消纳问题，需要进行电力行业的深层次体制和机制改革。目前，我国可再生能源电力消纳机制不畅，可再生能源电价机制和激励措施需要完善，可再生能源电力布局与配套建设失衡，维持电网稳定运行的灵活调节电源不足，电力用户侧参与电网需求响应还处于初步阶段，参与电网调峰进行合理补偿的机制还不完善。从新型电力系统发展需要来看，我国的电网稳定配套设施尤其是在储能设施建设和灵活调峰机组配置方面还有较大差距。

本书通过建立 STIRPAT 模型，分析了可再生能源电力消纳量与国内生产总值、可再生能源投资、可再生能源技术进步的影响关系。通过协整检验发现可再生能源发电装机容量、GDP、可再生能源专利数与可再生能源电力消纳量之间存在长期的均衡关系。通过多元回归分析发现可再生能源投资和国内生产总值对可再生能源电力消纳量均具有正向影响；其中，国内生产总值（GDP）对可再生能源电力消纳量的影响效应较大，可再生能源技术进步对可再生能源电力消纳量影响不显著。长期来看，可再生能源发电成本下降依赖于可再生能源技术进步，要充分发挥技术进步对可再生能源电力消纳量的影响。因此，我国要大力推进可再生能源技术进步，降低可再生能源电力成本，推进可再生能源电力消纳量；加强可再生能源基础设施投资建设，提高电力输送效率。对可再生能源电力企业实施税收优惠等政策，支持地方经济增长，通过经济增长引导可再生能源电力需求侧响应，激励可再生能源电力开发、利用。

（4）"可再生能源+储能"促进可再生能源电力规模化发展

储能行业发展和储能商业化应用是推进可再生能源电力大规模消纳的关键。储能的应用能够平滑可再生能源电力的波动，进行调峰调频，同时储能也是分布式能源系统和智能电网系统中不可缺少的组成部分。目前，我国可再生能源发电企业的配储费用大部分由企业自身来承担，这对企业造成了成本压力，因此，一些可再生能源发电企业选择初始成本较低的储能产品，这不利于储能的使用性能和利用率的提升。我国储能行业发展面临着储能市场价格机制不完善、强制配储下资源利用率低、商业模式和盈利机制发展滞后等问题。基于我国储能行业存在的问题，本书提出进一步优化电力辅助服务市场机制，积极推动储能作为独立市场主体参与辅助服务市场，同时鼓励探索建设共享储能；推进市场导向的电力市场配储机制，制定个性化的交易电价政策，为储能创造更多的收益来源；优化可再生能源配储和运行方式，以及"可再生能源+储能"的设施运行机制，建立"统一调度、共享使用"的协调运行机制，充分利用储能，避免资源浪费；进一步理顺峰谷电价和储能电价政策，针对不同地区的峰谷电价差异引导用户参与调峰，完善电力辅助服务补偿和分摊机制，从而推动区域电网内调峰和备用资源的共享，以价格信号激励市场主体对储能资源进行自发配置，引导社会资本参与新型储能建设。在发电侧、电网侧、用户侧实现"可再生能源+储能"，充分利用可再生能源电力，促进可再生能源电力规模化发展。

（5）可再生能源电力特性导致其发电受限，需要通过政策支持其上网和消纳。

风电和光伏发电等可再生能源电力具有间歇性和不稳定性，对电网稳定运行和经济指标都有影响，这是限制可再生能源电力消纳的主要原因。同时，可再生能源电力建设规模和布局不合理，电网规划和电力输送通道等相关配套建设滞后，可再生能源发展中存在可再生能源电力消纳机制不完善、上网电价高、电网稳定运行调度调节电源不足等问题，这些都影响了可再生能源电力消纳。我国要提高可再生能源电力消纳，就要进行电力行业的深层次市场化体制和竞争机制改革，采用数字技术手段，提升电力系统的智能化水平，大力发展储能技术，促进可再生能源电力配储，构建新型电力系统。政府要优化可再生能源开发利用机制，发挥电网关键的平台作用，实现可再生能源无歧视、无障碍上网，为可再生能源发展创造良好的市场环境。政府通过设定最高电价，逐步放开销售电价定价权，让电价真实反映可再生能源发电企业、电网企业、售电企业的生产成本和供求关系，引导资源优化配置，扩大可再生能源电力企业规模。鼓励和支持能源互联网建设，开辟可再生能源电力消纳的新业态，提高可再生能源电力的市场竞争力。为解决弃水弃风弃光问题，需要建设适应当地资源特征的煤电、气电或水电等灵活调节电源和储能电站。在投资主体上，可再生能源电力企业与灵活调节电源企业或者储能电站可共同经营，进行交叉持股，既可互利互惠又能保障电力稳定供给。

（6）不同种类可再生能源的电价补贴效率不同，要创新价格补偿机制。

在可再生能源固定上网电价等政策的支持下，我国可再生能源电力快速发展。但是，随着可再生能源的电价补贴规模扩大，我国财政补贴资金缺口扩大，出现补贴拖欠、补贴效率下降等问题。本书剖析了我国可再生能源电价补贴和电价补贴机制现状，实证研究风电、光伏发电和生物质能发电的电价补贴变动和规模，深入探析可再生能源电价补贴效率，发现电价补贴制度对可再生能源电力发展初期具有重要的推动作用；但是可再生能源电力发展到一定规模时，电价补贴效率开始下降。风电和光伏发电补贴效率均呈现周期性变化，二者的变化存在显著差异。风电比光伏发电规模大，发展相对成熟，因此风电比光伏发电的电价补贴效率变动幅度小。自 2018 年以来，政府加大了风电和光伏发电上网电价的下调力度，风电和光伏发电装机容量的单位补贴额不断下降，其补贴效率呈现上升趋势。政府应该加快退出风电电价补贴，通过竞价、绿色信用证等市场化方法替代固定上网电价，促进风电和光伏发电行业的高质量发展。因此，对于不同发展阶段的可再生能源电力，政府要及时调整激励政策。根据我国国情引入可再生能源市场招标制度等，倒逼可再生能源电力企业通过技术进步降低成本。政府要逐步退出直接补贴，通过市场方法解决电价交叉补贴和居民电价的"扭曲"等问题，促进分布式可再生能源电力的建设。

（7）电价补贴取消后，可再生能源电价补贴于 2025 年达到收支平衡，从 2026 年开始可逐步下调电价附加征收标准。

本书针对当前庞大的电价累计补贴缺口，研究我国可再生能源电价补贴收支平衡问题，基于灰色模型预测分析我国可再生能源电价理论补贴的拐点和收支平衡点。在电价补贴退出背景下，本书以风电、光伏发电、生物质能发电三类可再生能源为研究对象，利用灰色模型 GM（1，1）预测第二、三产业用电量和城乡居民用电量，核算可再生能源电价理论补贴和可再生能源电价附加收入。研究发现，2025 年可完成电价累计补贴缺口的偿还，可再生能源电价补贴达到收支平衡，并有 353.47 亿元的补贴盈余，之后电价补贴盈余不断增多；从 2026 年开始，可逐步下调电价附加征收标准，直至 2039 年取消电价附加收入；我国可再生能源电价附加收入漏出严重，征收率低，在当前 76.59% 的征收率下，本书测算出电价补贴于 2025 年达到收支平衡。我国应尽快提升征收率直至足额征收，促进电价补贴提前实现收支平衡。本书提出合理调整电价附加征收标准，优化电

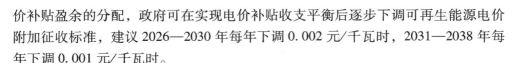

价补贴盈余的分配，政府可在实现电价补贴收支平衡后逐步下调可再生能源电价附加征收标准，建议 2026—2030 年每年下调 0.002 元/千瓦时，2031—2038 年每年下调 0.001 元/千瓦时。

这些研究成果为我国可再生能源电价附加征收标准调整和电价补贴拖欠的偿还提供了政策依据和数据支持。政府可根据社会用电量情况和第二、三产业的经营状况适时调整电价附加征收标准，保证每年都留存一定的补贴盈余作为可再生能源发展基金，利用补贴盈余支持可再生能源发电企业技术创新。加快可再生能源行业数字化转型，促进电价附加收入足额征收，同时加大可再生能源法执行力度，加强征收监管，提高可再生能源电价附加收入。发行债券募集补贴资金，通过市场化融资方式募集长期限、低成本的资金以支持可再生能源发展。推进绿色电力证书交易机制，鼓励民间资本投资可再生能源电力企业，通过获取可再生能源绿色证书收益，提升投资利润空间。

（8）分布式光伏发电用户在"自发自用，余量上网"模式下的经济效益最优，并且用户发电量的自用比例越高，其经济效益越大。

由于分布式光伏发电易于满足用户用电需求，并且具有投资金额小、装配灵活等优点，未来将是实现我国"碳达峰、碳中和"目标的重要发电发展模式之一。本书以京津冀为研究对象，运用净现值、动态投资回收期、内部收益率三种方法，深入探究在定额补贴标准退减直至取消时居民和工商业用户分布式光伏发电的经济效益，提出了分布式光伏发电规模化发展的项目选择和实现路径。本书研究发现，分布式光伏发电定额补贴标准下调直至取消，对用户投资安装分布式光伏发电经济效益具有负面影响，但仍具有一定的经济性。京津冀居民和工商业用户在"自发自用，余量上网"模式下光伏发电项目的经济效益优于"全额上网"模式，并且用户发电量的自用比例越高，项目的经济效益越大；2022 年取消分布式光伏发电定额补贴标准不利于分布式光伏发电项目的经济效益，其中，居民和工商业用户发电量自用比例越大，定额补贴标准的取消对项目经济效益的影响越小；北京的光伏发电项目经济效益相对较高，其次是天津，河北相对较低；年发电量和销售电价是影响京津冀三地居民和工商业用户分布式光伏发电项目经济效益的主要因素，且随着居民和工商业用户发电量自用比例提升，销售电价对项目经济效益的影响幅度增大。因此，应通过技术进步提高光伏发电的利用水平和发电量转换效率，增加光伏发电的年发电量，进而提升分布式光伏发电项目的经济效益和投资回报，促进分布式光伏发电的大规模发展。

（9）平价上网后分散式风电项目经济效益下降，碳减排收益可提高分散式风电项目的经济效益和投资收益。

虽然我国风能资源丰富，但是分散式风电发展规模仍然较小。本书研究分散式风电项目的经济效益，为其规模化发展提供理论依据。本书选取全国四类风能资源区的代表性城市，即新疆乌鲁木齐、内蒙古通辽、吉林白城和辽宁辽阳，应用平准化度电成本（LCOE）和内部收益率（IRR）方法，比较分析在无电价补贴和有电价补贴两种情形下，城市分散式风电项目的经济效益；并把碳减排收益引入平准化度电成本（LCOE）模型，探讨碳交易机制对风电项目经济效益的影响。本书研究结果表明：在电价补贴支持下，2020年四个代表性城市分散式风电项目内部收益率均高于8%，平准化度电成本均低于风电标杆上网电价，项目经济效益较好；2021年无电价补贴时，乌鲁木齐、通辽和辽阳风电项目内部收益率均下降，通辽、白城、辽阳内部收益率均高于8%，项目具有经济可行性。2021年在风电平价上网背景下，四个代表性城市的分散式风电项目IRR和LCOE值均低于2020年有电价补贴时相应城市的IRR和LCOE值，即2021年风电平价上网导致分散式风电项目经济效益下降。在风电平价上网情况下，把碳收益计入分散式风电项目的环境效益，可降低风电项目的度电成本。

本书考虑风电上网电价及碳交易价格不确定性，构建了包含碳减排收益的分散式风电投资收益模型以研究分散式风电项目投资效益。以上海市某分散式风电项目为例，本书运用蒙特卡罗法模拟不确定性因素的变化路径，采用实物期权方法分析碳减排收益对分散式风电项目投资价值和动态投资回收期的影响。本书研究发现，分散式风电项目的投资是可行的，投资主体的最优投资策略为延迟投资，且基于实物期权法测得延迟投资的最优投资时间为2031年。这些研究结果显示，分散式风电企业获得的碳减排收益可以在一定程度上提高风电项目的投资价值，缩短风电项目的动态投资回收期；但是，目前的碳交易价格仍然偏低，无法弥补风电补贴取消的影响效应。随着我国碳交易市场的发展，碳交易价格的逐渐上涨，分散式风电项目的内部收益率将上升，进而可提升分散式风电市场竞争力。

（10）我国可再生能源规模化、高质量发展需要市场化和数字化手段推进。

本书通过对中国、德国和日本可再生能源政策实施及发展历程研究发现，可再生能源电力发展都经历了三个阶段，即：发展初期依赖政府的政策引导，成长期是在政府帮扶和市场引导共同促进下发展，规模化发展阶段是以市场化发展为主。可再生能源电力发展需要依靠政府政策扶持，我国实施了标杆上网电价、财政补贴和税收优惠等激励政策，但是缺乏市场机制的辅助。通过对德国和日本可再生能源发电激励政策和定价机制的对比分析，我国可以借鉴国外可再生能源竞价机制、强制配额制和可再生能源绿色证书制等。可再生能源电力发展难点在于建立电力市场化的运作，其中关键是核定输配电价，只有电网输配电价稳定，才能在电力供给端和消费端进行竞争。因此，我国要优化输配电价的结构，使其附加输电成本和环保因素；分电压输配电价测算以省级为主，跨省域线路按投资另行核定。

我国在推进电力市场化运作同时，要促进电力数字化转型。推进电力企业信息化建设，通过电力数字化转型建立可视化的交易环境，促进电力市场交易规范化；另外，电力集团的内部控制体系建设，是可再生能源集团企业经营效率的重要方面，需要基于信息技术等加强建设内部控制管理机构、内部环境、风险辨识、内部控制评价等。

我国要根据可再生能源电力的发展情况适时地修订可再生能源的相关法规和政策，建立公开透明的可再生能源电力市场，利用需求侧响应，在建筑、生活和交通等领域推广使用可再生能源电力。未来，我国要实现"双碳"目标，还需做好以下三个方面的工作：优化源网荷储系统，建立统一的政策体系并对其动态调整；利用市场化手段促进可再生能源电力供给侧和需求侧协同发展；建立源网荷储能源信息系统，促进可再生能源电力智能化发展。

第二节　对策建议

一、科学动态调整可再生能源补贴及附加费用，促进可再生能源电力就近消纳

对可再生能源补贴尤其是电价补贴，是促进可再生能源电力发展的重要手段，但是随着可再生能源的技术进步，电价补贴效率在下降。因此，可再生能源发电企业要摆脱对电价补贴的依赖，就要通过技术进步和科技引领，提升其在电力市场的竞争优势。政府要加大对可再生能源基础科技研发的支持力度，引导可再生能源企业在技术创新方面投入，通过技术创新提高可再生能源企业的成本优势。同时，要加大对可再生能源科技创新企业的补贴，尤其是鼓励在人口密集型城市的投资和提升单机装机容量发电效率，促进可再生能源在负荷区的发展，缩

短能源供应与能源消费的差距，降低成本，提高可再生能源的竞争力。随着可再生能源技术发展，尽快实现可再生能源在无补贴下的平价发展。政府要尽快解决可再生能源补贴拖欠、补贴资金发放滞后等问题。逐步放开销售电价定价权，让电价真实反映发电企业、电网企业、售电企业的生产成本和供求关系，引导资源优化配置。对于符合国家政策导向的高成本可再生能源发电企业可以降低税费，对于小型家庭分布式光伏发电可以考虑投资抵扣或者补贴，引导社会资本广泛投入可再生能源发展。

本书实证分析结果表明，可再生能源增加的电价补贴额由居民生活用电承担，是可行的。应根据城乡居民收入水平适当提高供电末端销售电价，使销售电价反映真实的电力成本，减少电价交叉补贴总额，根据生产成本和承受力完善居民阶梯电价政策，在适当扩大"保基本"的第一档电量基础上，根据实际情况提高第二、三档居民电价，至少要涵盖可再生能源电价补贴需要。环境改善是全社会的责任，适当提高电力价格的环境附加收费，降低工商业用电成本，取消电价交叉补贴额度。尽快完善可再生能源电力就地消纳电力价格政策，减少就地消纳的输配电价，降低可再生能源电力就地消纳的成本，完善就地消纳结算办法，支持并引导可再生能源电力消纳。

二、构建源网荷电价调整机制，改善可再生能源电力企业财务状况

政府部门在制定和监督电力市场化运作时，要着重监督区域电力集团企业利用装机容量优势进行的电力价格垄断，政府要通过制定合理电力价格竞争策略和区域装机容量劣势企业可再生能源电力优先上网制度，起到平衡电力市场竞争作用，促进各类电力企业提高生产和管理效率，获得利润。政府应建立销售电价动态调整运行制度，促进用电端参与电网负荷调节，促使销售电价能合理变动，维持发电企业能获得合理收益，促进可再生能源电力消纳。输配电价波动对电力市场上网电价和销售电价影响很大，要保持输配电价的稳定。稳定的输配电价有利于形成发电端和销售端的有效竞争，从而保持和降低整体社会电价，如此会对社会生产和生活产生良性影响。政府管制输配电定价，并保持一定时期内的稳定期，可以在经济波动或供求关系短期失衡时，调整输配电价，有效调整电价水平，保证社会弱势群体能够获得电力普遍服务。输配电定价需要考虑保证电网企业获得合理收入和保持电网企业财务稳定，才能促使电网企业维持输配电价的相对稳定，明确整体电力市场预期，促进发电市场和售电市场开展广泛的竞争。

政府要加强绿色能源消费宣传，在三次收入分配改革①中，加入绿色能源消费指标，鼓励高收入群体、高收入企业承担清洁能源消费责任。在全国建立清洁能源消费绿证制度，搞活清洁能源消费绿证市场，可将绿色能源证书纳入碳交易市场管理，鼓励全社会优先消纳可再生能源。针对部分可再生能源企业因为电价补贴拖欠较多、资金周转困难的情况，可采用绿证抵押贷款、政府信用担保或电力产业链融资担保等方式，促进金融机构根据可再生能源企业实际需要，给予可再生能源电力企业金融支持，保证可再生能源电力企业资金正常运转。填补可再生能源电价补贴资金缺口的根本方法是要提高可再生能源附加征收标准和加快建立附加环境责任的市场化电价机制。政府要加大可再生能源附加征收力度，进一步优化资金拨付程序，简化支付方式，提高流转效率，确保可再生能源附加资金及时、快速发放。政府要做好可再生能源电价附加资金的应收尽收，对前期未征收的自备电厂供电要纳入可再生能源电价附加征收来源，尽快扩大可再生能源电价补贴收入规模，弥补可再生能源企业前期拖欠费用。对自愿申请降低上网电价而转为平价发电的可再生能源企业，政府可优先发放拖欠的电价补贴资金，同时可由政府担保提供信贷支持。

三、完善可再生能源电力市场建设，明确主体责任

新型电力系统的建设需要发挥电力产业链上下游企业的主观能动性，在保持基本民生电力能源需求的基础上，要通过全面市场化运作，构建新型电力系统的市场体系。能源主管部门需要不断完善以新能源为主的电力市场建设，制定明确的以物理位置为基础的、发供用精准核算的电力市场政策。电力市场制定的政策要完全符合电力市场运行传导规律，除基本民生用能第一档电价保持平价供应外，一律实行销售电价顺价动态计价，促使上网电价、输配电价能准确地反映煤、水、风能、光能等的成本效能。电力行业协会要研究电力供应链各端企业的共性问题，及时反映企业诉求，寻求电力行业共识，支持政府决策。电网企业要加强电力能源总体调度、配置职能，电网企业除承担风电和光伏发电等可再生能源保障性并网责任外，还要能通过电网调度职能协调火力发电企业与可再生能源发电企业协同发展，通过市场化交易，协调各类发电企业承担调峰调频责任，平

---

① 1994年，经济学家厉以宁在《股份制与现代市场经济》中提出"三次分配"，即：通过市场实现的收入分配被称为"第一次分配"；通过政府调节而进行的分配被称为"第二次分配"；个人出于自愿，在习惯与道德的影响下把可支配收入的一部分捐赠出去，被称为"第三次分配"。2020年，党的十九届五中全会提出，要发挥"第三次分配"的作用，发展慈善事业，改善收入和财富分配格局。

衡各类发电企业利益，扩大可再生能源发电装机并网规模。要通过电力市场机制促使火力发电企业发挥主观能动性，与可再生能源电力企业构建联合发电企业集团，并能与用电企业直接沟通，提高可再生电力能源的利用度，避免电力浪费以及发电供应突变对电力市场造成较大的冲击。售电企业要承担服务发、用电企业的能力，通过广泛的电力市场信息服务和专业化运作，承担社会责任，促进绿色电能生产与消费。

四、加强可再生能源电力智能化管理，推动电力系统信息化发展

为了实现"双碳"目标，我国必须积极推动电能替代尤其是可再生能源电力替代，减少化石能源消费。按照我国"双碳"发展目标，"十四五"时期，我国的可再生能源发电比率将大幅提升，但是可再生能源特别是风能和光能的运行稳定性较弱，随着风电和光伏发电在电网整体装机容量中的占比提高，会因为风力或光照变化，导致电力供应的大幅度变动，会给整个电网的稳定性带来巨大的影响。我国要构建以新能源为主体的新型电力系统，必须推进可再生能源和电力系统的信息化革命，加快电力能源数字化转型，构建智慧电力能源系统。可再生能源智能化管理要侧重发电能力负荷预测；电网信息化要注重源荷互动，智能运转，否则难以保证电网稳定运行。2021年，我国电力系统"双高""双峰"特征凸显，面对加速推进能源清洁转型的强烈信号，以及新能源大规模高比例并网、分布式电源和微电网接入等多重挑战，电力系统亟待运用数字技术，服务电网稳定运行的需要，着力破解安全、经济和绿色发展的难题，有效实现多种发电协调调度、源网荷储有效互动，用数字化转型推动电力系统向能源互联网发展。"双碳"发展目标已经促进了可再生能源基础设备的大规模建设，但可再生能源发电装机容量优势要转化为经济价值，如果没有电力信息化的支撑，是难以实现的。电力信息化建设缺失必然会导致局部地区的水、风、光资源因信息不对称而被舍弃，尤其是风电和光伏发电的发电场与用电场相隔较远，导致大部分电力生产信息传输困难；对于在东部负荷中心建设的可再生能源系统，也需要与用电端信息交互。所以，为保证可再生能源电力有效供应、精确计算电网承载可再生能源的容量、分析可再生能源成本和运行问题，都必须加快推进电力信息化建设，通过信息交互，促进风电和光伏发电等可再生能源电力优先实现就近消纳。

五、推动源网荷储的互动融合和技术研发，促进产业协同发展

我国政府提出"碳达峰、碳中和"目标后，电力能源清洁化发展进程加快，

可再生能源电力将大规模开发利用。电力能源技术装备升级、数字技术与能源技术深度融合，都将促进电力能源产业新业务、新业态、新模式的出现。新型电力系统电源结构、负荷特性、电网形态、技术基础、运行特性以及治理体系的变化，都对电力系统数字化、智能化发展提出了更高的要求。所以，我国要调整电力能源治理体系和治理方式，促进可再生能源电力利用方式更加多样化、个性化、综合化、互动化，加快源网荷储互动和技术创新，适应新型电力系统需要。可再生能源电力要实现大规模有效益的发展，必须与源网荷储各类企业充分互动融合，在电网运行和经济运营上有所突破。除此之外，要继续加快可再生能源技术研发，用先进的技术使可再生能源电力成为优质、低价的电力能源供给，这样才能在市场上取得主动权，实现源网荷储各企业协同发展。在电源侧，可再生能源电力企业要依靠火电、水电、核电等常规能源提供灵活性电源支撑，稳定电力供给；在电网侧，可再生能源电力接入需要电网网架结构的支撑，提供输配电服务，进行调峰调频支持；在负荷侧，可再生能源电力需要广泛的信息交互调节；在储能端，可再生能源电力需要建立储能运转平衡的支持。

近年来，我国通过法律保障、规划引导、财政支持等措施有力地推动了可再生能源电力实现快速、规模化发展，为全球能源转型做出了突出贡献。展望未来，随着我国科技进步和"双碳"目标的落实，可再生能源市场竞争力会更强，我国可再生能源的制度政策和行业标准将更加完善，可再生能源必将成为我国电力能源转型的重要保障，也必定在我国能源结构中占主体地位。

参考文献

［1］刘晓龙，崔磊磊，葛琴，等．中国中东部能源发展战略的新思路［J］. 中国人口·资源与环境，2019，29（06）：1-9.

［2］张杰，赵君博，翟东升．可再生能源发展态势及特征——基于四领域常见可再生能源专利的主题分析［J］. 科技管理研究，2018，38（19）：38-46.

［3］吴昱，边永民．WTO 视野下我国风力发电上网电价补贴政策研究［J］. 宏观经济研究，2013（10）：40-46.

［4］王风云，文心攸，李啸虎．电价补贴对可再生能源发电的动态影响研究［J］. 价格理论与实践，2019（04）：54-58.

［5］蔡佳铭，林其友，刘涌．高占比可再生能源系统消纳能力指标评估与分析［J］. 电测与仪表，2018，55（07）：53-61.

［6］崔德民，赵海兵，方燕琼，等．考虑就地消纳与外送相协调的可再生能源生产模拟［J］. 电力系统保护与控制，2018，46（16）：112-118.

［7］王翀．基于模型组合法的我国能源消费需求趋势预测［J］. 统计与决策，2018，34（20）：86-89.

［8］李健，郭姣，苑清敏．京津冀协同发展背景下能源需求预测与政策影响研究［J］. 干旱区资源与环境，2018，32（05）：5-11.

［9］王贵成，张久铭．灰色理论在区域经济发展与能源消耗中的应用研究［J］. 地域研究与开发，2013（02）：12-15+21.

［10］邓聚龙．灰预测与灰决策［M］. 武汉：华中科技大学出版社，2002：45-130.

［11］王乾坤．国内外风电弃风现状及经验分析［J］. 华东电力，2012，40（03）：378-381.

［12］莫志宏，史海霞．破解中国弃风现象的路径选择——兼析引入德国发

电侧负电价机制的可能性研究 [J]. 价格理论与实践, 2018 (03): 51-54.

[13] 李伟, 王群锋, 张宏图. 解决风电弃风问题的对策研究——基于价格调节机制的理论和算例分析 [J]. 价格理论与实践, 2013 (02): 53-54.

[14] 舒印彪, 张智刚, 郭剑波, 张正陵. 新能源消纳关键因素分析及解决措施研究 [J]. 中国电机工程学报, 2017, 37 (01): 1-9.

[15] 李国栋, 李庚银, 周明. 基于可再生能源消纳的欧洲需求侧管理经验与启示 [J]. 电力需求侧管理, 2020, 22 (06): 96-100.

[16] 樊宇琦, 丁涛, 孙瑜歌, 等. 国内外促进可再生能源消纳的电力现货市场发展综述与思考 [J]. 中国电机工程学报, 2021, 41 (05): 1729-1752.

[17] 夏阳, 金光, 张立, 等. 基于建筑能源系统的混合储能技术研究现状 [J]. 储能科学与技术, 2021, 10 (06): 2169-2180.

[18] 张鸢, 罗正军, 周德群. 基于主体的可再生能源电力消纳交易仿真研究 [J]. 系统仿真学报, 2022, 34 (01): 170-178.

[19] 徐江, 高源, 刘康平, 王萌, 马宝明, 李铎, 温亚东, 刘敦楠. 火电与绿电竞合策略对市场均衡及议价能力的影响研究——基于可再生能源消纳责任权重下发电商市场行为博弈分析 [J]. 价格理论与实践, 2020 (12): 139-143.

[20] 戴尚文, 张利, 刘宁宁, 杨明, 刘畅, 曹胜楠. 考虑可再生能源消纳责任的售电公司购电决策分析 [J]. 中国电力, 2021 (09): 156-164.

[21] 姜曼, 司马琪, 鲍玉昆, 刘定宜. 考虑可再生能源消纳责任权重的年度合同电量月度分解方法 [J]. 电力系统自动化, 2021 (16): 208-215.

[22] 王仁顺, 赵宇, 马福元, 龚裕仲, 耿光超, 江全元. 受端电网高比例可再生能源消纳的运行瓶颈分析与储能需求评估 [J]. 电网技术, 2022, 46 (10): 3777-3785.

[23] 王风云, 张爽. 我国可再生能源发电趋势与市场空间研究——兼析"十四五"期间可再生能源发展潜力 [J]. 价格理论与实践, 2020 (04): 36-40.

[24] Zhang S F, Andrews-Speed P, Zhao X L. Political and Institutional Analysis of the Successes and Failures of China's Wind Power Policy [J]. Energy Policy, 2013, 56 (c): 331-340.

[25] Valentine S V. Wind Power Policy in Complex Adaptive Markets [J]. Renewable and Sustainable Energy Reviews, March 2013, 19: 1-10.

[26] Zeng M, Chen L M, Ma M J, et al. The Best Scheduling Model of Wind

Power Pumped-storage Power Station Based on Improved Harmony Search Algorithm [J]. Przeglad Elektrotechniczny, 2013, 89 (03): 74-77.

[27] Liu D, Zhang G W, Huang B H, et al. Optimum Electric Boiler Capacity Configuration in a Regional Power Grid for a Wind Power Accommodation Scenario [J]. Energies, 2016, 9 (03): 144-157.

[28] Wagner H J, Pulido A J D. Wind and Solar for Electricity-Experiences in Europe and Germany [J]. Advances in Economics and Business, 2015, 3 (11): 496-501.

[29] Miriam B L, Moreno M N, Usaola J. Analysis of the Imbalance Price Scheme in the Spanish Electricity Market: A Wind Power Test Case [J]. Energy Policy, 2013, 62 (09): 1010-1019.

[30] He G, Chen Q, Kang C, et al. Cooperation of Wind Power and Battery Storage to Provide Frequency Regulation in Power Markets [J]. IEEE Transactions on Power Systems, 2017, 32 (05): 3559-3568.

[31] Gao X, Meng K, Dong Z Y, et al. Cooperation-Driven Distributed Control Scheme for Large-scale Wind Farm Active Power Regulation [J]. IEEE Transactions on Energy Conversion, 2017, 32 (03): 1240-1250.

[32] Wang Q, Tang Y, Li F, et al. Coordinated Scheme of Under-Frequency Load Shedding with Intelligent Appliances in a Cyber Physical Power System [J]. Energies, 2016, 9 (08): 630.

[33] 刘秋华，郑亚先，杨胜春. 长周期大范围风电消纳的电力电量联合优化模型与应用 [J]. 电力系统自动化, 2015, 39 (18): 145-150.

[34] Hu W, Fan Y M. City Size and Energy Conservation: Do Large Cities in China Consume More Energy? [J]. Energy Economics, October 2020, 92: 104943.

[35] Han Jiabin, Zeeshan M, Ullah I, Rehman A, Afridi F E A. Trade Openness and Urbanization Impact on Renewable and Non-renewable Energy Consumption in China [J]. Environmental Science and Pollution Research, 2022, 29 (27): 41653-41668.

[36] Zhao Jing, Sinha A, Inuwa N, Wang Y, Murshed M, Abbasi K R. Does Structural Transformation in Economy Impact Inequality in Renewable Energy Productivity? Implications for Sustainable Development [J]. Renewable Energy, 2022 (189): 853-864.

［37］ Li R，Leung G C K. The Relationship Between Energy Prices， Economic Growth and Renewable Energy Consumption：Evidence from Europe ［J］. Energy Reports，November 2021，7：1712-1719.

［38］ Tiwari A K，Nasreen S，Anwar M A. Impact of Equity Market Development on Renewable Energy Consumption：Do the Role of FDI， Trade Openness and Economic Growth Matter in Asian Economies? ［J］. Journal of Cleaner Production，2021，334：130244.

［39］ 吕振邦，余接永，曹前进. 基于系统灵活性的日前高比例可再生能源消纳分析 ［J］. 电力需求侧管理，2020，22（05）：31-37.

［40］ 许彦斌，马嘉欣，方程，董厚琦，曾鸣，高效. 我国绿色证书市场价格机制探索与研究——考虑可再生能源电力消纳保障机制下 TGC 市场的反身性特征 ［J］. 价格理论与实践，2020（10）：51-55.

［41］ Zhike Lv，Wangxin Liu，TingXu. Evaluating the Impact of Information and Communication Technology on Renewable Energy Consumption：A Spatial Econometric Approach. Renewable Energy ［J］. Energy Reports，2022（04）：1-12.

［42］ Hashemizadeh A，Quocviet Bui，Nattapan Kongbuamai. Unpacking the Role of Public Debt in Renewable Energy Consumption：New Insights from the Emerging Countries ［J］. Energy，2021（89）：56-72.

［43］ Khan H，Khan I，Binh T T. The Heterogeneity of Renewable Energy Consumption，Carbon Emission and Financial Development in the Globe：A Panel Quantile Regression Approach ［J］. Energy Reports，November 2020，6：859-867.

［44］ Wen Ming，Li Yong，et al. Key Factors for Efficient Consumption of Renewable Energy in a Provincial Power Grid in Southern China ［J］. Energy Reports，2020，6（3）：554-561.

［45］ 钟声，张志翔，郭雁珩，梁志飞，艾琳，严旭，李莹. 可再生能源电力超额消纳量交易定价机制研究 ［J］. 价格理论与实践，2020（06）：52-55.

［46］ 曲明，丁涛，白佳文，贺元康，刘瑞丰，陈天恩. 非水可再生能源电力消纳责任权重划分下的全国绿证中长期跨省交易测算分析 ［J］. 电网技术，2020，44（10）：3885-3892.

［47］ 李明，林廷康，旷世芳，贺薪颖，张凯琳，曾鸣. 考虑可再生能源电力消纳权重的市场交易决策研究 ［J］. 电力需求侧管理，2021，23（06）：21-25+6.

［48］ 方程，许彦斌，张凯琳，曾鸣. 可再生能源消纳责任权重制下风电多

阶段消纳策略 [J]. 华北电力大学学报（自然科学版），2023，50（03）：101-109.

[49] 朱明睿. 可再生能源电力消纳与碳排放关系的实证研究 [J]. 工业技术创新，2021，8（05）：41-44.

[50] 贺元康，丁涛，刘瑞丰，曲明，陈天恩，别朝红. 新能源消纳电量库交易机制的实践与经验 [J]. 电力系统自动化，2021，45（07）：163-169.

[51] Abid M，Sakrafi H，Gheraia Z，Abdelli H. Does Renewable Energy Consumption Affect Ecological Footprints in Saudi Arabia? A Bootstrap Causality Test [J]. Renewable Energy，April 2022，189：813-821.

[52] Islam Md. M，Irfan M，Shahbaz M，Vo X V. Renewable and Non-renewable Energy Consumption in Bangladesh：The Relative Influencing Profiles of Economic Factors，Urbanization，Physical Infrastructure and Institutional Quality [J]. Renewable Energy，January 2022，184：1130-1149.

[53] Zhao Er-Dong，Song Jue-Chi，Chen Jian-Min，Liu Li-Wei，Chen Ming-Song. Will Auctioning Promote the Renewable Energy Generation in China? [J]. Advances in Climate Change Research，2022，13（1）：107-117.

[54] Oluwatoyin Abidemi Somoye，Huseyin Ozdeser，Mehdi Seraj. Modeling the Determinants of Renewable Energy Consumption in Nigeria：Evidence from Autoregressive Distributed Lagged in Error Correction Approach [J]. Renewable Energy，2022（11）：207-225.

[55] Borozan D. Asymmetric Effects of Policy Uncertainty on Renewable Energy Consumption in G7 Countries [J]. Renewable Energy，April 2022，189：412-420.

[56] Gyimah J，Yao X，Tachega M A，Hayford I S，Opoku-Mensah E. Renewable Energy Consumption and Economic Growth：New Evidence from Ghana [J]. Energy，2022，248：123559.

[57] Haithem Awijen，Fateh Belaïd，Younes Ben Zaied，Nazim Hussain，Béchir Ben Lahouel. Renewable Energy Deployment in the MENA Region：Does Innovation Matter? [J]. Technological Forecasting and Social Change，2022，179（07）：256-271.

[58] 木薇，郭玉侠，朱娟. 我国储能技术发展的市场机制和商业运行模式探索研究 [J]. 储能科学与技术，2021，10（06）：2430-2431.

[59] Xu Zhicheng，Zhang Fuqiang，Zhang Mingyang，Wang Peng. Energy Stor-

age Development Trends and Key Issues for Future Energy System Modeling [J]. IOP Conference Series: Earth and Environmental Science, 2020, 526 (01): 1-6.

[60] 王雅婷, 苏辛一, 刘世宇, 齐文瑾, 程晨璐. 储能在高比例可再生能源系统中的应用前景及支持政策分析 [J]. 电力勘测设计, 2020 (01): 15-19+22.

[61] 林主豪, 张晴, 韩远程, 何健, 陈丽红. 储能行业主要趋向及未来市场空间 [J]. 商业观察, 2022 (12): 42-45.

[62] 张玮灵, 古含, 章超, 等. 压缩空气储能技术经济特点及发展趋势 [J]. 储能科学与技术, 2023, 12 (04): 1295-1301.

[63] 李东辉, 时玉莹, 李扬. 储能系统在能源互联网中的商业模式研究 [J]. 电力需求侧管理, 2020, 22 (02): 77-82.

[64] 薛金花, 叶季蕾, 许庆强, 崔红芬, 姬联涛. 客户侧分布式储能消纳新能源的互动套餐和多元化商业模式研究 [J]. 电网技术, 2020, 44 (04): 1310-1316.

[65] 南国良, 张露江, 郭志敏, 何洋, 刘萌, 秦嘉翼, 姜欣. 电网侧储能参与调峰辅助服务市场的交易模式设计 [J]. 电气工程学报, 2020, 15 (03): 88-96.

[66] 李晨飞, 黄辉, 岳芬. 山东省新型储能政策与商业模式解析 [J]. 中外能源, 2022, 27 (11): 86-92.

[67] 李迁, 姜欣, 张钧钊, 等. 规模化储能参与电力现货市场的商业模式 [J]. 上海交通大学学报, 2023, 57 (12): 1543-1558.

[68] Miller L, Carriveau R. A Review of Energy Storage Financing—Learning from and Partnering with the Renewable Energy Industry [J]. The Journal of Energy Storage, 2018, 19 (10): 311-319.

[69] Avendano-Mora M, Camm E H. Financial Assessment of Battery Energy Storage Systems for Frequency Regulation Service [C] // Power & Energy Society General Meeting. Denver, Co., USA, 2015.

[70] Topalović Z, Haas R, Ajanović A, et al. Economics of Electric Energy Storage. The Case of Western Balkans [J]. Energy, 2021, 238: 121669.

[71] Shi Lining, Wang Chenfang, Liu Shihao, Cheng Xiaozhang, Liu Quan, Zhuge Weilin, Zhang Yangjun. Energy Optimization and Economic Study of an Energy Storage System Based on A Carbon Dioxide-to-methanol Process [J]. Journal of Energy Storage, 2023 (62): 1-13.

［72］王亚莉，叶泽，戴双凤，魏文，刘爱军．基于 ESG 理念的新型电池储能综合价值测算及经济性评估［J］．财经理论与实践，2022，43（05）：108-115.

［73］潘华，高旭，姚正，方静，颜静汝．计及储能效益的综合能源系统利益分配机制研究［J］．智慧电力，2022，50（05）：25-32.

［74］李建林，崔宜琳，马速良，武亦文，姜冶蓉，辛迪熙．需求侧共享储能的运营模式优化及其经济效益分析研究［J］．电网技术，2022，46（12）：4954-4969.

［75］尚博阳，许寅，王颖，等．参与辅助服务的用户侧储能优化配置及经济分析［J］．中国电力，2023，56（02）：164-170+178.

［76］Matos C R, PDS Patrícia, Carneiro J F. Economic Assessment for Compressed Air Energy Storage Business Model Alternatives［J］. Applied Energy, 2023：329.

［77］曾鸣，王雨晴，张敏，敖金娣，王好雷，刘沆．共享经济下独立储能商业模式及其经济效益研究［J］．价格理论与实践，2023（01）：179-183.

［78］陈永翀，冯彩梅，刘勇．可再生能源配套储能的四个基本原则［J］．能源，2020（11）：37-38.

［79］张晓娣，刘学悦．征收碳税和发展可再生能源研究——基于 OLG-CGE 模型的增长及福利效应分析［J］．中国工业经济，2015（03）：18-30.

［80］云小鹏．基于 CGE 模型的能源与环境财税政策协同影响效应研究［J］．经济问题，2019（07）：37-44.

［81］魏巍贤，赵玉荣．可再生能源电价补贴的大气环境效益分析［J］．中国人口·资源与环境，2017，27（10）：209-216.

［82］曹静．走低碳发展之路：中国碳税政策的设计及 CGE 模型分析［J］．金融研究，2009（12）：19-29.

［83］曾鸣，李晨，刘超，等．考虑电价补贴政策的风电投资决策模型与分析［J］．电力系统保护与控制，2012，40（23）：17-23+86.

［84］许罡．政府补助与公司投资行为——基于中国上市公司的数据［J］．南京审计学院学报，2014，11（06）：11-19.

［85］柴瑞瑞，李纲．可再生清洁能源与传统能源清洁利用：发电企业能源结构转型的演化博弈模型［J］．系统工程理论与实践，2022，42（01）：184-197.

［86］McKitrick R. Global Energy Subsidies：An Analytical Taxonomy［J］. Energy Policy, 2017（101）：379-385.

［87］Nicolini M, Tavoni M. Are Renewable Energy Subsidies Effective？Evidence from Europe ［J］. Renewable and Sustainable Energy Reviews, 2017, 74: 412-423.

［88］Wallsten S J. The Effects of Government-Industry R&D Programs on Private R&D: The Case of the Small Business Innovation Research Program ［J］. The Rand Journal of Economics, 2000, 31 (1): 82-100.

［89］樊宇琦, 丁涛, 孙瑜歌, 贺元康, 王彩霞, 王永庆, 陈天恩, 刘健. 国内外促进可再生能源消纳的电力现货市场发展综述与思考 ［J］. 中国电机工程学报, 2021, 41 (05): 1729-1752.

［90］王风云. 我国可再生能源电价补贴及优化研究 ［J］. 学习与探索, 2020 (03): 95-102.

［91］邓迎春, 李重燕, 崔丽芳. 推动我国能源绿色发展的价格机制研究 ［J］. 价格月刊, 2019 (02): 14-17.

［92］冯奕, 刘秋华, 刘颖, 王帅. 中国售电侧可再生能源配额制设计探索 ［J］. 电力系统自动化, 2017, 41 (24): 137-141+158.

［93］曹雨微, 郭晓鹏, 董厚琦, 等. 计及消纳责任权重的区域综合能源系统运行优化研究 ［J］. 华北电力大学学报 (自然科学版), 2022, 49 (03): 84-95.

［94］Dong Yanli, Shimada K. Evolution from the Renewable Portfolio Standards to Feed-in Tariff for the Deployment of Renewable Energy in Japan ［J］. Renewable Energy, 2017, 107: 590-596.

［95］赵新泉, 王闪闪, 李庆. 市场交易补偿可再生能源的正外部性研究 ［J］. 中国人口·资源与环境, 2020, 30 (08): 42-50.

［96］Heimvik A, Amundsen E S. Prices vs. Percentages: Use of Tradable Green Certificates as an Instrument of Greenhouse Gas Mitigation ［J］. Energy Economics, 2021, 99 (7): 105316.

［97］Li S J, Chang T H, Chang S L. The Policy Effectiveness of Economic Instruments for the Photovoltaic and Wind Power Development in the European Union ［J］. Renewable Energy, 2017, 101: 660-666.

［98］Song X H, Han J J, Shan Y Q, et al. Efficiency of Tradable Green Certificate Markets in China ［J］. Journal of Cleaner Production, 2020, 264: 121518.

［99］Zhao X G, et al. How Can the Cost and Effectiveness of Renewable Portfolio Standards be Coordinated？Incentive Mechanism Design from the Coevolution Perspective [J]. Renewable and Sustainable Energy Reviews, 2022, 158: 112096.

[100] 孟思琦, 孙仁金, 郭风. 可再生能源发电份额对德国市场化电价的影响 [J]. 资源科学, 2021, 43 (08): 1562-1573.

[101] Georage F, Sheble G B. Optimal Power Flow Emulation of Interchange Brokerate Systems Using Linear Programming [J]. IEEE Transactions on Power System, 1992, 7 (02): 497-504.

[102] Evans A, Strezov V, Evans T J. Assessment of Sustainability Indicators for Renewable Energy Technologies [J]. Renewable and Sustainable Energy Reviews, 2009, 13 (05): 1082-1088.

[103] Gregory B U, Brian F S. Funding Renewable Energy: An Analysis of Renewable Portfolio Standards [J]. Energy Economics, August 2017, 66: 205-216.

[104] Tuomas R, Afzal S S, Ahti S. Does Renewable Energy Generation Decrease the Volatility of Electricity Prices? An Analysis of Denmark and Germany [J]. Energy Economics, 2017, 62: 270-282.

[105] Lewis J I, Wiser R H. Fostering A Renewable Energy Technology Industry: An International Comparison of Wind Industry Policy Support Mechanisms [J]. Energy Policy, 2007, 35 (03): 1844-1857.

[106] Menanteau P, Finon D, Lamy M L. Prices Versus Quantities: Choosing Policies for Promoting the Development of Renewable Energy [J]. Energy Policy, 2003, 31 (08): 799-812.

[107] Currier, M. Kevin. A Regulatory Adjustment Process for the Determination of the Optimal Percentage Requirement in An Electricity Market with Tradable Green Certificates [J]. Energy Policy, November 2013, 62: 1053-1057.

[108] Anatolitis V, Welisch M. Putting Renewable Energy Auctions into Action—An Agent-based Model of Onshore Wind Power Auctions in Germany [J]. Energy Policy, November 2017, 110: 394-402.

[109] Kalkuhl M, Edenhofer O. Lessmann K. Renewable Energy Subsidies: Second-best Policy or Fatal Aberration for Mitigation? [J]. Resource and Energy Economics, 2011, 35 (03).

[110] Arias A D, Beers C V. Energy Subsidies, Structure of Electricity Prices and Technological Change of Energy Use [J]. Energy Economics, 2013, 40 (02): 495-502.

［111］赵子健，赵旭．可再生能源上网电价的分摊机制研究［J］．科技管理研究，2012，32（23）：193-195.

［112］郭晓丹，闫静静，毕鲁光．中国可再生能源政策的区域解构、有效性与改进［J］．经济社会体制比较，2014（06）：176-187.

［113］王风云．可再生能源定价机制研究评述［J］．价格理论与实践，2017（08）：52-55.

［114］Nicolini M, Tavoni M. Are Renewable Energy Subsidies Effective? Evidence from Europe［J］. Renewable and Sustainable Energy Reviews，2017，74：412-423.

［115］Cavicchi, Joseph. Rethinking Government Subsidies for Renewable Electricity Generation Resources［J］. The Electricity Journal，2017，30（06）：1-7.

［116］Nie P Y，Wang C，Yang Y C. Comparison of Energy Efficiency Subsidies Under Market Power［J］. Energy Policy，November 2017，110：144-149.

［117］Andor M，Voss A. Optimal Renewable-energy Promotion：Capacity Subsidies vs. Generation Subsidies［J］. Resource and Energy Economics，August 2016，45：144-158.

［118］Yu F F，Guo Y，Khuong L N，et al. The Impact of Government Subsidies and Enterprises'R&D Investment：A Panel Data Study from Renewable Energy in China［J］. Energy Policy，2016，89：106-113.

［119］李虹，谢明华，杜小敏．中国可再生能源补贴措施有效性研究——基于居民环境支付意愿的实证分析［J］．财贸经济，2011（03）：102-109.

［120］林伯强，蒋竺均，林静．有目标的电价补贴有助于能源公平和效率［J］．金融研究，2009（11）：1-18.

［121］余杨．中国风能、太阳能电价政策的补贴需求和税负效应［J］．财贸研究，2016，27（03）：106-116.

［122］刘思强，叶泽，于从文，等．我国分压分类电价交叉补贴程度及处理方式研究——基于天津市输配电价水平测算的实证分析［J］．价格理论与实践，2016（05）：65-68.

［123］齐绍洲，李杨．能源转型下可再生能源消费对经济增长的门槛效应［J］．中国人口·资源与环境，2018，28（02）：19-27.

［124］Du Y M，Takeuchi K. Does A Small Difference Make A Difference? Impact of Feed-in Tariff on Renewable Power Generation in China［J］. Energy Economics，2020，87：104710.

［125］赵彦云，李倩．风电上网电价政策地区差异及其产业效应［J］．资源科学，2021，43（01）：12-22．

［126］郭炜煜，赵新刚，冯霞．固定电价与可再生能源配额制：基于中国电力市场的比较［J］．中国科技论坛，2016（09）：90-97．

［127］吴力波，孙可哿，陈亚龙．不完全竞争电力市场中可再生能源支持政策比较［J］．中国人口·资源与环境，2015，25（10）：53-60．

［128］Fagiani R，J Barquín，Hakvoort R. Risk-based Assessment of the Cost-efficiency and the Effectivity of Renewable Energy Support Schemes：Certificate Markets Versus Feed-in Tariffs［J］. Energy Policy，2013，55：648-661.

［129］黄涛珍，商波．可再生能源配额考核监管与主体行为策略选择［J］．资源科学，2020，42（12）：2393-2405．

［130］Dusonchet L，Telaretti E. Comparative Economic Analysis of Support Policies for Solar PV in the Most Representative EU Countries［J］. Renewable and Sustainable Energy Reviews，2015，42：986-998.

［131］余杨，李传忠．绿证交易、发售电配额制与可再生能源财税减负效应［J］．中国人口·资源与环境，2020，30（02）：80-88．

［132］Zhang Q，Wang G，Li Y，et al. Substitution Effect of Renewable Portfolio Standards and Renewable Energy Certificate Trading for Feed-in Tariff［J］. Applied Energy，2018，227：426-435.

［133］Zhao X G，Wu L，Zhou Y. How to Achieve Incentive Regulation Under Renewable Portfolio Standards and Carbon Tax Policy？ A China's Power Market Perspective［J］. Energy Policy，2020，143：111576.

［134］Gelan A. Economic and Environmental Impacts of Electricity Subsidy Reform in Kuwait：A General Equilibrium Analysis［J］. Energy Policy，2018，112：381-398.

［135］严静，张群洪．中国可再生能源电价补贴及对宏观经济的影响［J］．统计与信息论坛，2014，29（10）：46-51．

［136］徐晓亮，许学芬．能源补贴改革对资源效率和环境污染治理影响研究：基于动态 CGE 模型的分析［J］．中国管理科学，2020，28（05）：221-230．

［137］Zhao H R，Guo S，Fu L W. Review on the Costs and Benefits of Renewable Energy Power Subsidy in China［J］. Renewable and Sustainable Energy Reviews，2014，37：538-549.

［138］Wang X Z，Zheng Y，Jiang Z H，et al. Influence Mechanism of Subsidy

Policy on Household Photovoltaic Purchase Intention Under An Urban-rural Divide in China [J]. Energy, 2021, 220: 119750.

[139] Lin B Q, Luan R R. Do Government Subsidies Promote Efficiency in Technological Innovation of China's Photovoltaic Enterprises? [J]. Journal of Cleaner Production, 2020, 254: 120108.

[140] Liv D N, Liu M G, Xu E F, et al. Comprehensive Effectiveness Assessment of Renewable Energy Generation Policy: A Partial Equilibrium Analysis in China [J]. Energy Policy, 2018, 115: 330-341.

[141] 北京大学国家发展研究院能源安全与国家发展研究中心,中国人民大学经济学院能源经济系联合课题组. 关于中国风电和光伏发电补贴缺口和大比例弃电问题的研究 [J]. 国际经济评论, 2018 (04): 67-85.

[142] 黄珺仪. 可再生能源发电产业电价补贴机制研究 [J]. 价格理论与实践, 2016 (02): 95-98.

[143] 程承, 王震, 刘慧慧, 等. 执行时间视角下的可再生能源发电项目激励政策优化研究 [J]. 中国管理科学, 2019, 27 (03): 157-167.

[144] Tang S L, Zhou W B, Li X J, et al. Subsidy Strategy for Distributed Photovoltaics: A Combined View of Cost Change and Economic Development [J]. Energy Economics, 2021, 97: 105087.

[145] Jia X Y, Du H B, Zou H Y, et al. Assessing the Effectiveness of China's Net-metering Subsidies for Household Distributed Photovolatic Systems [J]. Journal of Cleaner Production, 2020, 262: 121161.

[146] Torani K, Raussen G, Ziberman D. Innovation Subsidies Versus Consumer Subsidies: A Real Options Analysis of Solar Energy [J]. Energy Policy, 2016, 92: 255-269.

[147] 王思聪. 政府补贴政策演进对光伏发电产业发展影响研究 [J]. 价格理论与实践, 2018 (09): 62-65.

[148] 龚利, 张增凯, 段德忠, 等. 中国化石能源补贴区域分布及改革影响效应研究 [J]. 地理科学, 2019, 39 (01): 98-106.

[149] Jiang Z J, Tan J J. How the Removal of Energy Subsidy Affects General Price in China: A Study Based on Input-output Model [J]. Energy Policy. 2013, 63: 599-606.

[150] Ouyang X L, Lin B Q. Impacts of Increasing Renewable Energy Subsidies

and Phasing out Fossil Fuel Subsidies in China [J]. Renewable and Sustainable Energy Reviews, 2014, 37: 933-942.

[151] 邱寿丰, 陈巧燕. 我国分布式光伏发电补贴政策的经济效应研究 [J]. 价格理论与实践, 2016 (08): 93-96.

[152] 温泽坤, 邱国玉. 中国家庭式光伏发电的环境与经济效益研究——以江西 5kW 光伏系统为例 [J]. 北京大学学报 (自然科学版), 2018, 54 (02): 443-450.

[153] 邵汉桥, 张籍, 张维. 分布式光伏发电经济性及政策分析 [J]. 电力建设, 2014, 35 (07): 51-57.

[154] 薛金花, 叶季蕾, 陶琼, 等. 面向不同投资主体的分布式光伏运营策略研究 [J]. 电网技术, 2017, 41 (01): 96-101.

[155] 马溪原, 郭晓斌, 周长城, 等. 电网公司投资分布式光伏发电系统的典型运营模式分析 [J]. 南方电网技术, 2018, 12 (03): 93-98.

[156] 苏剑, 周莉梅, 李蕊. 分布式光伏发电并网的成本/效益分析 [J]. 中国电机工程学报, 2013, 33 (34): 50-56.

[157] 邱腾飞, 曹潇, 郭雅娟, 等. 考虑不同补贴方式的分布式光伏运维模式决策 [J]. 电力需求侧管理, 2017, 19 (03): 5-9.

[158] Wang Y, He J J, Chen W Y. Distributed Solar Photovoltaic Development Potential and A Roadmap at the City Level in China [J]. Renewable and Sustainable Energy Reviews, 2021, 141: 110772.

[159] Yang Y, Campana P E, Yan J Y. Potential of Unsubsidized Distributed Solar PV to Replace Coal-fired Power Plants, and Profits Classification in Chinese Cities [J]. Renewable and Sustainable Energy Reviews, 2020, 131: 109967.

[160] 柳君波, 张静静, 徐向阳, 高俊莲. 中国城市分布式光伏发电经济性与区域利用研究 [J]. 经济地理, 2019, 39 (10): 54-61.

[161] 孙艳伟, 王润, 肖黎姗, 等. 中国并网光伏发电系统的经济性与环境效益 [J]. 中国人口·资源与环境, 2011, 21 (04): 88-94.

[162] Zhao X G, Wang Z. Technology, Cost, Economic Performance of Distributed Photovoltaic Industry in China [J]. Renewable and Sustainable Energy Reviews, 2019, 110: 53-64.

[163] 陈梓毅, 曹烨, 邱国玉. 城市分布式光伏发电的经济和环境效益实证分析 [J]. 生态经济, 2018, 34 (06): 100-105.

［164］Rodrigues S，Chen X J，Morgado-Dias F. Economic Analysis of Photovoltaic Systems for the Residential Market Under China's New Regulation［J］. Energy Policy，2017，101：467-472.

［165］昌敦虎，田川，张泽阳，等．基于LCOE模型的光伏发电经济效益分析：以宜昌农村地区光伏扶贫电站项目为例［J］. 环境科学研究，2020，33（10）：2412-2420.

［166］Lang T，Ammann D，Girod B. Profitability in Absence of Subsidies：A Techno-economic Analysis of Rooftop Photovoltaic Self-consumption in Residential and Commercial Buildings［J］. Renewable Energy，2016，87：77-87.

［167］Crago C L，Koegler E. Drivers of Growth in Commercial-scale Solar PV Capacity［J］. Energy Policy，2018，120：481-491.

［168］刘雪飞，张奇，李彦，等．普惠金融支持光伏发电发展的空间效应研究［J］. 中国管理科学，2021，29（08）：24-34.

［169］梅应丹，邱纪翔，许杏柏，胡武阳．网络效应对家庭分布式光伏发电行为的影响［J］. 中国人口·资源与环境，2022，32（03）：28-37.

［170］Zhao X G，Xi Y M. The Economic Performance of Industrial and Commercial Rooftop Photovoltaic in China［J］. Energy，2019，187：115961.

［171］孙建梅，陈璐．基于LCOE的分布式光伏发电并网效益分析［J］. 中国电力，2018，51（03）：88-93.

［172］Bai，B，Wang Y H，Cong F，et al. Efficient Deployment of Solar Photovoltaic Stations in China：An Economic and Environmental Perspective［J］. Energy，2021，221：119834.

［173］Holdermann C，Kissel J，Beigel J. Distributed Photovoltaic Generation in Brazil：An Economic Viability Analysis of Small-scale Photovoltaic Systems in the Residential and Commercial Sectors［J］. Energy Policy，2014，67（Apr.）：612-617.

［174］Senatla M，Bansal R C，Naidoo R，et al. Estimating the Economic Potential of PV Rooftop Systems in South Africa's Residential Sector：A Tale of Eight Metropolitan Cities［J］. IET Renewable Power Generation，2020，14（04）：506-514.

［175］李志学，王换换，凌丽．中国风电企业生产成本水平与价格补贴关系研究［J］. 价格理论与实践，2017（01）：70-73.

［176］贺婷婷，赵晓丽．风力发电的成本效益分析——以张家口为例［J］. 中外能源，2019（05）：21-25.

［177］熊敏鹏，张严，袁家海，等．中国风电的经济性评价及政策建议［J］．中国能源，2016（10）：20-26+47．

［178］张垚，袁家海．中国分散式风电的经济性分析与制度障碍研究［J］．华北电力大学学报（社会科学版），2019（05）：30-43．

［179］Li Q F, Duan H B, Xie M H, et al. Life Cycle Assessment and Life Cycle Cost Analysis of a 40 MW Wind farm with Consideration of the Infrastructure［J］. Renewable and Sustainable Energy Reviews, 2021, 138: 110499.

［180］向宁，王礼茂，屈秋实，等．基于生命周期评估的海、陆风电系统排放对比［J］．资源科学，2021（04）：745-755．

［181］Rediske G, Burin H P, Rigo P D, et al. Wind Power Plant Site Selection: A Systematic Review［J］. Renewable and Sustainable Energy Reviews, 2021, 148: 111293. 1-111293. 13.

［182］刘文霞，凌云顿，赵天阳．低碳经济下基于合作博弈的风电容量规划方法［J］．电力系统自动化，2015（19）：68-74．

［183］Xia F, Song F. Evaluating the Economic Impact of Wind Power Development on Local Economies in China［J］. Energy Policy, 2017, 110: 263-270.

［184］Shoeib H E A, Infiled E H, Renski H C. Measuring the Impacts of Wind Energy Projects on U. S. Rural Counties' Community Services and Cost of Living［J］. Energy Policy, 2021, 153: 112279.

［185］Li L Y, Ren X Q, Yang Y L, et al. Analysis and Recommendations for Onshore Wind Power Policies in China［J］. Renewable and Sustainable Energy Reviews, 2018, 82: 156-167.

［186］李庆，陈敏．中国风电固定上网电价政策的实物期权理论与实证分析［J］．中国管理科学，2016（05）：65-73．

［187］杨帅．我国可再生能源补贴政策的经济影响与改进方向——以风电为例［J］．云南财经大学学报，2013，29（02）：64-74．

［188］Tu Q, Betz R, Mo J, et al. Achieving Grid Parity of Wind Power in China—Present Levelized Cost of Electricity and Future Evolution［J］. Applied Energy, 2019, 250: 1053-1064.

［189］Xu X M, Niu, D X, Xiao B W, et al. Policy Analysis for Grid Parity of Wind Power Generation in China［J］. Energy Policy, 2020, 138: 111225.

［191］Li Y B, Min W, Zhen L. A Real Options Analysis for Renewable Energy

Investment Decisions under China Carbon Trading Market [J]. Energies, 2018, 11 (7): 1817.

[192] Lo A Y, Cong R. After CDM: Domestic Carbon Offsetting in China [J]. Journal of Cleaner Production, 2017, 141: 1391-1399.

[193] Tu Q, Betz R, Mo J, Fan Y. The Profitability of Onshore Wind and Solar PV Power Projects in China——A Comparative Study [J]. Energy Policy, 2019, 132: 404-417.

[194] Wu J, Zhang B Y. Is Local Grid Parity Affordable in China? Discussion on the Regional Wind Power Potential and Investment Returns Under Policy Uncertainty [J]. Energy Policy, 2022, 170: 1-11.

[195] 程承, 王震, 刘慧慧, 等. 执行时间视角下的可再生能源发电项目激励政策优化研究 [J]. 中国管理科学, 2019, 27 (03): 157-167.

[196] Zhang H W, Jiang J R, Song M H, Yong X K. Comprehensive Benefit Evaluation of Transmission and Substation Project for Renewable Energy Connection: A Case in China [J]. Energy Reports, 2022, 8: 12653-12667.

[197] Wang B J, Feng Z L, Feng J, et al. Decision Making on Investments in Photovoltaic Power Generation Projects Based on Renewable Portfolio Standard: Perspective of Real Option [J]. Renewable Energy, 2022, 189: 1033-1045.

[198] Zhang M M, Wang Q, W, Zhou D Q, Ding H. Evaluating Uncertain Investment Decisions in Low-carbon Transition Toward Renewable Energy [J]. Applied Energy, 2019, 240: 1049-1060.

[199] Zhang M M, Liu L Y, Wang Q W, Zhou D Q. Valuing Investment Decisions of Renewable Energy Projects Considering Changing Volatility [J]. Energy Economics, 2020, 92: 104954.

[200] Ofori C G, Bokpin G A, Aboagye A Q Q, Afful-Dadzie A. A Real Options Approach to Investment Timing Decisions in Utility-scale Renewable Energy in Ghana [J]. Energy, 2021, 235: 121366.

[201] Cheng C, Wang Z, Liu M M, et al. Defer Option Valuation and Optimal Investment Timing of Solar Photovoltaic Projects Under Different Electricity Market Systems and Support Schemes [J]. Energy, 2017, 127: 594-610.

[202] Lin B Q, Li M Y. Understanding the Investment of Renewable Energy Firms in the Face of Economic Policy Uncertainty——Micro-evidence from Listed Compa-

nies in China [J]. China Economic Review, 2022, 75: 101845.

[203] 孔令丞, 李仲, 梁玲, 谢家平. 供需数量不确定下可再生能源发电容量投资决策 [J]. 管理工程学报, 2019, 33 (02): 166-172.

[204] Pourramezan A, Samadi M. A System Dynamics Investigation on the Long-term Impacts of Demand Response in Generation Investment Planning Incorporating Renewables [J]. Renewable and Sustainable Energy Reviews, 2023, 171: 113003.

[205] 谭显春, 张倩倩, 曾桉, 幸绣程. 环境规制对可再生能源企业投资水平的影响 [J]. 中国人口·资源与环境, 2022, 32 (07): 127-136.

[206] Abbas J, Wang L S, Belgacem S B, et al. Investment in Renewable Energy and Electricity Output: Role of Green Finance, Environmental Tax, and Geopolitical Risk: Empirical Evidence from China [J]. Energy, 2023, 269: 126683.

[207] Feng Y, Xiao Z H, Zhou J H, et al. Asymmetrically Examining the Impact of Green Finance and Renewable Energy Consumption on Environmental Degradation and Renewable Energy Investment: The Impact of the COVID-19 Outbreak on the Chinese Economy [J]. Energy Reports, 2023, 9: 5458-5472.

[208] Liu Q, Sun Y, Liu L Y, Wu M C. An Uncertainty Analysis for Offshore Wind Power Investment Decisions in the Context of the National Subsidy Retraction in China: A Real Options Approach [J]. Journal of Cleaner Production, 2021, 329: 129559. 1-129559. 16.

[209] 刘倩, 孙燕, 吴梦成, 等. 基于 LSMC 的不确定环境下海上风电项目价值评估 [J]. 电力系统及其自动化学报, 2022, 34 (10): 8-14.

[210] Kim K, Kim B, Kim H. A Decision-making Model for the Analysis of Offshore Wind Farm Projects Under Climate Uncertainties: A Case Study of South Korea [J]. Renewable and Sustainable Energy Reviews, 2018, 94: 853-860.

[211] He Q Y, Chen H Y, Lin Z J, et al. A Cost-based Life-cycle Pricing Model for Offshore Wind Power Plants Within China's Carbon Trading Scheme [J]. Energy Reports, 2022, 8: 147-155.

[212] 黄守军, 余波, 张宗益. 基于实物期权的分布式风电站投资策略研究 [J]. 中国管理科学, 2017, 25 (09): 97-106.

[213] Tu Q, Betz R, Mo J L, et al. Can Carbon Pricing Support Onshore Wind Power Development in China? An Assessment Based on a Large Sample Project Dataset [J]. Journal of Cleaner Production, 2018, 198: 24-36.

［214］Tu Q，Betz R，Mo J L，Fan Y. The Profitability of Onshore Wind and So-lar PV Power Projects in China—A Comparative Study ［J］. Energy Policy，2019，132：404-417.

［215］Zhao X L，Yao J，Sun C Y，et al. Impacts of Carbon Tax and Tradable Permits on Wind Power Investment in China ［J］. Renewable Energy，2019，135：1386-1399.

［216］Liu Y，Tian L X，Sun H P，et al. Option Pricing of Carbon Asset and Its Application in Digital Decision-making of Carbon Asset ［J］. Applied Energy，2022，310：118375.

［217］李志学，秦子蕊，王换换，等. 我国风电成本水平及其影响因素研究 ［J］. 价格理论与实践，2019（10）：24-29+166.

［218］周祎，顾阿伦. 中国风力发电成本下降和减排碳价分析 ［J］. 可再生能源，2019，37（07）：1084-1090.

［219］Myers S C. Determinants of Corporate Borrowing ［J］. Journal of Financial Economics，1977，5（02）：147-175.

［220］Myers S C. Finance Theory and Financial Strategy ［J］. Interfaces，1984，14（01）：126-137.

［221］谷晓燕. 基于实物期权的研发项目动态投资决策模型 ［J］. 中国管理科学，2015，23（07）：94-102.

［222］李庆，周艳丽. 光伏发电增值税优惠政策效应实物期权分析 ［J］. 科研管理，2020，41（01）：234-243.

［223］Wesseh Jr. P K，Lin B Q. A Real Options Valuation of Chinese Wind En-ergy Technologies for Power Generation：Do Benefits from the Feed-in Tariffs Outweigh Costs? ［J］. Journal of Cleaner Production，2016，112：1591-1599.

［224］张明明，周德群，周鹏. 基于实物期权的中国光伏发电项目投资评价 ［J］. 北京理工大学学报（社会科学版），2014，16（06）：26-33.

［225］张希良，黄晓丹，张达，等. 碳中和目标下的能源经济转型路径与政策研究 ［J］. 管理世界，2022，38（01）：35-51.

［226］李军徽，付英男，李翠萍，邢志同. 提升风电消纳的储热电混合储能系统经济优化配置 ［J］. 电网技术，2020，44（12）：1-11.

后　记

　　本书内容是在国家社会科学基金一般项目"促进可再生能源发展的电价动态补贴机制研究"（项目号：17BJY057）的基础上形成的。在此对国家社会科学基金的资助表示衷心的感谢！为了充分了解和把握我国可再生能源发展状况，在研究过程中，我们对相关企业和单位进行了调研和走访，得到了很多调研单位的大力支持；许多专家为本书的研究工作提出了建设性的意见，提高了本书研究内容的科学性和应用性，在此表示诚挚的谢意！

　　另外，我们研究团队的研究生丛龙园、陈清铌、马静静、全春莲、钱萍、骆士杰、郭浩鹏参与了本书的资料收集、图表绘制、数据处理与分析等工作，在此对他们表示感谢。同时，感谢经济管理出版社的编辑们对本书所做的工作。

　　尽管本书得以出版，但在某些方面的研究仍有待深入，书中也存在一些疏漏和不足之处，欢迎各位专家学者以及广大读者提出宝贵的意见。

　　低碳发展作为国家战略，已经深刻影响着我国的各个行业和领域。在能源行业的绿色转型这一课题上，我们的研究工作从未停歇，并将继续秉持初心，不断追求卓越，努力攀登科研的新高峰，为我国低碳发展事业贡献力量。

王凤云

2024 年 8 月于北京石油化工学院